本书是科技部国家重点研发计划资助项目

“公元前 1500 年至公元前 1000 年中华文明早期发展关键阶段

核心聚落综合研究 · 长江流域商代都邑综合研究”

（项目编号 2022YFF0903603）的阶段性成果

国家社科基金重大项目

“湖北黄陂盘龙城遗址考古发现与综合研究”（项目编号 16ZDA146）成果

本书出版得到

国家文物保护资金补助项目经费支持

盘龙城（1995～2019）

五

青铜器研究

张昌平　苏荣誉　刘思然／主编

武汉大学历史学院
湖北省文物考古研究院
武汉市文物考古研究所
盘龙城遗址博物院
／编著

科学出版社
北京

内 容 简 介

盘龙城青铜器的类别和数量、品质和等级在早商时期都具有代表性。本书梳理了盘龙城遗址历年出土的青铜器材料，探讨了盘龙城青铜器类型及其演变、分期与年代。在制作技术层面，讨论了青铜器成形技术、铸接技术、辅助技术并总结了技术特性。在装饰艺术上，讨论了纹饰的类别与布局、纹饰的制作以及装饰的演进。在成分与结构上，讨论了冶金遗存、合金工艺、青铜生产和物料产源。最后总结了盘龙城青铜器所代表的早商青铜器的一般特征，以及所反映的早商社会礼仪和社会景观。

本书可供考古学、历史学相关学者，以及院校师生阅读和参考。

图书在版编目(CIP)数据

盘龙城 : 1995～2019. 五, 青铜器研究 / 武汉大学历史学院等编著; 张昌平, 苏荣誉, 刘思然主编. 北京 : 科学出版社, 2024. 10. -- ISBN 978-7-03-079553-3

Ⅰ. K878.34；K876.414

中国国家版本馆CIP数据核字第2024NQ3047号

责任编辑：雷 英 王 蕾／责任校对：邹慧卿
责任印制：肖 兴／书籍设计：北京美光设计制版有限公司

科学出版社 出版
北京东黄城根北街16号
邮政编码：100717
http://www.sciencep.com

北京中科印刷有限公司印刷

科学出版社发行 各地新华书店经销

*

2024年10月第 一 版 开本：889 × 1194 1/16
2024年10月第一次印刷 印张：14 1/4
字数：410 000

定价：280.00元

（如有印装质量问题，我社负责调换）

总 序

《盘龙城（1995～2019）》是《盘龙城——1963～1994年考古发掘报告》（湖北省文物考古研究所编著）的续编。全书共分五卷，分别为《田野考古工作报告》《景观与环境》《玉石器研究》《陶器研究》《青铜器研究》。第一卷《盘龙城（1995～2019）（一）：田野考古工作报告》为报告卷，分为上下两册，公布1995～2019年盘龙城遗址考古调查、勘探、发掘收获及相关田野考古所获遗存检测数据等，由武汉大学历史学院、湖北省文物考古研究院、武汉市文物考古研究所、盘龙城遗址博物院编著。第二至五卷为研究卷，主要围绕1954～2019年考古工作收获，分别对景观与环境、玉石器、陶器、青铜器开展专题研究。其中《景观与环境》卷主编为邹秋实、张海，《玉石器研究》卷主编为苏昕、荆志淳，《陶器研究》卷主编为孙卓、荆志淳、陈晖，《青铜器研究》卷主编为张昌平、苏荣誉、刘思然。全书由张昌平总主编。

盘龙城遗址考古工作在不同阶段的项目负责单位和项目性质有所不同。1995～1998年，考古项目由湖北省文物考古研究所负责；1998～2012年，考古项目由武汉市文物考古研究所负责；2013～2019年，考古项目由武汉大学历史学院负责。

盘龙城考古一直是有多家考古机构合作工作，2013年后，以上单位以及盘龙城遗址博物院一直作为合作单位参与考古工作。盘龙城考古作为国家重点大遗址保护项目正式启动，工作得到国家文物局大遗址考古项目的多年连续支持。2017年，盘龙城被纳入“考古中国·长江中游地区文明进程研究”重点项目。十多年来，盘龙城考古一直围绕以上项目，既为大遗址保护、遗址公园建设与展示等社会性工作方面提供支撑，也在中华文明进程研究等学术性方面取得进展。

《盘龙城（1995～2019）》在编撰中力求保持五卷主要内容在体例上的一致，但各卷具体表述方式由分卷主编自行拟定。以下对一致性体例作概括说明。

（1）各卷均采用2014年由武汉大学历史学院在盘龙城遗址布设的三维测绘坐标系统，高程系统采用1985国家高程基准。

（2）各卷涉及的发掘区、探方以及遗迹等编号，均按目前学界一般惯例方式。其中发掘区和探方等编号，Q代表发掘区、T代表探方、TG代表探沟、JPG代表单个遗迹中所设的解剖沟。遗迹的编号中，H代表灰坑、G代表灰沟、F代表房址、Y代表窑、J代表井、M代表墓葬、D代表柱洞。此外，遗迹的序号仍然按地点分别从1995年之前的遗迹编号顺编。

（3）为明确和简化表述，遗迹编号的构成采用“地点名+遗迹序号”的方式，如2016年发掘的小嘴Q1610T1714的H73，编号为小嘴H73；地层单位编号的构成采用“区号+探方号+地层序号”的方式，如2016年小嘴Q1710T0116第5层，编号为Q1710T0116⑤。编号不再沿用1994年之前用汉语拼音首字母表示地点的方式，如PYW表示盘龙城杨家湾遗址，也不再保留此前发掘简报中带有发掘年份的方式。

（4）器物标本用罗马数字编号。除常规序号之外，对墓葬中的采集品独立编号，并在数字前另加零，如杨家湾M13：01。对墓葬中同一件器物碎片散落在不同地点，在器物编号后加小号，如杨家湾M17：14-1。

（5）遗迹等区域范围的比例尺及描述尺寸，以米为计量单位；遗物图形的比例尺及描述尺寸，以厘米为计量单位。遗物容积按毫升计算，重量按克计算。

（6）学界对于一些考古学文化的写法、称谓和内涵存有差异，本书采用“二里冈文化”的写法。对二里冈文化的不同阶段，一般称“二里冈文化早期”“二里冈文化晚期”，同时根据情况保留“二里冈上层第一期”“二里冈上层第二期”等称谓。对中商文化的不同阶段，一般称“中商文化白家庄期”“中商文化洹北期”。

第三章
分期

第一节 型式……041
一、型式划分的依据……041
二、型式的划分……043
第二节 分期……061
第三节 年代……063
第四节 各期特征……065
一、组合与形制……065
二、纹饰……066

第四章
制作技术

第一节 成形技术……070
一、三足炊器……070
二、三足酒器……075
三、圈足器……083
第二节 铸接技术……085
一、斝……086
二、簋……090
三、壶……093
四、结语……096
第三节 辅助技术……097
一、器表的处理……097
二、补铸技术……099
三、垫片技术……103
第四节 技术特性……106
一、技术特性……106
二、技术选择……107
三、技术演进……110

目 录

总序 / i

第一章
绪论

一、发现概况 ……002
二、学术史 ……003
三、研究思路与方法 ……012

第二章
资料分析

第一节 城址及王家嘴、李家嘴 ……016
一、西城垣 ……016
二、王家嘴 ……016
三、李家嘴 ……019
第二节 杨家湾和杨家嘴 ……024
一、杨家湾 ……024
二、杨家嘴 ……032
第三节 楼子湾和小嘴 ……034
一、楼子湾 ……034
二、小嘴 ……035
第四节 小王家嘴和童家嘴 ……037
一、小王家嘴 ……037
二、童家嘴 ……039

第五章
装饰艺术

第一节　纹饰的类别与布局……113

一、纹饰的类别及其与装饰器类的关系……113

二、纹饰的布局……116

第二节　纹饰的制作……120

一、装饰与铸造技术的关联性……120

二、纹饰制作方式的双重性……122

三、细线兽面纹的适用性……125

四、细线和宽带纹饰共存的背景……129

第三节　装饰的演进……132

一、繁化……132

二、简化……133

第六章
成分与结构

第一节　冶金遗存分析结果……138

一、合金成分和金相组织……139

二、微量元素成分……158

三、铅同位素比值……164

四、冶金遗物成分与结构……169

第二节　合金工艺……172

第三节　聚落的青铜生产活动……176

第四节　物料产源探讨……179

第五节　小结……185

第七章
时代和特性

第一节　从青铜器看盘龙城……188
一、青铜器所反映的盘龙城聚落变迁……188
二、青铜资源和青铜器生产……190
三、从青铜器看盘龙城的衰落……195
第二节　二里冈文化时期青铜器的一般特征……197
一、器类与器物群……197
二、制作技术……200
三、装饰艺术……201
第三节　二里冈文化时期青铜器的礼器特质……204
一、礼器与礼器制度……204
二、礼器的组合……206
三、礼器的体量……208
四、礼器的装饰……210

第八章
结语

Abstract / 215
后记 / 217

第一章

绪论

盘龙城遗址是中原文明南进在长江流域形成的最重要的中心聚落之一，对理解早期中国文明进程具有重要意义，盘龙城考古及其研究也因此引起全球学术界的关注。青铜器是盘龙城以及早商社会的重要内容，是体现早商社会生产及其组织、反映盘龙城城市及其贵族地位的标志物。

一、发现概况

盘龙城遗址包括盘龙城城址，以及周围的王家嘴、李家嘴、杨家湾、杨家嘴、楼子湾、小嘴、小王家嘴、童家嘴等地点。盘龙城青铜器在这些地点都曾先后有过发现。

1954年，盘龙城遗址因防汛取土而被发现。调查者根据遗址出土陶片与郑州二里冈遗址陶片近似，又因为发现磨光石器，推测这个遗址很可能是新石器时代晚期或殷代的①。

1957年，盘龙城遗址首次发现青铜器。在杨家湾和杨家嘴调查和采集到6件比较完整的青铜器和3件残片②，包括青铜爵、斝、刀、镞以及疑似壶的残器。简报者认为这些青铜器年代在西周，在简报文末的编者按中则指出其年代应早于安阳的商代晚期。

1963年6月，湖北省文物管理委员会在楼子湾发掘了5座墓葬和2座灰坑，收获了鼎、鬲、斝、爵、觚、钺、戈、矛、镞、刀、镢等青铜器38件③。发掘者认为这些青铜器年代与郑州白家庄、辉县琉璃阁的一致。

1974年，在盘龙城多个地点发现青铜器④。先在李家嘴发现并清理M1，发现青铜器22件，其后清理M2～M4，出土青铜器67件。在杨家湾清理墓葬2座，出土青铜器1件。在南城垣清理墓葬一座（即后来编号的王家嘴M1），出土青铜器11件。加之采集的青铜器，盘龙城发现的青铜器达到159件或以上。报告确认以上青铜器与郑州、辉县青铜器的一致性，认为其年代属于二里冈期（学界较早对二里冈文化的称谓）。

1974～1994年盘龙城青铜器的发现，资料集中发表在《盘龙城——1963～1994年考古发掘报告》中⑤。这其中包括：1989年发掘的西城垣M1，出土青铜器13件⑥；20世纪80年代发掘王家嘴时，在M1、H6、H7出土青铜器30多件⑦；1974年之后至1992年在杨家湾发掘墓葬9座（M3～M11）、灰坑5个⑧，出土青铜器约70件；1980～1983年在杨家嘴发掘墓葬10座⑨，出土青铜器近20件；1963年之后至1980年在楼子湾新发掘墓葬5座⑩，出土青铜

① 蓝蔚：《湖北黄陂县盘土城发现古城遗址及石器等》，《文物参考资料》1955年第4期。

② 郭冰廉：《湖北黄陂杨家湾的古遗址调查》，《考古通讯》1958年第1期。

③ 郭德维、陈贤一：《湖北黄陂盘龙城商代遗址和墓葬》，《考古》1964年第8期。

④ 湖北省博物馆：《盘龙城商代二里冈期的青铜器》，《文物》1976年第2期。

⑤ 湖北省文物考古研究所：《盘龙城——1963～1994年考古发掘报告》，文物出版社，2001年。以下简称《盘龙城（1963～1994）》。

⑥ 《盘龙城（1963～1994）》，第71页。

⑦ 《盘龙城（1963～1994）》，第131页。

⑧ 《盘龙城（1963～1994）》，第217～293页。

⑨ 《盘龙城（1963～1994）》，第300页。

⑩ 《盘龙城（1963～1994）》，第361页。

器10余件；1980年在童家嘴残墓中采集到青铜器4件①，还有采集的其他青铜器。《盘龙城（1963～1994）》将盘龙城遗存分为7期，其中青铜器分别属于第3～7期。按《盘龙城（1963～1994）》报告，这一年代范围在二里冈文化早期到殷墟文化第一期之间。

《盘龙城（1963～1994）》报告出版之前，盘龙城遗址的管理就已移交到武汉市。武汉市文化局下属的武汉市文物考古研究所等单位先后进行考古工作。2013年，盘龙城开启大遗址保护工作，由武汉大学历史学院牵头的盘龙城考古延续至今。上述单位也继续在盘龙城发掘墓葬并收获青铜器。1997～1998年，武汉市博物馆等在杨家嘴发掘了3座青铜器墓葬，分别编号M12、M13、M14②，这几座墓葬出土青铜器并不多。2006年，武汉市文物考古研究所等单位在杨家嘴发掘商代墓葬9座（M15～M21、M23、M25），其中M16出土青铜器稍多。2014年，武汉大学历史学院等在杨家嘴临湖滩地清理杨家湾M26③，随葬青铜器普遍经过碎器。2001年、2006年，先后两次在杨家湾清理大型墓葬M13④。2013年，在配合盘龙城大遗址的考古工作中，再次发掘了7座墓葬（M16～M22）⑤，其中M17出土了罕见器形的青铜器和镶嵌绿松石器。在小王家嘴，勘探发现并发掘11座青铜器墓葬⑥，墓葬规模普遍偏小。除M1、M24、M26外，青铜器墓葬所出随葬品多为残片。2017年，在小嘴铸铜作坊遗址出有1座青铜器墓葬，编号为小嘴M3⑦。近年来，盘龙城的考古发掘主要集中在杨家湾北坡的大型堆石遗存中，墓葬和青铜器的发现较少。

二、学术史

对于盘龙城青铜器及其所属二里冈文化时期前后青铜器的研究，海内外学者，特别是在21世纪之前的交流较少，两边的研究存在信息不对称问题。本书也分别介绍两边的研究工作。

1. 国内学者的研究

考古学家对盘龙城青铜器的认识过程，基本是一个逐步靠近郑州商城、靠近二里冈文化的过程。这一认识过程首先体现在年代上。1954年盘龙城遗址因为防洪取土而被发现时，调

① 《盘龙城（1963～1994）》，第397页。

② 武汉市博物馆、湖北省文物考古研究所、黄陂县文物管理所：《1997～1998年盘龙城发掘简报》，《江汉考古》1998年第3期。

③ 武汉大学历史学院、湖北省文物考古研究所、盘龙城遗址博物馆筹建处：《2014年盘龙城杨家嘴遗址M26、H14发掘简报》，《江汉考古》2016年第2期。

④ 武汉市黄陂区文管所、武汉市文物考古研究所、武汉市盘龙城遗址博物馆：《商代盘龙城遗址杨家湾十三号墓清理简报》，《江汉考古》2005年第1期；盘龙城遗址博物院：《武汉市盘龙城遗址杨家湾M13发掘简报》，《江汉考古》2018年第5期。

⑤ 武汉大学历史学院、盘龙城遗址博物院：《武汉市盘龙城遗址杨家湾商代墓葬发掘简报》，《考古》2017年第3期。

⑥ 武汉大学历史学院、湖北省文物考古研究所、盘龙城遗址博物院：《武汉市盘龙城遗址小王家嘴墓地发掘简报》，《江汉考古》2018年第5期。

⑦ 武汉大学历史学院、湖北省文物考古研究所、盘龙城遗址博物院：《武汉市盘龙城遗址小嘴M3发掘简报》，《江汉考古》2018年第5期。

查者就已经注意到出土陶片与郑州二里冈遗址的近似，但又因为发现磨光石器，所以在考古简报中推测说“这个遗址很可能是新石器时代晚期或殷代的”[①]。1957年，盘龙城首次发现青铜器，但带着青铜器年代较晚的先入之见，简报者将出土青铜器判别为西周时期[②]。幸而考古简报的发稿编辑认识到出土青铜器与郑州青铜器相似，遂在简报的末尾以编者按的形式说明这些青铜器的年代应当早于殷墟时期。自此，盘龙城青铜器的年代属于二里冈文化时期得到了明确。因此，当1963年在盘龙城遗址的另一个地点楼子湾发现青铜器时[③]，调查者在简报中就强调了这批青铜器与郑州白家庄青铜器在年代和形制上的一致性。除了明确此前采集青铜器是出土于墓葬之外，考古队还发掘了5座墓葬。这些墓葬较为密集地分布在东西不到20米的范围内，且都随葬有青铜器，这是二里冈文化时期首次发现较为明确的贵族墓地。《商周铜器群综合研究》从器形、铸造和纹饰三个方面，特别是铸造工艺上分析，认为盘龙城楼子湾墓葬出土青铜器与郑州白家庄属于同样的风格[④]。1974年对于盘龙城和盘龙城青铜器研究而言，是一个重要的时间节点。除了发现和发掘李家嘴墓地，收获了二里冈文化时期最为重要的一批青铜器以外，北京大学考古专业和湖北省博物馆还联合对盘龙城遗址进行了大规模发掘。考古队发掘了城址、宫殿基址，并在简报中总结了盘龙城和郑州商城的六个方面的一致性：城墙的营造技术、宫殿的建筑手法、埋葬的习俗、青铜工艺、制玉工艺、制陶工艺[⑤]。此次工作为盘龙城的文化性质、年代作出了基准线判断，其结论也为学界至今所基本遵循。

盘龙城青铜器大的年代归属明确后，进一步细分亦即讨论分期也成为一个热点。在1963年度的工作简报中，报告者开始对此前发现的楼子湾M1～M5进行年代排序[⑥]，认为M2时间最早，M3其次，M1、M4、M5最晚。在其后1976年的简报中[⑦]，报告者进一步将李家嘴、楼子湾出土青铜器的墓葬划分为两个阶段：第一个阶段包括楼子湾M1、M4、M5以及李家嘴M2，这一阶段被认为属于二里冈上层偏早；第二个阶段的李家嘴M1、楼子湾M3、南垣外M1，被认为是二里冈上层偏晚，可能延续至殷墟文化一期。这是最早对盘龙城出土青铜器年代进行分期的尝试。

当然，对盘龙城青铜器进行分期并不容易，因此学者们的结论往往并不相同。张长寿《殷商时代的青铜容器》认为李家嘴M1和李家嘴M2之间并没有年代差异，而南垣外M1（王家嘴M1）的时代则略晚，应接近小屯M333[⑧]。朱凤瀚在《古代中国青铜器》中基于器物形制，将盘龙城青铜器划分为三个阶段[⑨]：楼子湾M1和M4较早，年代大概在二里冈晚期第Ⅰ阶段；李家嘴M2和M1以及楼子湾M3稍晚，属于二里冈文化晚期第Ⅱ①阶段；而李家

① 蓝蔚：《湖北黄陂县盘土城发现古城遗址及石器等》，《文物参考资料》1955年第4期。
② 郭冰廉：《湖北黄陂杨家湾的古遗址调查》，《考古通讯》1958年第1期。
③ 郭德维、陈贤一：《湖北黄陂盘龙城商代遗址和墓葬》，《考古》1964年第8期。
④ 郭宝钧：《商周铜器群综合研究》，第10、11页，文物出版社，1981年。该书写作年代在20世纪70年代初。
⑤ 湖北省博物馆、北京大学考古专业：《盘龙城1974年度田野考古纪要》，《文物》1976年第2期。
⑥ 湖北省博物馆：《一九六三年湖北黄陂盘龙城商代遗址的发掘》，《文物》1976年第1期。
⑦ 湖北省博物馆：《盘龙城商代二里冈期的青铜器》，《文物》1976年第2期。
⑧ 张长寿：《殷商时代的青铜容器》，《考古学报》1979年第3期。
⑨ 朱凤瀚：《古代中国青铜器》，第620～622页，南开大学出版社，1995年。

嘴M3和南垣外M1（王家嘴M1）最晚，属于二里冈文化晚期第Ⅱ②阶段。不过，也有学者认识到李家嘴M2是早于M1的，如金岳将包括二里头文化青铜器在内的“早商”青铜器分为4期，李家嘴M2和M1分属第2、3期[①]。王立新通过楼子湾墓葬的层位关系，将盘龙城青铜器墓葬划分为两组，第一组为楼子湾M1和M5、李家嘴M2和M4，年代在二里冈文化晚期；第二组为楼子湾M3、李家嘴M1和M3、南垣外M1（王家嘴M1），年代在二里冈文化白家庄期[②]。这样的认识是很有价值的。

2001年《盘龙城（1963～1994）》报告的出版，将青铜器分期推进到新的阶段。报告将盘龙城城址和城外各遗址的文化遗存统一分为7期，青铜器划分为5期，分别对应于盘龙城的第三期至第七期[③]。这其中的重要认识，是将杨家湾M6、李家嘴M2、李家嘴M1、杨家湾M11等代表性墓葬划分为早晚不同的阶段。盘龙城分期的年代系统是基于安金槐先生的观点[④]，即将二里冈文化划分为二里冈下层一期和下层二期，二里冈上层一期和上层二期这样前后四个小期。基于陶器和郑州商城的比较，盘龙城报告将青铜器第3～5期分别划归对应中原文化的年代，其中第3期属于二里头文化四期偏晚或二里冈下层一期偏早，第4、5期相当于二里冈上层一期偏晚阶段，第6期相当于二里冈上层二期偏早阶段，第7期相当于二里冈上层二期晚段。一般认为，盘龙城报告的这个分期总体合理，但过于细碎且操作性不强。因此，不少学者基于盘龙城报告重新进行了分期[⑤]。从青铜器的角度而言，将盘龙城青铜器划分为5期有些过于细碎[⑥]，难以把握和提炼不同阶段青铜器的特征。

《盘龙城（1963～1994）》报告和郑州商城报告为同年出版[⑦]，从资料和认识上都大大推动了二里冈文化时期青铜器的研究。在此前后，学者们也逐步认识到二里冈文化前后青铜器发展的阶段性，即二里头文化晚期和二里冈文化早期青铜器处于同一阶段，二里冈文化晚期至殷墟文化第一期青铜器处于同一阶段[⑧]。朱凤瀚在《中国青铜器综论》一书中也将二里冈文化分为上层和下层两大期，将二里冈文化较晚阶段的青铜器划分成李家嘴M2、李家嘴M1及其后时期这三个阶段，其第一期至第四期分别是二里头文化四期偏晚至二里冈下层一期偏早、二里冈上层一期第Ⅱ阶段、二里冈上层二期第Ⅰ阶段、二里冈上层二期第Ⅱ阶段，各期序列与盘龙城报告的大体一致，只是合并了盘龙城最晚的两期[⑨]。在年代判断上，《中国考古学·夏商卷》将李家嘴M2划为与郑州铭功路M2、M150等同一年代组，即早商文化第二期，而将李家嘴M1、楼子湾M3划为与郑州白家庄M2等单位一组，归属于中商文化第

① 金岳：《中国商代前期青铜容器分期》，《考古学集刊》第6集，第204～226页，中国社会科学出版社，1989年。

② 王立新：《早商文化研究》，第66～68页，高等教育出版社，1998年。

③ 《盘龙城（1963～1994）》，第450～468页。

④ 安金槐：《关于郑州商代二里岗期陶器分期问题的再探讨》，《华夏考古》1988年第4期；安金槐：《对郑州商代二里岗期青铜容器分期问题的初步探讨》，《中原文物》1992年第3期。

⑤ 孙华：《盘龙城的分期与年代——〈盘龙城——一九六三至一九九四年考古发掘报告〉读后》，《盘龙城与长江文明国际学术研讨会论文集》，第58～79页，科学出版社，2016年；吴桐：《再论盘龙城的分期与年代》，《中国国家博物馆馆刊》2021年第2期。

⑥ 蒋刚：《湖北盘龙城遗址群商代墓葬再探讨》，《四川文物》2005年第3期。

⑦ 河南省文物考古研究所：《郑州商城——1953～1985年考古发掘报告》，文物出版社，2001年。

⑧ 孙华：《中国青铜文化体系的几个问题》，《考古学研究（五）》，第921～948页，科学出版社，2002年。

⑨ 朱凤瀚：《中国青铜器综论》，第913～933页，上海古籍出版社，2009年。

一期[①]。当然，目前学界对于中商文化的内涵看法不一，本书中分别以中商文化白家庄期、中商文化洹北商城期代表其早晚两个阶段。

对盘龙城青铜器形制特征的研究也是重点内容。大多数学者认同1976年发掘简报认为盘龙城与郑州商城青铜器一致性的结论，将盘龙城青铜器视为二里冈文化青铜器的组成部分进行研究。陈佩芬细致分析了盘龙城青铜器的形制和纹饰特征，将其纳入二里冈文化至殷墟早期这一时段青铜器的整体发展脉络[②]。《盘龙城（1963～1994）》报告基于分期，对不同期别的青铜器器形、纹饰特征进行了阐述[③]。张昌平从青铜器的器物类别、器形、纹饰以及制作工艺等方面分析了盘龙城青铜器的特征，指出了盘龙城青铜器整体属于中原文化，但同时也有一些个性特征，这些个性暗示盘龙城可能存在当地生产的可能性[④]。常怀颖《盘龙城铜器群与"二里岗风格"的确立》[⑤]中梳理了盘龙城铜器群的特征和演变，并与二里冈时期铜器器类的器形、纹饰、铸造工艺等方面进行对比，总结出二里冈铜器群是以测浇、倒浇共同使用的范铸技术为基础，铸造单层花纹器壁较薄的铜容器为对象的铜器群。井中伟对盘龙城杨家湾M11出土"铜饰件"的埋葬环境、形制类比和文化背景角度进行分析，提出这两件所谓"铜饰件"应定名为刀，是一对具有军权礼仪功能的兵器[⑥]。

盘龙城青铜器的工艺研究也是了解二里冈文化青铜器制作的重要工作。胡家喜等对盘龙城青铜器范型、浇铸方式、纹饰制作等进行了全面的研究，这也是学界首次对二里冈文化青铜器工艺进行系统的研究[⑦]。此后，学界从工艺研究的角度对盘龙城青铜器进行了更多的专项研究，如苏荣誉等对盘龙城青铜器的铸接技术、对青铜鬲等器类的观察分析[⑧]，苏昕对盘龙城青铜斝的铸造缺陷以及铸工的补救措施研究进行观察研究，等等[⑨]。南普恒等分析盘龙城青铜器泥芯与当地原生土、陶片在化学成分上的相似性，提出盘龙城泥芯与其他当地样品的黏土原料应来自同一区域，认为盘龙城商代青铜器应是在本地铸制的[⑩]。盘龙城本地具备生产青铜器的能力目前已获确认，盘龙城小嘴发现有较为复杂的铸铜遗存，包括有陶范、炼渣、炉壁、木炭、砺石，以及可能用作回炉的残铜块[⑪]。

盘龙城青铜器化学成分的检测在盘龙城发掘报告出版和其后得到了科技考古学者们的重

---

① 中国社会科学院考古研究所：《中国考古学·夏商卷》，第387～395页，中国社会科学出版社，2003年。

② 陈佩芬：《商代殷墟早期以前青铜器的研究》，《上海博物馆集刊》第六期，上海古籍出版社，1992年。

③ 《盘龙城（1963～1994）》，第450～468页。

④ 张昌平：《盘龙城商代青铜容器的初步考察》，《江汉考古》2003年第1期。

⑤ 常怀颖：《盘龙城铜器群与"二里岗风格"的确立》，《商周青铜器的陶范铸造技术研究》，文物出版社，2011年。

⑥ 井中伟：《盘龙城商代"铜饰件"辨析》，《江汉考古》2017年第3期。

⑦ 胡家喜、李桃园：《盘龙城遗址青铜器铸造工艺探讨》，《盘龙城（1963～1994）》附录七，第576～598页。以下简称胡家喜文或胡家喜等认为。

⑧ 苏荣誉、张昌平：《盘龙城青铜器的铸接工艺研究》，《盘龙城与长江文明国际学术研讨会论文集》，第118～137页，科学出版社，2016年；苏荣誉、张昌平：《论盘龙城楼子湾青铜鬲LWM4：3的铸造工艺及相关问题》，《南方文物》2022年第2期。

⑨ 苏昕：《试析盘龙城杨家嘴遗址M26所出青铜器铸造缺陷及其补救措施》，《江汉考古》2016年第2期。

⑩ 南普恒、秦颖、李桃元等：《湖北盘龙城出土部分商代青铜器铸造地的分析》，《文物》2008年第8期。

⑪ 武汉大学历史学院、湖北省文物考古研究所、武汉市文物考古研究所等：《2012～2017年盘龙城考古：思路与收获》，《江汉考古》2018年第5期；武汉大学历史学院、湖北省文物考古研究所、盘龙城遗址博物院：《武汉市盘龙城遗址小嘴2015～2017年发掘简报》，《考古》2019年第6期。

视。《盘龙城（1963～1994）》发掘报告的附录一至六，都是围绕青铜器成分所作的检测。成分检测表明，盘龙城青铜器已无纯铜器物的存在，同时在成分构成上也不同于殷墟文化时期的青铜器[①]；同时，盘龙城青铜器说明二里冈文化时期青铜器三元合金系统已经形成[②]。《盘龙城出土青铜器的铅同位素比测定报告》检测了30余件青铜器样品，发现盘龙城铜器的矿源属非单一性，其中部分属于高放射性成因铅[③]。《盘龙城商代青铜器铅同位素示踪研究》认为具有中等比值的青铜器可能来源于大冶铜绿山和瑞昌铜岭矿冶遗址[④]。《盘龙城遗址出土铜器的微量元素分析报告》对比了盘龙城铜器与鄂州博物馆馆藏铜器，发现两地元素较为一致，可能有同样的原料来源[⑤]。运用牛津青铜器研究体系探究早商金属流通，研究了盘龙城、郑州两地青铜器主量与微量元素以及铅同位素比值，发现两地所使用的金属原料是有区别的，在锡料的获取以及利用方面也存在不同，因此盘龙城应存在本地青铜生产体系，且建立和发展盘龙城背后的动力可能与获取南方丰富的锡料有关[⑥]。此外，对盘龙城杨家嘴遗址M26出土青铜斝足内壁白色物质进行分析，表明其成分为碳酸钙，结合白色物质位于斝足破损处的现象，研究者推测古人使用熟石灰乳液作为胶结材料修补斝足[⑦]。

青铜器是判断聚落性质的主要指标。学者们过去对盘龙城性质基本上有两类认识，一类是方国[⑧]，强调其政治独立性；另一类认为盘龙城属于中原王朝政治系统，是商王朝统治南方的中心[⑨]，或者考虑到盘龙城墓葬随葬较多钺、戈、矛、镞等青铜兵器，呈现出较强的军事性，提出盘龙城是商王朝的军事据点[⑩]。近年，施劲松观察盘龙城青铜器的使用方式与商王朝一致，认为这是盘龙城与政治中心在价值体系上的同一性，因此盘龙城是一个权力高度集中的区域性中心[⑪]。张昌平等根据盘龙城随葬青铜礼器的高等级墓葬在不同时期聚集在不同地点，提出盘龙城聚落中心在不同阶段发生了位移[⑫]。

---

① 郝欣、孙淑云：《盘龙城商代青铜器的检验与初步研究》，《盘龙城（1963～1994）》附录一，第517～538页。

② 何堂坤：《盘龙城青铜器合金成分分析》，《盘龙城（1963～1994）》附录二，第539～544页。

③ 孙淑云、韩汝玢、陈铁梅等：《盘龙城出土青铜器的铅同位素比测定报告》，《盘龙城（1963～1994）》附录三，第545～551页。

④ 彭子成、王兆荣、孙卫东等：《盘龙城商代青铜器铅同位素示踪研究》，《盘龙城（1963～1994）》附录四，第552～558页。

⑤ 陈建立、孙淑云、韩汝玢等：《盘龙城遗址出土铜器的微量元素分析报告》，《盘龙城（1963～1994）》附录五，第559～573页。

⑥ 刘睿良、马克・波拉德、杰西卡・罗森等：《共性、差异与解读：运用牛津研究体系探究早商郑州与盘龙城之间的金属流通》，《江汉考古》2017年第3期。

⑦ 李洋、黎骐、童华：《盘龙城杨家嘴遗址M26出土青铜斝足内壁白色物质的初步分析》，《江汉考古》2016年第2期。

⑧ 北京大学历史系考古教研室商周组：《商周考古》，第62、63页，文物出版社，1979年；陈贤一：《江汉地区的商文化》，《中国考古学会第二次年会论文集（1980）》，第161～171页，文物出版社，1982年；刘彬徽：《略论长江中游地区夏商时期的文明》，《早期文明与楚文化研究》，第8～14页，岳麓书社，2001年。

⑨ 陈朝云：《盘龙城与早商政权在长江流域的势力扩张》，《史学月刊》2003年第11期。

⑩ 高大伦：《论盘龙城遗址的性质与作用》，《江汉考古》1985年第1期。

⑪ 施劲松：《江汉平原出土的商时期青铜器》，《江汉考古》2016年第1期。

⑫ 张昌平、孙卓：《盘龙城聚落布局研究》，《考古学报》2017年第4期。

2. 国外学者的研究

盘龙城青铜器是二里冈文化时期青铜器最为重要的组成部分之一，后者一方面发展到殷墟文化时期到达中国青铜时代青铜器的顶峰，而此前所在的二里头文化时期仅处于青铜器发展的滥觞水平。因此，二里冈文化时期在文化和技术上都是中国古代青铜器的一个重要发展阶段。二里冈文化青铜器是考察中国古代青铜器特征形成的阶段，这一考察往往以盘龙城青铜器为重要视角。换言之，国外学者对盘龙城青铜器的研究，往往是将其放在二里冈文化这一时间和空间框架下的。以下对国外学者研究的观察，也将按这一视角进行。

二里冈文化发现于1952年，通过20世纪50年代的考古工作，明确了郑州商城是早于殷墟文化时期的另一处都城级别的政治中心，郑州商城出土的青铜器在年代上早于殷墟文化青铜器。这是在考古学上首次认识到殷墟文化之前的青铜器。

在此发现之前，虽然早于殷墟的青铜器在传世品，特别是海外的收藏中已经存在，但当时的考古学家甚至还不能将西周时期之前的青铜器进行年代区分。在海外，当时最杰出的两位艺术史家高本汉（Bernhard Karlgren）和罗越（Max Loehr）在对青铜器的研究中已经涉及到早于殷墟的青铜器，虽然他们本身并未完全意识到这一点。

高本汉是最早尝试对中国古代青铜器的发展作出逻辑分析的海外学者。他以海外博物馆收藏的青铜器为主要材料[①]，对青铜器纹饰作出类型学的统计分类，来尝试寻找青铜器纹饰组合的规律，他由此提出青铜器纹饰如饕餮纹的变化，是由写实向分解的抽象几何形纹发展。为此他撰写了一系列关于中国古代青铜器的文章讨论这一理论[②]。

与高本汉通过纹饰分类统计的方法而建立的各种纹饰由写实到抽象的逻辑系列相反，罗越的分析试图综合考虑器物的总体特征，包括形状、装饰和工艺特征，将不同青铜器的形制特征，特别是纹饰特征内聚，由此方式建立起他所说的“安阳时期”（即殷墟文化时期）青铜器的五种型式，表达先后相承的发展序列。五个型式表现在兽面纹的装饰上，其中的Ⅰ型青铜器纹饰是平面上凸起的细线，纹饰呈带状；Ⅱ型青铜器的纹饰则是稍宽的带状。Ⅲ～Ⅴ型青铜器纹饰由细密流畅进一步发展到多层次、地纹和主体纹饰分化，由此表达的兽面纹的动物形象轮廓清楚，繁简分化[③]。罗越所列的纹饰由抽象到具象的系列，无疑迥异于高本汉的观点。

由于罗越提出的这五型青铜器纹饰发展系列，在文章发表时尚无二里冈文化考古发现的学术背景，因此罗越并不知道，他的第Ⅰ、Ⅱ型青铜器其实并不代表“安阳时期”，而是应该属于二里冈文化时期。罗越列举的第Ⅰ、Ⅱ型例证中的柏林亚洲艺术馆藏细线兽面纹盉和另一件细线兽面纹罍，都可以在郑州商城和盘龙城青铜器中找到相应的对应物。因此，罗越有关青铜器前三型年代较早的推论随即被郑州、盘龙城等考古发现所证实，使得罗越之说在

---

① 1950年之前考古发现的青铜器报道甚少，即便是殷墟青铜器，当时也未出版正式的发掘报告。

② 体现高本汉青铜器纹饰分析的文章主要有三：① yiBernhard, Yin and Chou in Chinese Bronzes. *Bulletin of the Museum of Far Eastern Antiquities*, 1936(8): 9-156, Stockholm. ② New Studies on Chinese Bronzes. *Bulletin of the Museum of Far Eastern Antiquities*, 1937(9): 9-117. Stockholm. ③ Some New Bronzes in the Museum of Far Eastern Antiquities, *Bulletin of the Museum of Far Eastern Antiquities*, 1952(24): 11-25. Stockholm.

③ Max Loehr. The Bronze Styles of the Anyang Period (1300-1028BC). *Archives of the Chinese Art Society of America*, 1953(7): 42-53.

其后的西方艺术史界大为盛行。罗越此后又进一步完善了他的观点[①]，在今天欧美学习中国艺术史的参考文献中，半个世纪之前罗越的文章仍然在列，可见其经典的意义。

罗越提出五型观点之前，就有海外学者对早期青铜器进行细致地观察并形成很好的认识。戴维森（J LeRoy Davidson）通过观察一些商时期青铜器所饰窄细而凸起的纹饰，认识到那些阳线状的纹饰是应该直接在陶范上刻画而成的[②]。纹饰是范作还是模作，迄今仍然是一个争议中的问题，但戴维森对阳线纹饰制作方式的认识则无疑是正确的。这个认识又直接影响到其后罗越的观点：在陶范上直接制作的阳线纹饰，从技术的角度而言较为简单，因此这种纹饰被罗越列为上述最早的Ⅰ型。

随着在中国发现二里冈文化时期的青铜器，结束了罗越和高本汉所代表的两个学派之间关于商时期青铜器发展阶段的论战。这场论战，对今天海外研究青铜器的学者仍然产生着影响[③]。

20世纪50年代，郑州商城的发现和二里冈文化的确立在海外学术界引起了高度重视。郑州商城的结构和文化内涵，意味着殷墟文化之前存在又一个体现“社会结构的复杂性”的文明，郑州商城就极有可能是代表这个文明的都城。在这种背景之下，“二里冈文化的青铜器，理所当然地成为学术界广泛关注的对象”[④]。

参考郑州商城和盘龙城发现的二里冈文化时期青铜器，一些收藏于海外博物馆的青铜器很快被确认属于早商时期，其中如收藏二里冈文化时期青铜器较多的皇家安大略美术馆，其收藏这一阶段的青铜器有鼎、鬲、爵、斝、罍等[⑤]，以及旧金山亚洲艺术美术馆布伦戴奇藏品（Avery Brundage Collection）的盉、鬲、觚等[⑥]。对于中国青铜器在海外的研究而言，这在认识上是一大进步。

真正意义上对二里冈文化时期青铜器作出研究的，是罗越的学生贝格立（Robert W Bagley）。由于郑州商城发现的青铜器较为分散，资料发表不多，贝格立选择了盘龙城出土的青铜器，并进行了专题研究：《盘龙城：湖北发现的一座商城》（*P'an-lung-ch'eng: A Shang City in Hubei*）[⑦]。这也同样是一篇当今学者仍然在引用的经典论文。贝格立的研究是着眼于中原与长江流域青铜文化关系这一商代政治地理命题。他通过青铜器所反映出的文化面貌，指出盘龙城与郑州商城相似的中原特性，以及在长江流域内与其他相关遗址共存的土著特性。另一方面，他注意到二里冈文化时期之后在长江流域出现了一些自身风格特点的青铜器，而典型的殷墟文化遗址在这一时期的南方或其他区域少见。因此，他推测在二里冈文化时期，盘龙城遗址反映了商王朝的政治扩张，促进了地方青铜铸造业的产生和发展，而到了殷墟这个阶段，区域文化纷纷兴起，迫使商王朝从长江流域以及其他地区撤出。

---

① Max Loehr. Ritual Vessels of Bronze Age China. *The Asia Society*, New York, 1968.

② J LeRoy Davidson. Toward a Grouping of Early Chinese Bronzes. *Parnassus*, 1937(Ⅸ).

③ 罗越的学生贝格立（Robert W Bagley）近年发表专著，研究这场学术之争。Robert W Bagley. *Max Loehr and the Study of Chinese Bronzes——Style and Classification in the History of Art*. Cornell East Asia Series, 2008.

④ Chang Kwang-chih. *Shang Civilization*, Chapter 5. Yale University Press, 1980. 此书的中译本有两个，此参考张光直著，张良仁等译：《商文明》，辽宁教育出版社，2002年。

⑤ Barbara Stephen. Early Chinese Bronze in the Royal Ontario Museum. *Oriental Art*, 1962: 63-67, 8-2.

⑥ d'Argencé, René Yvon, Lefebvre. *Bronze Vessels of Ancient China in the Avery Brundage Collection. Asian Art Museum of San Francisco*, 1977.

⑦ Robert W Bagley. P'an-lung-ch'eng: A Shang City in Hubei. *Artibus Asiae*, 1977(39).

贝格立对盘龙城青铜器的研究中，首先关注青铜器在中国的起源问题。通过比较盘龙城青铜盉（李家嘴M2：20）和早期陶盉，他发现这些盉上都有一些相似的细节特征：盉顶和鋬上有仿铆钉状的乳钉装饰（在盉盖上表现在装饰有类似于兽面纹眼的纹饰，在鋬上则表现为突出的乳钉纹饰），盉顶和器身结合处有凸出的边轮、鋬与器身的连接处有方块状的结构。在他看来，这些乳钉、边轮、块状结构都与金属锻制技术中连接器物不同部位而使用的技术特征相符，是早期锻制技术使用后的一种遗型。如果是这样，就说明在中国传统的铸造青铜器之前，可能也像西方一样存在着锻造金属的工艺。

盘龙城所反映的二里冈文化青铜器器形变化则反映出中国早期青铜器器类的渊源关系。贝格立认为二里冈文化时期最为常见的爵、斝都来自于对同类陶器的模仿。他排列出青铜爵的形态早晚发展序列——早期无柱，仿陶器；之后爵器身逐步增高，出现折腹，颈和腹部分离，尾部加长加高。对于青铜斝，他指出斝的造型也是由简单变为相对复杂的过程。

早商二里冈文化青铜器向晚商殷墟文化青铜器过渡演变的研究自然也会是贝格立盘龙城这篇文章所关注的。众所周知，晚商青铜器装饰繁缛，纹饰多满幅面、多层次的兽面纹，出现扉棱、雷纹等因素。贝格立认为扉棱的出现与龙山文化至二里头文化时期侧装足陶鼎的鼎足与二里冈文化青铜尊上的曲线轮廓之间具有一定的传承关系，这又影响到了安阳时期扉棱的出现。他批评将扉棱的出现和消除范缝等同起来的传统看法，认为扉棱出现的原因更应该考虑文化传统对纹饰布局、强调纹饰中轴线等审美上的影响。

贝格立对于盘龙城的研究是在较为特殊的历史背景下完成的。当时，中国尚处于“文革”之中，考古资料发表极少，中国学术包括考古学对西方学者基本处于封闭状态。在这种情况下，西方学者对于二里冈文化青铜器的研究很难充分展开。

1980年开创了海外学者研究中国古代青铜器的新纪元。由中国国家文物局主办的大型文物展览——“中国伟大的青铜时代”应邀在美国纽约大都会艺术博物馆等地巡回展出①。这次展览不仅编辑出版了研究水平较高的图录②，还组织了一场包括铸造技术研究的青铜器学术研讨会③。此前《文物》《考古》《考古学报》等考古学刊物复刊，这使海外学者得以了解中国浩如烟海的青铜器资料，此后日渐开放的社会也使海外学者能够亲历中国新的考古发现。和其他时段的青铜器一样，二里冈文化青铜器也为愈来愈多的学者所注意。

贝格立也继续着他对二里冈文化时期青铜器的研究，并成为海外学者在商时期青铜器研究领域中的权威。在“里程碑”④式的《赛克勒收藏商代青铜器》一书中⑤，贝格立继续关注中国可能存在的锻造工艺问题。他通过对齐家文化出土盉的观察，指出了当时在中国西北

① 此次展览时间是1980年4月至1981年9月，先后巡回至纽约大都会艺术博物馆、芝加哥自然历史博物馆、沃斯堡市金贝尔艺术博物馆、洛杉矶县立艺术博物馆、波士顿艺术博物馆。在此之前的1976年3月至1976年8月，在东京国立博物馆、京都国立博物馆举办有内容近似的“中华人民共和国古代青铜器展”。

② Wen Fong edited (Robert W Bagley, Jenny F So, and others). *The Great Bronze Age of China: An Exhibition from the People's Republic of China*. The Metropolitan Museum of Art, New York, 1980.

③ George Kuwayama edited. *The Great Bronze Age of China: A Symposium*. Los Angles County Museum of Art, 1983.

④ 罗覃（Thomas Lawton）对赛克勒系列图录的评价。Thomas Lawton. Chinese Ritual Bronzes: Collections and Catalogues Outsides China. Steven D Owyoung. *Ancient Chinese Bronzes in the Saint Louis Art Museum*. The Saint Louis Art Museum. St. Louis, 1997: 17-37.

⑤ Robert W Bagley. *Shang Ritual Bronzes in the Arthur M. Sackler Collections*. Washington, 1987.

部可能存在一个金属锻造的技术区，这一技术对于其后的中国金属制造起源可能产生影响。在《剑桥中国先秦史》（*The Cambridge History of Ancient China*）一书中，贝格利还强调了二里冈文化对于周边的扩张，这种扩张又刺激了南方青铜文明的兴起，最终反过来使商朝放弃了其在边远地区的统治[①]。

贝格立对盘龙城青铜器的研究，使更多的学者相信二里冈文化时期的不同区域青铜器及其政治背景具有相当的一致性[②]。但是，并不是所有学者都与贝格立有相同的看法。巴纳（Noel Barnard）认为贝格立锻制技术起源一说毫无道理[③]。

进入21世纪，二里冈文化时期两个最为重要的遗址，郑州商城和盘龙城的发掘报告几乎同时出版[④]，为海外学者研究这一时期的青铜器提供了更为便利的条件。

刘莉和陈星灿根据研究，认为在早期国家形态下，二里冈文化对当时最重要、最先进的社会生产——青铜生产及资源进行了控制[⑤]。因此，虽然盘龙城发现有冶炼青铜的遗迹，但其青铜器应该是在郑州商城生产，而后输入到南方的。

杜普（Robert L Thorp）是继张光直之后第二个论著商文明的西方学者，但他更侧重于物质文化，特别是青铜器材料。他认为二里冈文化创造了大规模、广泛的青铜铸造工业。同时期的盘龙城只是一个小城，虽然发现了一些铸造迹象，但大部分特征与郑州青铜器相同。青铜器器形、器类和纹饰几乎都与郑州如出一模。因此从这个角度而言，虽然与郑州相距遥远，但盘龙城仍然应该是与二里冈文化不可分割的同一文化系统。另一方面，二里冈文化时期在郑州商城和盘龙城之外的北方的河南、山东、河北、陕西、山西，以及南方的安徽、湖北多处发现青铜器，这些情况说明二里冈文化时期作为青铜容器使用的中心，其技术和系统被更为广泛的地区所采纳，而这些地区在其后的中商文化时期的青铜器生产中，不再像盘龙城一样在政治上属于中原系统[⑥]。杜普认为青铜工业在中商时期得到了广泛的传播，并逐步形成了具有地方特色的青铜工业，这一看法为理解殷墟文化时期南方青铜文明提出了一个有建设性的参考意见。

海外二里冈文化研究的另外一个高潮是2008年4月在普林斯顿大学亚洲文明研究唐氏中心主办的“二里冈文化的艺术与考古”国际学术会议[⑦]，参加此次会议的有中国、美国、英国、法国等不同国家的学者。这是海外首次就一个中国考古学文化主办专门的国际学术会议，可见海外学术界对于二里冈文化的重视。会后论文集中，贝格立阐述了二里冈青铜器形制、制作技术等问题的诸多探索，提出二里冈青铜器实现了器形、设计风格、铸造工艺等方面的全面创新，是殷墟青铜器的前身，其背后社会化的青铜铸造工业可能是中国工业组织

① Robert W Bagley. Shang Archaeology. *The Cambridge History of Ancient China*. Cambridge University Press, 1999: 168-171.

② Chang Kwang-chih. *Shang Civilization*. Chapter 5. Yale University Press, 1980.

③ Noel Barnard. Wrought Metal—Working Prior to Middle Shang(?)—A Problem in Archaeological and Art-historical Research Approaches. *Early China* 6, 1980-1981.

④ 河南省文物考古研究所：《郑州商城——1953～1985年考古发掘报告》，文物出版社，2001年；《盘龙城（1963～1994）》。

⑤ Liu Li, Chen Xingcan. *State Formation in Early China*. Duckworth, 2004: 131.

⑥ Robert L Thorp. *China in the Early Bronze Age—Shang Civilization*. University Pennsylvania Press, 2005: 85-93.

⑦ Kyle Steinke edited. *Art and Archaeology of the Erligang Civilization.* Princeton University Press, 2014.

发展的起点[①]。王海城认为与美洲等地文化的扩张模式不同，二里冈各个聚落点间的联系十分密切，统治阶层采用成员迁徙的模式与当地土著文化结合，通过军事征服等手段，实现获取土地、矿产等经济资源的战略目的，并在短时间内实现文化面貌的趋同[②]。约翰·贝恩斯（John Baines）将二里冈的扩张模式与早期埃及向下努比亚和巴勒斯坦的扩张模式进行对比，指出二里冈文化对于周边地区的吞并具有管辖性和控制性，更趋近于殖民帝国的扩张模式[③]。江雨德（Roderick Campbell）从城市规模与社会复杂性、青铜器与文化秩序和政治形式的关系两个维度论述了二里冈的文明特征，并从区域的视角指出二里冈时期南北方的经济政治交流是双向且趋同的，其青铜器等礼仪器物的使用、社会和政治组织的形式均与二里头和殷墟具有极高的相似性[④]。史可安（Kyle Steinke）认为江西、安徽、浙江、湖南等地的地方风格青铜器，早在二里冈偏晚阶段在盘龙城以东地区就可能开始了青铜器生产，其制作者很可能是来自中原地区的铸铜工匠，并以当地丰富的矿石资源及便捷的交通条件为动因从事青铜生产[⑤]。除以上学者外，罗彬（Robin McNeal）、杜德兰（Alain Thote）、张昌平也围绕二里冈文化青铜器进行了讨论。

三、研究思路与方法

盘龙城青铜器是迄今所见二里冈文化时期前后发现单位最多、等级最全面、情景状况最佳、数量最为集中的青铜器群，研究盘龙城青铜器是研究二里冈文化青铜器的可行性方式。本书的一个基本思路是聚焦盘龙城青铜器，而不是综合观察二里冈文化时期所有铜器群，如此可以得到更为典型性的认识。

盘龙城青铜器的研究将从如下几个方向开展。

首先是对出土青铜器资料的分析与整理，明确青铜器在单位（主要是墓葬）的出土情景、出土数量以及出土单位的完残程度，整理出那些较为完整保存和情景明确的典型单位，将这些单位及其出土青铜器作为典型材料，亦即不同研究内容的基本材料。其次是对青铜器进行年代学分析。通过观察器类在器形、纹饰等形制方面的变化，排列出不同器类的不同类型及其演变轨迹；将这些器物型式整合到典型单位，并根据型式在不同单位的总体变化，排列出单位的发展系列；在发展系列中梳理出具有阶段性变化的单位群组，由此划分出不同单位的期别，横向对比确定不同期别的年代。

完成年代分期之后，接下来平行展开对青铜器的制作技术、装饰、成分与结构的研究。制作技术是理解器物形制的基础，此前学者对盘龙城青铜器已经有了很好的技术研究，不过这些年铸造技术研究的进展，可以让我们更加全面系统、更为历时性地做出更多的观察。器形与范型的关联、附件的连接方式、补铸和垫片等辅助技术等的全方位观察，可以总结出盘

---

① Robert W Bagley. Erligang Bronzes and the Discovery of the Erligang Culture. 论文集，第19～48页。

② Wang Haicheng. China's First Empire? Interpreting the Material Record of the Erligang Expansion. 论文集，第67～97页。

③ John Baines. Civilizations and Empires: A Perspective on Erligang from Early Egypt. 论文集，第99～119页。

④ Roderick Campbell. Erligang: A Tale of Two Civilizations. 论文集，第121～135页。

⑤ Kyle Steinke. Erligang and the Southern Bronze Industries. 论文集，第151～170页。

龙城青铜器的技术特征及其发展高度。装饰在二里冈文化时期得到爆炸式发展，这一时期纹饰发展过程、纹饰结构、纹饰制作技术、纹饰所蕴含的社会背景在过去缺乏研究，特别是这一勃兴时期装饰对于稍晚青铜器形成什么样的影响，都是值得讨论的。青铜器的成分与结构研究在目前很难有突破性进展，本书主要是梳理过去各位学者对盘龙城青铜器和冶金遗物的成分与结构的分析与研究，并根据分析数据来探讨盘龙城是否存在本地铸铜活动，铸铜物料的来源，以及盘龙城与郑州青铜器间的共性与差异等问题，并为研究二里冈期的青铜产业格局提供了重要信息。

在技术、装饰、成分研究之后，需要总结性地观察盘龙城青铜器所反映的时代与社会景观。青铜器已经成为二里冈文化时期贵族墓葬最主要的随葬品，是衡量当时个人与社会身份等级、体现社会发展水平最重要的指标，同时，盘龙城青铜器还代表了二里冈文化时期青铜器的发展水平。因此从青铜器的角度，一方面可以观察盘龙城作为中心城市的兴起与衰落，观察盘龙城城市布局的变化，另一方面还可以观察盘龙城青铜器所代表的二里冈文化时期，青铜器在生产、技术、装饰等方面的特质，观察二里冈文化时期青铜器作为礼器所反映的器用方式。总之，由盘龙城青铜器所展开的不同方向的研究，仍然是试图达到研究二里冈社会的考古学目的。

在研究方法上，类型学是考古学中遗物研究的基本方式。通过类型学观察青铜器形制变化、各阶段特征和年代，形成对不同类别器物历时性变化、相同单位器物共时性特征的认知，这些认知又是其他研究的基本出发点。铸造工艺则是进一步认知器物形成机制的必经之道。在前人关于盘龙城青铜器形制、年代特征以及铸造工艺研究的基础上，研究中将结合X射线等观察，进一步在这些方面关注形制、技术与时代特性之间的关联性，比较中原文化相对应青铜器的特征；通过青铜器群内部与器群之间的技术文化联系，包括技术互动与交流、工业技术体系共性与差异、生产组织形式和运作机制，揭示盘龙城青铜器风格的形成与制作技术的关系，完善商周青铜器铸造技术发展框架。合金成分、微量元素、铅同位素比值分析乃至金相组织观察等方法，特别是小嘴铸铜作坊的工作使得器物与生产的结合成为可能。通过盘龙城青铜器此类检测数据与商周时期不同地区青铜器和矿产地的分析数据的比较，揭示该批青铜器的合金组成特征，探索其原料产地，为构筑商周时期青铜矿料流通模式提供科学依据。目前主要是通过整合已有学者的青铜器检测以及矿料来源分析，讨论盘龙城青铜器可能的矿源、青铜器产地，探索盘龙城在铜资源流通方面的作用。由青铜器观察社会是考古学研究的终极方法，通过纵向时间和横向空间上的比较研究，揭示盘龙城青铜器生产及其组织，从青铜器生产的角度理解盘龙城的地位与作用，诠释探讨以盘龙城为中心的南方青铜器的生产在中华文明发展中的作用。

第二章

资料分析

青铜器研究，特别是其中的年代学研究，需要对材料进行分析整理，梳理青铜器出土单位（主要是墓葬）的出土情景，以及青铜器的出土数量和完残程度，明确那些保存较为完整和情景明确的典型单位，将这些单位及其出土青铜器作为典型材料，或者说是不同研究内容的基本资料。

盘龙城青铜器自1957年首次发现以来，其后又有多次出土。这其中既有有意识的考古发掘，也有不少是在生产、建设活动中偶尔发现而后进行清理的。考古发掘的重要墓葬如1963年发掘的楼子湾M1～M5、1974年发掘的李家嘴M2等。生产建设活动中发现的墓葬如1974年发现的李家嘴M1、1989年发现的杨家湾M11等。考古发掘材料中，单位墓葬结构、随葬品组合和器物的完整程度都较好，往往是作为典型单位的理想材料。相反，生产建设活动中发现的青铜器，墓葬、组合、器物的完残程度，都需要进行分析。首先，有些墓葬虽然遭受到破坏，但随葬品特别是青铜器组合保存较为齐全，仍然是很好的典型材料。盘龙城许多青铜器的材料都是在20世纪80年代的生产中发现的，考古队往往迅速赶到现场并进行清理发掘。大部分情况下，这些墓葬青铜器会得以完整保存。其次，有些单位随葬品可能不全，但因其出土青铜器数量较多，也值得重视。例如李家嘴M1在生产中被发现，青铜器中只见容器而无兵器，可知其器物未能完全保存，但这些青铜器可确定同出自一个墓葬，仍然是重要的材料。《盘龙城（1963～1994）》报告中有些青铜器出自灰坑，考虑到盘龙城遗址墓葬较难识别的情况，有些灰坑中组合特征明显的青铜器，可能说明原来埋藏单位为墓葬。最后，材料分析还可以对不同年代、不同区域出土青铜器进行一个总体评估。盘龙城的发现自1954年至今已经70年，杨家湾、楼子湾等多个地点也都是多次发现青铜器，这也需要一个全面的梳理和总结。因此，材料分析是青铜器研究中很有意义的基础工作。

盘龙城出土青铜器的地点遍布整个遗址群，具体地点包括城垣、李家嘴、王家嘴、杨家湾、杨家嘴、楼子湾、小嘴、小王家嘴等（图2.1）。这其中小嘴、小王家嘴两个地点的材料未出现在过去的《盘龙城（1963～1994）》发掘报告中。以上地点在地理上是以杨家湾—杨家嘴东西向岗地为核心，岗地东部向南延伸出李家嘴和东西城墙的岗地，岗地西部向南延伸出大邓湾—小嘴岗地，岗地之北有另一条东西向的大邓湾—小王家嘴岗地，还有隔盘龙湖分布的童家嘴地点。各个地貌单元之间为盘龙湖湖汊，在府河大堤修建之前，盘龙湖与府河是连接的。整体形势是大别山到长江之间的典型地貌：低丘、湖泊、河流相间。结合《盘龙城（1963～1994）》报告的资料发表顺序，以下将上述墓葬分布地点分为四组分述：一是城址及近旁的王家嘴和李家嘴，二是杨家湾及以东的杨家嘴，三是楼子湾和小嘴，四是小王家嘴和童家嘴。

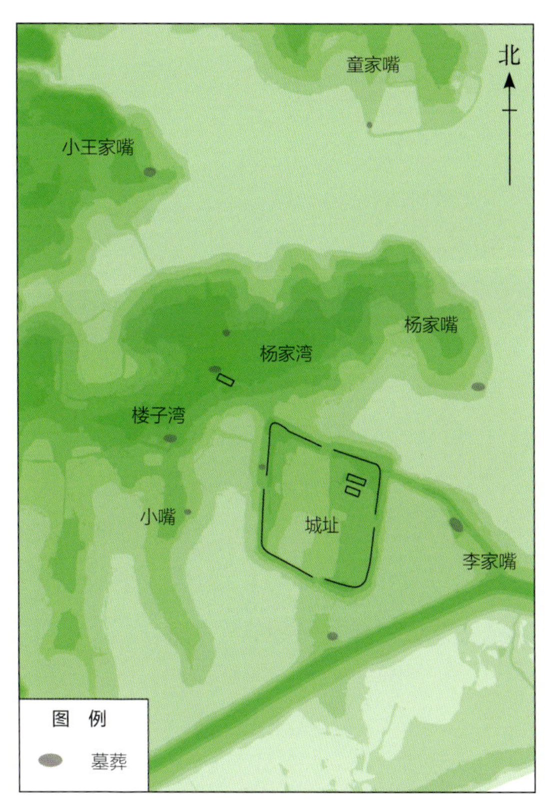

图2.1 盘龙城遗址各地点出土青铜器墓葬位置示意图

第一节　城址及王家嘴、李家嘴

与其他自然地理单元不同，《盘龙城（1963～1994）》报告中称谓的城址是社会功能性特指。从地形图上可以看出，此处闭合性城垣实际上是利用从杨家湾岗地向南延伸出来的两处岗地，再在南、北加筑城垣。因此，东西两个城垣的地势都是愈南愈低。东城垣之下是王家嘴岗地，岗地向南延伸到南城垣之外。西城垣之下是另一处小岗地，与小嘴岗地邻近。李家嘴是东城垣之外的一处岗地，这里和东城垣在1954年、1974年的取土中受到较大的破坏。以下对这个区域的墓葬分别进行叙述。

一、西城垣

1989年在西城垣的南段发现青铜器，其后湖北省文物考古研究所对其进行了考古发掘，墓葬编号为西城垣M1[①]。墓葬为长方形竖穴土坑，墓葬方向为180°，长2.35、宽1.52、残深0.16米。人骨已腐。M1随葬品为青铜器13件、陶器1件、玉器1件，以及可能为漆器1件。青铜器有觚1、爵1、斝1、罍1、鼎1、戈1、镞6、铜片1（图2.2）。此外，随葬品周围铺有朱砂。《盘龙城（1963～1994）》报告将墓葬年代定在第七期。

二、王家嘴

王家嘴岗地的北部为东城垣所覆盖，南部位于南城垣之南，并跨过当代的府河大堤继续向南延伸。岗地从北城垣向南延伸约600米，枯水期水位高程为19.5米，而王家嘴南端水下仍然延绵有文化层。王家嘴所发现的青铜器位置也都位于城垣之南。目前发现青铜器的单位有6个，其中包括4座墓葬和2个灰坑。4座墓葬分别为不同时期所发现，其中王家嘴M1、M4的青铜器保存较好，可作为典型单位。

1. 王家嘴M1

1975年在修建府河大堤施工中发现，墓葬方向及墓葬大小不明。M1随葬品有青铜器14件、陶器2件、石器1件、绿松石器2件。青铜器有觚2、爵4、斝3、罍1、鼎2、锛1、刀1（图2.3）。《盘龙城（1963～1994）》报告将墓葬年代定在第六期[②]。该墓葬出土的青铜器较多，但由于墓葬是在1975年配合修堤工作时期被民工挖出的，随葬品组合是否完整存疑。不过王家嘴M1青铜器数量较多，分档斝、半浮雕兽面纹罍为少见的形制，所以这座墓葬的青铜器材料仍然相当重要。

① 《盘龙城（1963～1994）》，第70～77页。
② 《盘龙城（1963～1994）》，第136～142页。

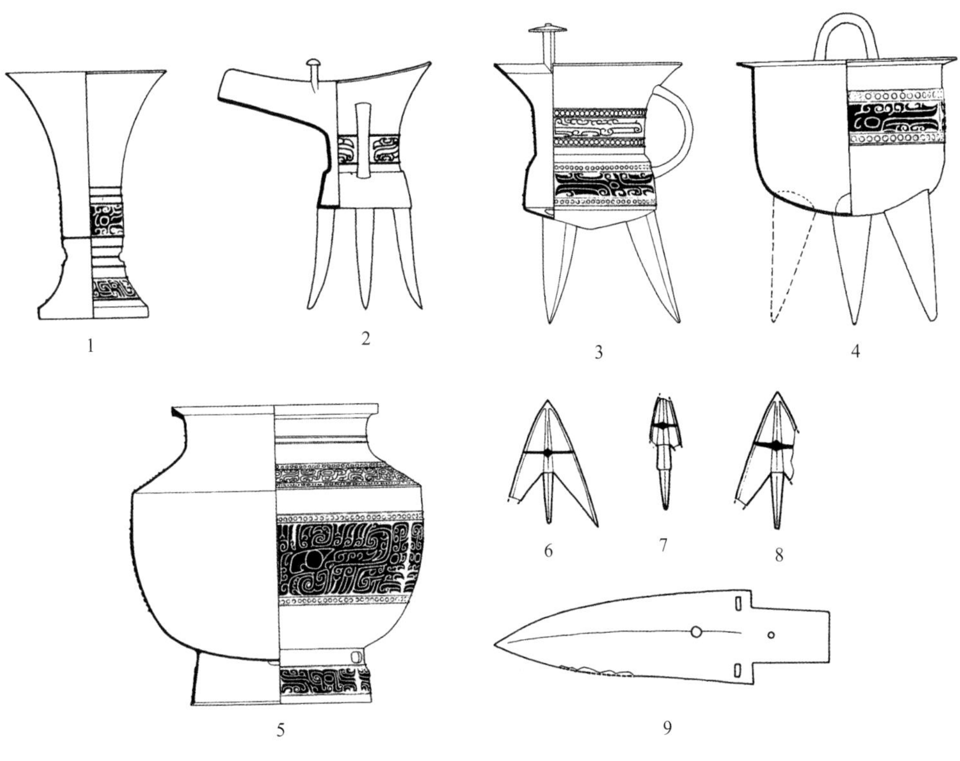

图 2.2 西城垣 M1 出土青铜器

1. M1：5觚 2. M1：1爵 3. M1：2斝 4. M1：6鼎 5. M1：7罍
6～8. M1：10、M1：13、M1：11镞 9. M1：3戈

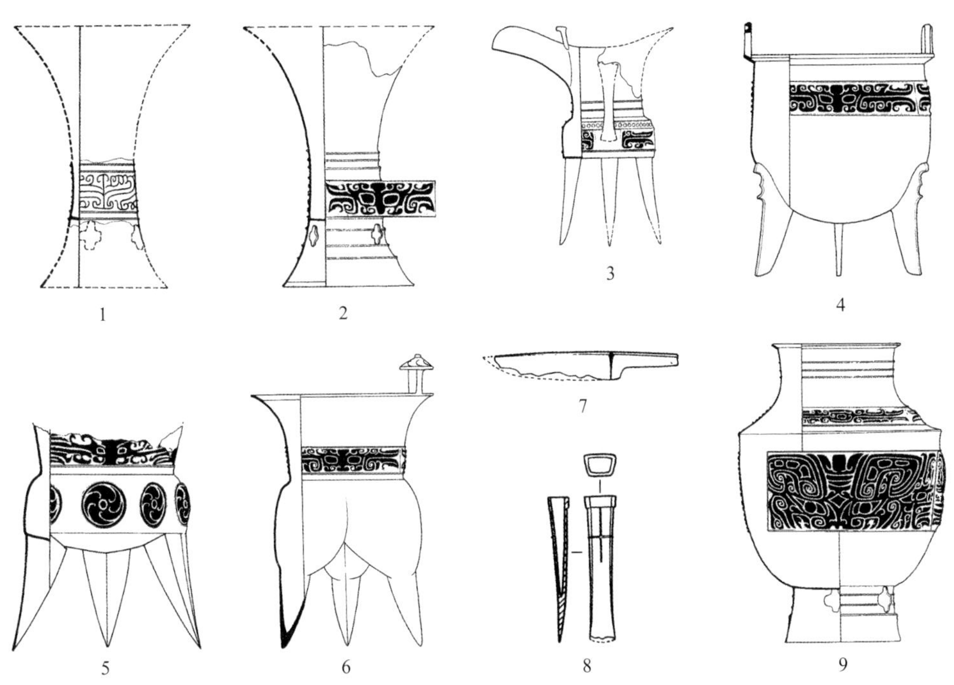

图 2.3 王家嘴 M1 出土青铜器

1、2. M1：5、M1：4觚 3. M1：11爵 4. M1：3鼎 5、6. M1：6、M1：1斝 7. M1：9刀 8. M1：10锛 9. M1：2罍

2. 王家嘴M2

2001年，在加固防洪堤工程过程中，施工部门在王家嘴以南60米的一处名为栗子包的土丘上发现青铜器。盘龙城遗址博物院随即对现场进行清理，发现了一座商文化时期墓葬，后将该墓编号为M2[①]。墓葬和青铜器均保存较差。

3. 王家嘴M3

2014年，武汉市文物考古研究所在南城垣外湖水消落处发现青铜器，清理后确认为一座墓葬，编号为M1[②]。盘龙城大遗址考古项目实施后，将各地点遗迹顺延编号，因此，此墓葬编号为王家嘴M3。墓葬方向为39°，东西长2、南北宽1.1～1.2米。墓葬破坏严重，仅存墓底。出土青铜器11件，陶器3件。青铜器包括觚、爵、斝、刀各1，镞7。此墓破坏严重，青铜器很难说保存齐全。

4. 王家嘴M4

2018年，盘龙城遗址博物院等在王家嘴M3附近的湖水消落区发现青铜器，清理后确认为一处墓葬，编号王家嘴M4[③]。墓葬为长方形竖穴土坑墓，方向约21°，南北长2.1、东西宽0.95～1.05、残深0.05～0.32米。墓葬未见葬具痕迹，中部偏南位置发现一截肢骨，葬式不明。墓底中部有一长方形腰坑，其内未见遗物。随葬品包括青铜器16件、石器3件、骨器1件，另有若干卜骨碎片。青铜器有觚1、斝1、爵1、戈2、镞8、刀1、锛1、锥形器1（图2.4）。该墓虽然也遭到破坏，但出土圜底爵为少见的器形。

5. 王家嘴H6、H7

1979～1985年，湖北省博物馆对南城垣之南、府河大堤以北的王家嘴岗地进行大面积发掘。发掘中发现编号为H6、H7的2个灰坑，出土数量较多的青铜器。《盘龙城（1963～1994）》报告因之认为这是两个祭祀坑[④]，并将其年代定在第五期。我们过去讨论这两个遗迹，认为出土的青铜器较丰富，H7还有较完整的组合，灰坑底部形制、方向与盘龙城同类墓葬多有相似，再考虑到盘龙城墓葬埋葬在文化层之中很难识别的情况，认为这两座祭祀坑可能实际上是两座墓葬[⑤]。

H6坑口平面为椭圆形，底作长方形，口长5.6、宽3、深1.5～1.7米。出土青铜器15件，同出的陶器有鬲、斝、盆、壶、罐、大口尊和瓮等，数量不明。青铜器有戈1、钺1、刀1、镞10、锛2。

H7坑口平面不规则，东西长10.25、南北宽3.5～5米。铜器绕一周放置，玉、石器置于

---

① 盘龙城遗址博物馆：《盘龙城遗址博物馆征集的几件商代青铜器》，《武汉文博》2004年第3期。

② 武汉市文物考古研究所、盘龙城遗址博物院：《2014年盘龙城遗址部分考古工作主要收获》，《盘龙城与长江文明国际学术研讨会论文集》，第46～57页，科学出版社，2016年。

③ 盘龙城遗址博物院、武汉大学历史学院：《武汉市盘龙城遗址王家嘴M4发掘简报》，《江汉考古》2018年第5期。

④ 《盘龙城（1963～1994）》，第131～135页。

⑤ 拓古：《盘龙城与〈盘龙城〉》，《江汉考古》2002年第4期。

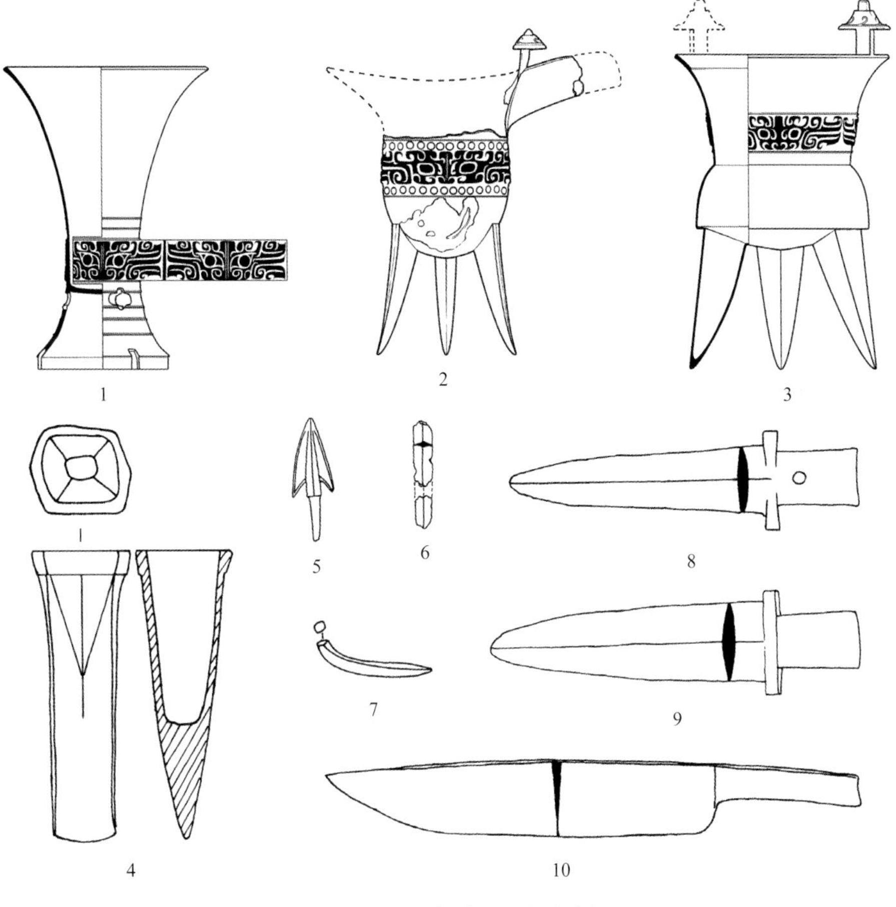

图 2.4　王家嘴 M4 出土青铜器

1. M4：2觚　2. M4：6爵　3. M4：7斝　4. M4：3锛　5、6. M4：4、M4：14镞
7. M4：12锥形器　8、9. M4：1、M4：5戈　10. M4：9刀

铜器间，坑底铺有朱砂。出土有青铜器9件、玉器2件、石器1件、卜骨1件。青铜器有觚1、爵1、斝1、戈1、刀1、锛2、铜片2（图2.5）。

三、李家嘴

李家嘴是杨家湾岗地向东南方向的延伸，1954年至1985年之间修整府河大堤时遭受多次取土破坏，如今地貌颇为残破。李家嘴已发现的墓葬位于岗地西南部，位置对应于城址东北部的宫殿区。这里的墓葬等级很高，分布较为密集，应该是一处墓地。当年的宫殿与墓地应该就是相互关联的居葬关系。

李家嘴墓地的考古工作经历了很长时间，墓葬和随葬品等资料和记录稍显混乱①。1974年在修建大堤时发现李家嘴M1，同年发掘了保存较好的李家嘴M2，并清理了残存的李家嘴M3、M4。李家嘴M3仅残存墓底，随葬器物17件，其中青铜器1件、玉器4件、陶器10件、绿松石1件。

① 湖北省博物馆：《盘龙城商代二里冈期的青铜器》，《文物》1976年第2期；《盘龙城（1963～1994）》，第181～205页。

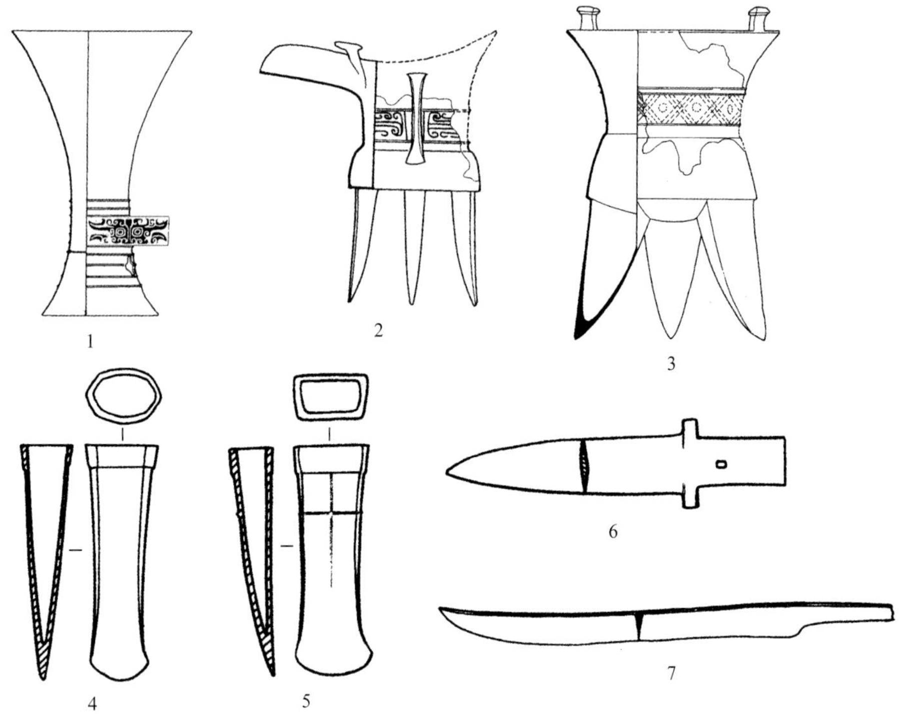

图 2.5　王家嘴 H7 出土青铜器

1. H7：2觚　2. H7：5爵　3. H7：1斝　4、5. H7：12、H7：3锛　6. H7：9戈　7. H7：11刀

其中青铜器为斝1。M4随葬器物12件，其中青铜器4件、玉器3件、陶器5件。青铜器为刀3、锛1。

20世纪80年代，湖北省博物馆盘龙城考古工作站又在附近发现了一座残墓，编号为李家嘴M5，随葬品多已散失，仅见残玉戈2件①。2015年，武汉市文物考古研究所为配合盘龙城遗址公园的修建，对李家嘴岗地进行了全面的勘探，在早年发掘的李家嘴M1与M2之间的区域发现一座墓葬，当时编号为李家嘴M6，但此墓葬与M5是否为同一座墓葬，并不明确。

以下讨论李家嘴M1、M2出土青铜器的情况。

1. 李家嘴M1

李家嘴M1位于李家嘴岗地顶端中部偏南侧，为生产活动中发现，再经由专业人员清理。墓底有长方形腰坑，其他情况不明。随葬品可见35件，其中青铜器22件、玉器6件、陶器7件②。青铜器均为容器，未见兵器和工具，随葬品组合是否完整值得怀疑。

M1出土青铜器的具体数据在不同报告，甚至在同一报告的不同报道中都有差别。关于觚、爵、斝的数量，在《文物》1976年第2期《盘龙城商代二里冈期的青铜器》简报表二中见觚3、爵5、斝5，《盘龙城（1963～1994）》报告中关于遗物文字描述见觚总量为4，而在具体描述中仅见觚3，该墓的小结中提到该墓出土觚3、爵4、斝5，但报告中附表一、三均见觚3、爵4、斝6。关于尊和簋的数量，《盘龙城（1963～1994）》报告中遗物描述部分及附表三见尊2、簋1，

① 湖北省文物考古研究所、湖北省博物馆、武汉大学历史学院等：《武汉市盘龙城遗址出土玉戈》，《江汉考古》2018年第5期。

② 《盘龙城（1963～1994）》，第181～205页。

这一数据与1976年的简报所出相同，但报告附表一为尊1、簋2。综合分析几处报告数据，推测M1的22件青铜器为觚3、爵4、斝6、鼎2、鬲2、尊（罍）①2、簋1、盘1、壶1（图2.6）。

M1：10斝的记录有重叠。斝在《盘龙城（1963～1994）》报告描述有M1：10～M1：13共4件，第506页墓葬登记表中记录弧腹斝4、残斝2。又，文字描述中的M1：10在第

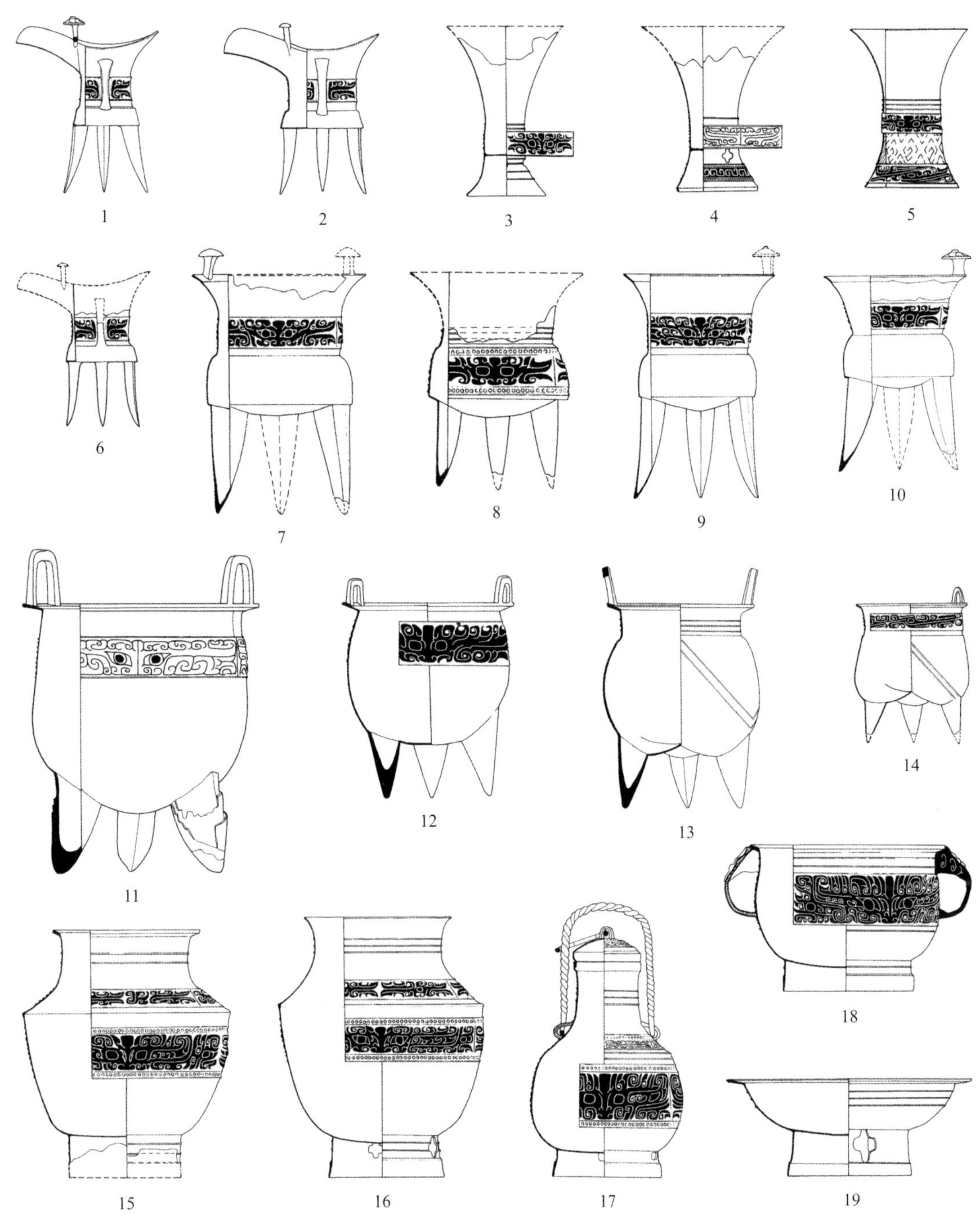

图2.6　李家嘴M1出土青铜器

1、2、6. M1：16、M1：15、M1：17爵　3～5. M1：20、M1：21、M1：19觚

7～10. M1：12、M1：13、M1：11、M1：10+斝　11、12. M1：1、M1：2鼎　13、14. M1：3、M1：4鬲

15、16. M1：8、M1：7尊（罍）　17. M1：9壶　18. M1：5簋　19. M1：6盘

① 尊、罍是功能近似的酒器，在盘龙城，两类器的器形很难区分。

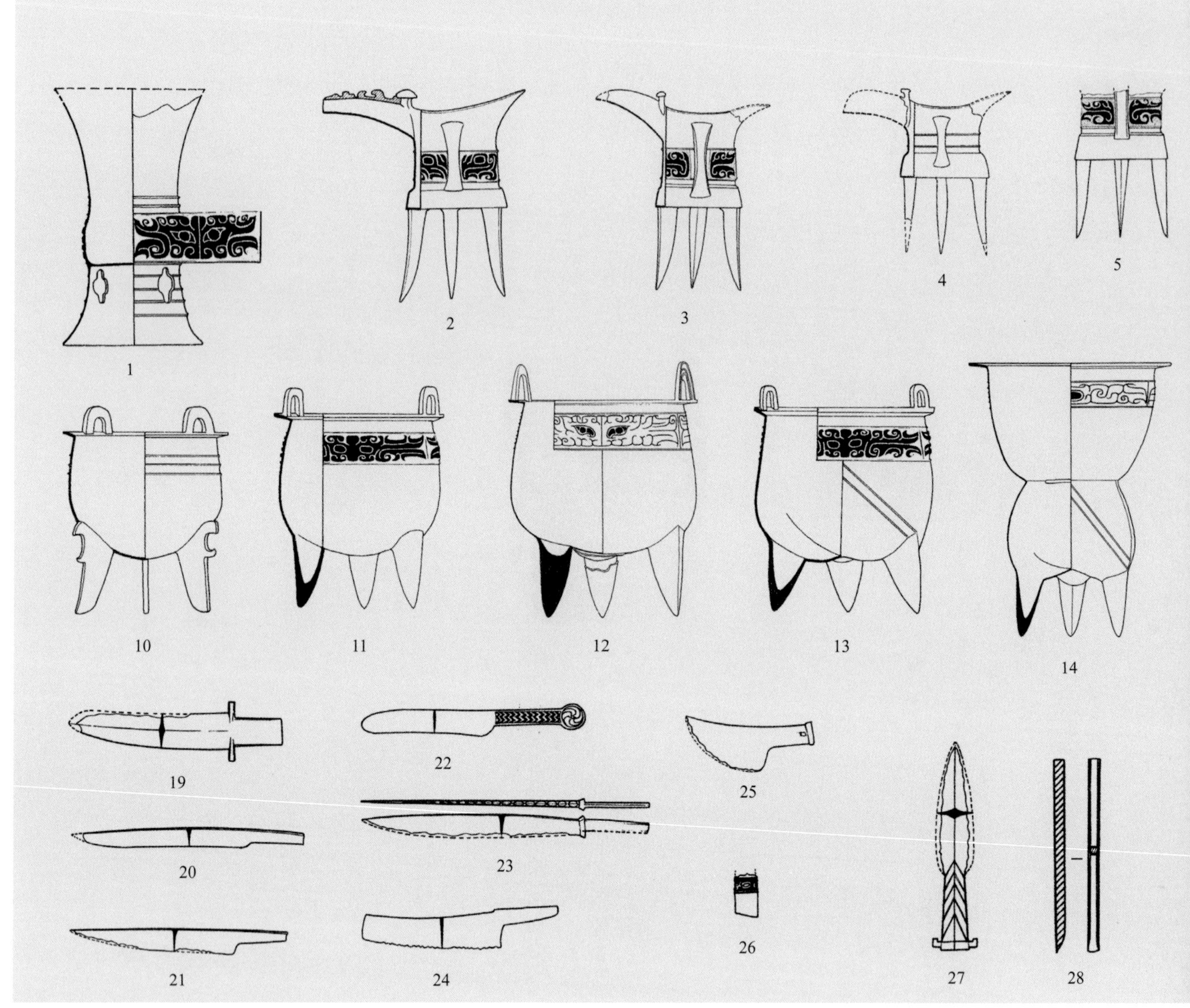

193页线图为口残的兽面纹斝，但在彩版和图版中均为兽面纹涡纹斝。查《文物》1976年第2期《盘龙城商代二里冈期的青铜器》简报，《中国青铜器全集》第一卷（以下正文简称《全集》一）图88，以及《中国国家博物馆馆藏文物研究丛书·青铜器卷（商）》第45器①，可确认M1：10斝为完整器，饰兽面纹和涡纹，口径19、通高29.7厘米。另一器M1：10口残，足高10.2、底径12.1厘米。本书将这一口残的M1：10斝称为M1：10+斝。

李家嘴M1：7尊（罍）图像资料有错误②。李家嘴M1：7尊（罍）在《盘龙城（1963～1994）》报告的文字描述和器物照片中③，腹部兽面纹上下均无圆圈纹，这一点可从1976年的青铜器简报中得到确认④。不过，《盘龙城（1963～1994）》报告图一三二中M1：7器物

① 中国国家博物馆：《中国国家博物馆馆藏文物研究丛书·青铜器卷（商）》，上海古籍出版社，2020年。

② 武汉大学历史学院考古学2008级陈代玉同学在《中国古代青铜器》作业中最早注意到这一点。

③ 《盘龙城（1963～1994）》，第194页，彩版二三，1；图版五八，3。

④ 湖北省博物馆：《盘龙城商代二里冈期的青铜器》，《文物》1976年第2期。

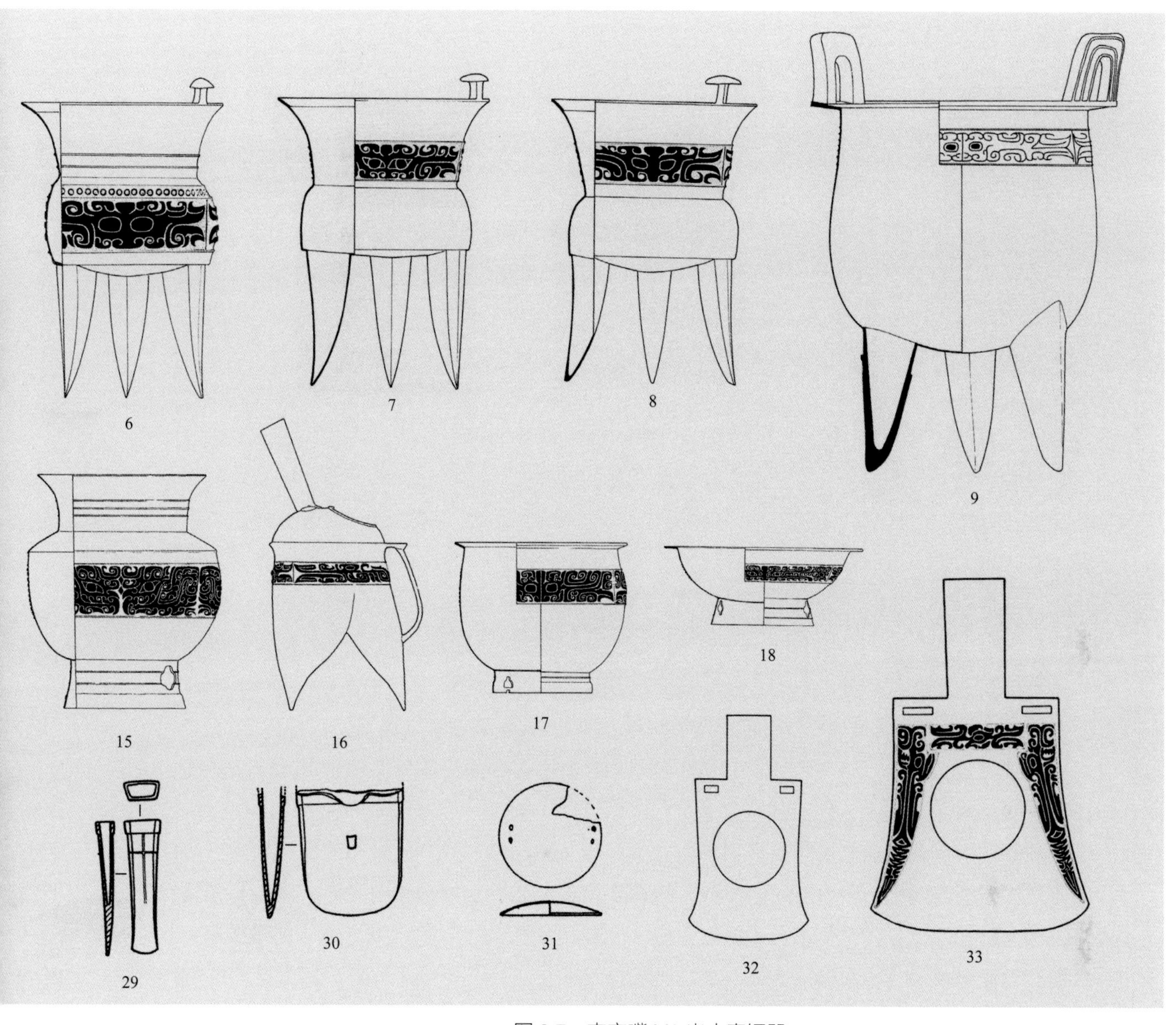

图 2.7　李家嘴 M2 出土青铜器

1. M2：5觚　2～5. M2：12、M2：11、M2：23、M2：21爵　6～8. M2：22、M2：10、M2：19斝
9～12. M2：36、M2：37、M2：35、M2：55鼎　13. M2：38鬲　14. M2：45甗　15. M2：75尊（罍）　16. M2：20盉
17. M2：2簋　18. M2：1盘　19. M2：25戈　20～25. M2：65、M2：70、M2：6、M2：71、M2：69、M2：66刀
26. M2：73镦　27. M2：56矛　28. M2：72凿　29. M2：64锛　30. M2：3臿　31. M2：73泡　32、33. M2：54、M2：15钺

线图腹部兽面纹上下带圆圈纹，这组纹饰是错误的。同时，在图一三二中M1：7腹部纹样拓本也不属于该器，而是李家嘴M1：8尊（罍）腹部的兽面纹。

2. 李家嘴M2

M2经过科学发掘，墓葬形制和随葬品保存较好，资料较为清晰。墓葬方向20°，南北长3.67、东西宽3.24、深1.21米，墓室面积为12平方米，是迄今所见二里冈文化时期保存较好墓葬中最大者。葬具有棺、椁，椁室殉人3个。棺底中部偏东处有腰坑。随葬器物共77件

（一说91件，陶器数量不一），其中青铜器56件、陶器15件、玉器12件（包括绿松石片5件）。绿松石又包括超过50片的构成[①]。随葬器物的放置具有一定规律：酒器觚、爵和斝多置于棺与内椁间，尊置于内外椁间的北端；炊食器鼎、簋和甗等大多置于内外椁间。

但所出青铜器具体数据在不同报告中有差异。《盘龙城（1963～1994）》报告中见觚1、爵4、斝3、鼎6（包括残鼎2）、鬲1、甗1、尊（罍）1、盉1、簋1、盘1，共20件容器，以及兵器和工具共30件（包括箭镞3、锛2）。在1976年简报中见鼎4、镞18、锛1，而在2007年发表的《湖北黄陂盘龙城李家嘴二号墓发掘的补充资料》中新发现青铜锛1、镞19件[②]。根据《盘龙城（1963～1994）》报告中的墓葬平面图可知，报告误将M2：42的玉戈说成鼎；而根据补充材料则可知，《盘龙城（1963～1994）》报告中对镞的统计有遗漏，误将三处不同位置放置的镞记为M2：9、M2：50、M2：59三件镞。但补充材料中公布的新发现镞数量19件，若在《盘龙城（1963～1994）》报告3件镞基础上应为22件，而在1976年简报发表18件镞的基础上，则应为37件，补充材料中公布的镞总量为25件这一数据应当有误。综合各处资料，M2出土的84件青铜器，容器应为19件，为觚1、爵4、斝3、鼎5（包括鼎足1）、鬲1、甗1、尊（罍）1、盉1、簋1、盘1（图2.7），青铜兵器和工具数量为65件，分别为钺2、戈5、锛3、矛2、刀7、箭镞37、镦1、臿1、锯1、凿1、铜泡5。

第二节　杨家湾和杨家嘴

杨家湾到杨家嘴是一条东西向的岗地，东西长近1000米。这里是盘龙城遗址分布面积最大的区域，也是地貌单元面积最大、高程最高（高程近50米）的区域。岗地向东延续被称为杨家嘴，其地势较低，三面环水。

一、杨家湾

杨家湾是杨家湾—杨家嘴岗地的主体部分，也是各类遗存分布集中、堆积厚的区域。《盘龙城（1963～1994）》发掘报告称“杨家湾遗址的商代遗迹和墓地遍布整个岗地”[③]，遗存社会等级较高，主体年代属于盘龙城最晚阶段。杨家湾墓葬也分布在文化层密集的区域，多数墓葬分布也较为密集，似为有意识的布局。墓葬多分布在居址近旁，也是居葬合一的布局。

① 湖北省博物馆、盘龙城遗址博物院：《武汉市盘龙城遗址李家嘴、王家嘴商代墓葬出土绿松石器》，《江汉考古》2022年第4期。

② 盘龙城遗址博物馆筹建处：《湖北黄陂盘龙城李家嘴二号墓发掘的补充资料》，《文物》2007年第8期。

③ 《盘龙城（1963～1994）》，第217页。

杨家湾墓葬经过多次发掘。1974年至1992年，发掘墓葬11座（M1～M7、M9～M12）[①]，其后又在杨家湾M11西侧150米处的水稻田中，采集到青铜觚、勾刀、戈各1件[②]。2001年发掘杨家湾M13[③]，该墓部分遗物早在1973年就被发现并收入《盘龙城（1963～1994）》报告的采集遗物中。2006年发现M13，但因为建筑物的遮挡未完全发掘，所以继续发掘完成[④]。2013年在配合盘龙城大遗址的考古工作中，再次发掘了7座墓葬（M16～M22）[⑤]。这些墓葬位于杨家湾其他墓葬的西北部，分布密集，且有打破关系：M22打破M16，M20打破M17，明显是一处连续埋葬的墓地。以下介绍一些出土青铜器较多的墓葬和单位。

1. 杨家湾M3

墓葬口长约2米，残。不见葬具和人骨。随葬品共8件，包含青铜器6件、陶器1件、玉器1件。青铜器有觚2、爵1、斝柱和斝足各1、刀1（图2.8）。墓葬遭破坏较大，不能作为典型材料，但青铜器同出数量较多，仍然是重要的研究资料。

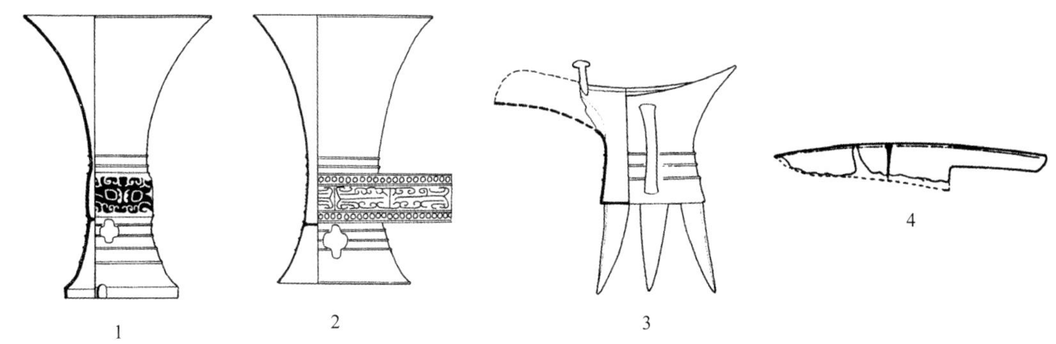

图 2.8 杨家湾 M3 出土青铜器

1、2. M3：2、M3：3觚 3. M3：1爵 4. M3：5刀

2. 杨家湾M4

墓葬方向360°，口残长2.1、宽0.98米。随葬品共18件，包含青铜器10件、陶器5件、石器3件。青铜器有觚2、爵2、斝2、罍1、鬲1、戈1、锛1（图2.9）。《盘龙城（1963～1994）》发掘报告发表了墓葬平面图，墓葬保存相对较好，随葬品组合较规整，可作为典型材料。

3. 杨家湾M5

墓葬方向342°，墓底残长1.1、宽0.66米。随葬品共7件，包含青铜器4件、陶器2件、玉器1件。青铜器有觚1、爵1、斝1、斝残片1（图2.10）。此墓葬破坏严重，不能作为典型单位。

---

① 《盘龙城（1963～1994）》，第217～300页。

② 盘龙城遗址博物馆：《盘龙城遗址博物馆征集的几件商代青铜器》，《武汉文博》2004年第3期。

③ 武汉市黄陂区文管所、武汉市文物考古研究所、武汉市盘龙城遗址博物馆：《商代盘龙城遗址杨家湾十三号墓清理简报》，《江汉考古》2005年第1期。

④ 盘龙城遗址博物院：《武汉市盘龙城遗址杨家湾M13发掘简报》，《江汉考古》2018年第5期。

⑤ 武汉大学历史学院、盘龙城遗址博物院：《武汉市盘龙城遗址杨家湾商代墓葬发掘简报》，《考古》2017年第3期。

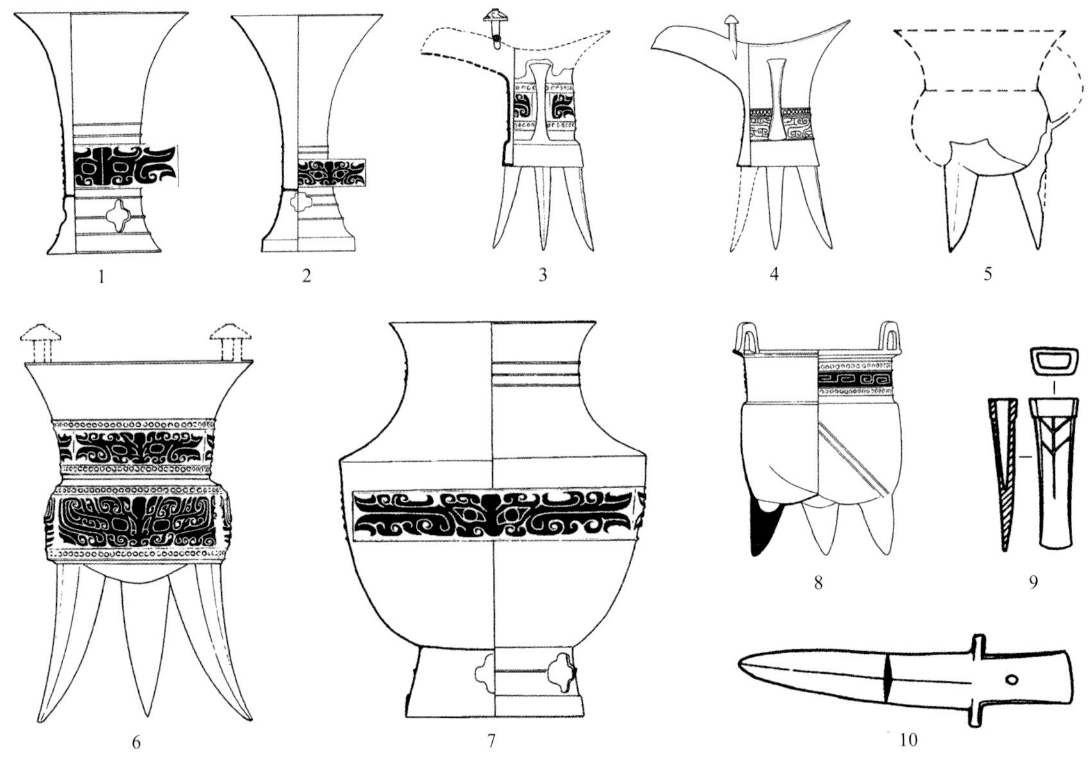

图2.9　杨家湾M4出土青铜器

1、2. M4：6、M4：5觚　3、4. M4：14、M4：3爵　5、6. M4：13、M4：4斝
7. M4：1罍　8. M4：2鬲　9. M4：8锛　10. M4：15戈

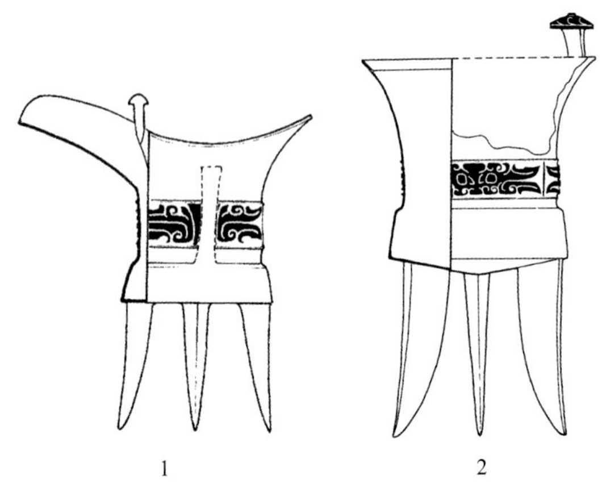

图2.10　杨家湾M5出土青铜器

1. M5：4爵　2. M5：3斝

4. 杨家湾M6

墓葬系农民生产中发现，为不规则长方形，南北向，长2.3、宽1～1.16米。随葬品共8件，包含青铜器3件、陶器4件、玉器1件。青铜器有爵1、斝1、鬲1（图2.11）。此墓葬保存相对较好，组合较为完整，可视为典型材料。

5. 杨家湾M7

墓葬方向为20°，墓口长2.28、宽1.08、深0.26米。墓底铺有朱砂，见有棺痕。葬式为仰身直肢葬，有殉狗腰坑。随葬品共22件，包含青铜器6件、陶器10件、玉器6件。青铜器有爵1、斝1、尊（罍）1、鬲1、刀2（图2.12）。此墓葬保存较好，可作为典型材料。

6. 杨家湾M11

M11因随葬器物露出而被发现，保存情况一般。墓葬方向为20°，长2.5、宽1.4、深约

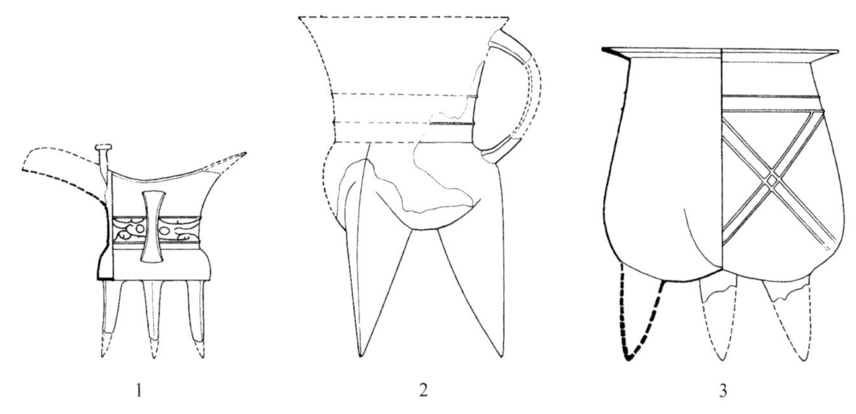

图 2.11 杨家湾 M6 出土青铜器

1. M6：1爵 2. M6：4斝 3. M6：2鬲

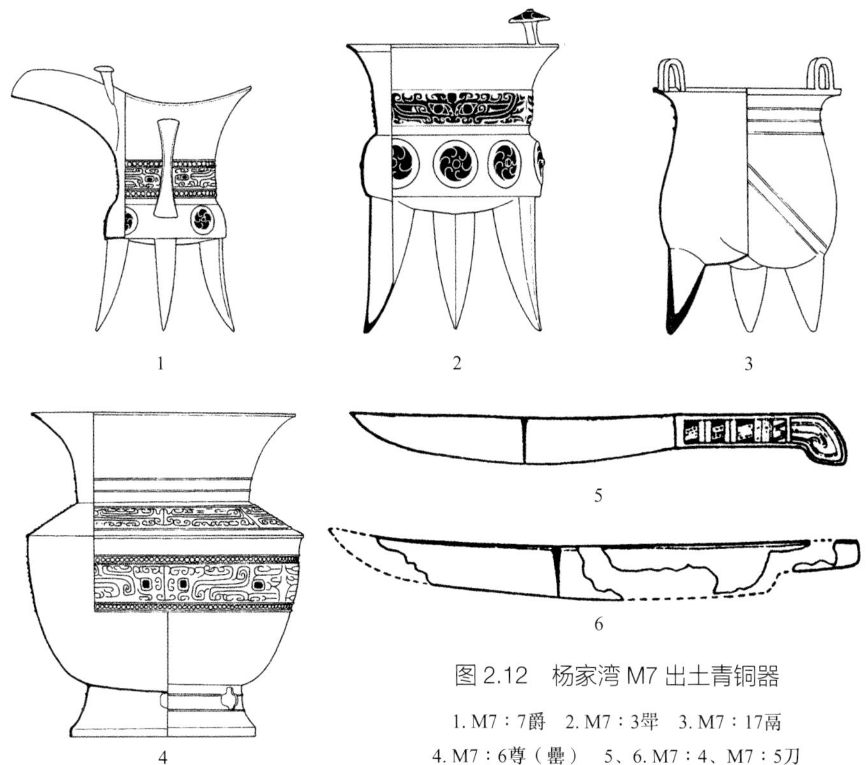

图 2.12 杨家湾 M7 出土青铜器

1. M7：7爵 2. M7：3斝 3. M7：17鬲
4. M7：6尊（罍） 5、6. M7：4、M7：5刀

0.5米。根据残存情况，可知原来墓葬规模更大。墓坑四周可见棺椁残迹，上有彩绘。墓圹内不见墓主人骨架，唯随葬陶瓮中可见烧骨遗存，有学者据此推测为瓮棺火葬墓[①]。墓底设两个殉狗坑。随葬品为青铜器35件、陶器9件、玉器3件、石器3件、绿松石4件、骨器2件。青铜器的数量和类别在《盘龙城（1963～1994）》报告中说法不一，以下按墓葬登记表列出。计有容器17件，有觚4、爵4、斝4、罍3、鼎1、簋1；兵器和工具18件，为钺1、戈2、戣1、铍1、勾刀2、直刀2、鐏1、镦1、镞1、刀1、锛2、斨1、斧1、凿1（图2.13）。M11所出青铜器数量和种类较多，特别是兵器的数量较多，不少兵器如直刀罕见，勾刀等兵器则出现

① 郜向平、宋雪明：《商文化墓葬中的火葬与焚烧墓室现象》，《江汉考古》2018年第5期。

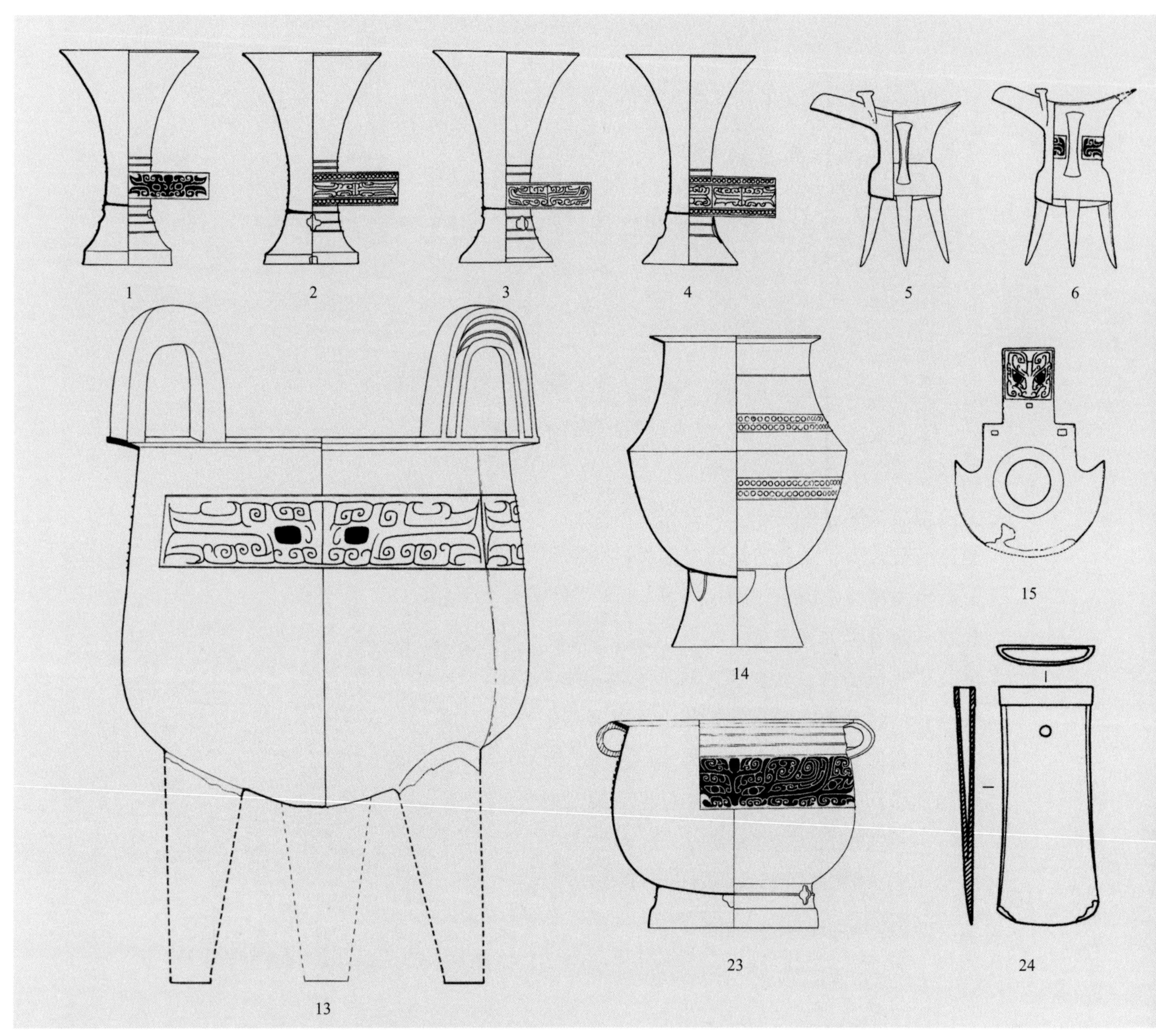

最早。容器组合中觚、爵、斝数量整齐，但鼎只有1件，未见鬲、甗，可能是墓葬遭受破坏所致。此墓虽然所出器物组合不完全，但仍然是盘龙城青铜器研究的重要材料。

7. 杨家湾M13

M13遗物先被村民发现，后经两次发掘，并确认数次工作对象为同一墓葬①。已被破坏得较为严重，形制基本保存完整，方向为18°，长4.1、宽2.9、残深0.15～1.18米。墓葬底部可见彩绘椁板痕迹，墓内北部有二层台，另设置有角坑、腰坑，并有殉人、殉狗。M13随葬品为青铜器22件、玉器4件、石器1件、陶器3件、绿松石饰品5件。青铜器有容器11件，为觚2、爵2、斝2、罍1、鼎4；兵器和工具等11件，有面具1、镞1、泡1、臿2、锛1、斨1、刀3、

① 盘龙城遗址博物院：《武汉市盘龙城遗址杨家湾M13发掘简报》，《江汉考古》2018年第5期。

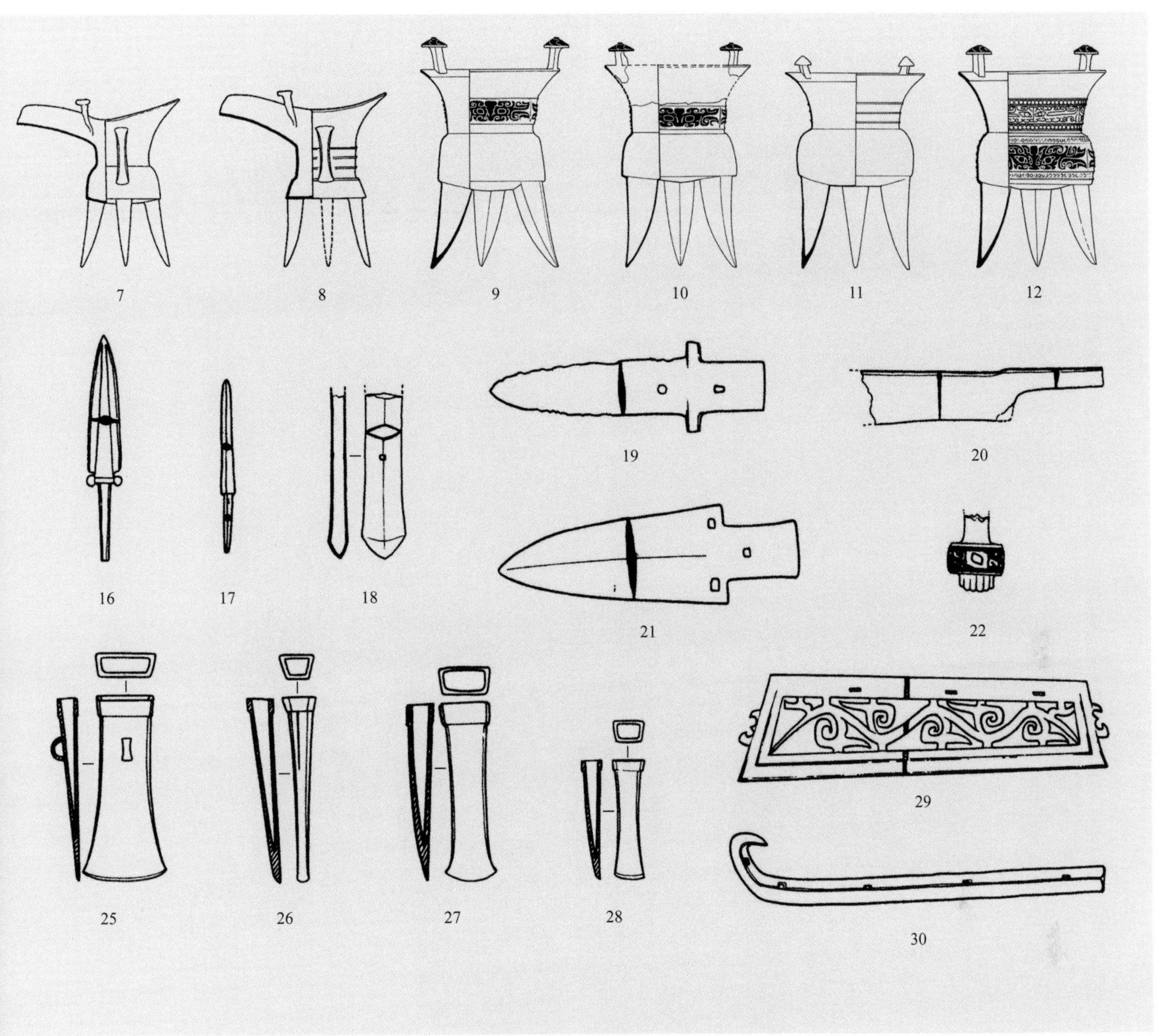

图 2.13　杨家湾 M11 出土青铜器

1～4. M11：5、M11：51、M11：11、M11：18觚　5～8. M11：57、M11：6、M11：4、M11：50爵
9～12. M11：29、M11：30、M11：2、M11：31斝　13. M11：16鼎　14. M11：34罍　15. M11：32钺
16. M11：44铍　17. M11：48镞　18. M11：56鐏　19. M11：21戈　20. M11：47刀　21. M11：39戣
22. M11：15镦　23. M11：13簋　24. M11：35斨　25. M11：36斧　26. M11：37凿
27、28. M11：41、M11：46锛　29. M11：33直刀　30. M11：7勾刀

铜片1（图2.14）。这座墓葬遭受破坏较为严重，随葬青铜器组合不全且残破。不过墓葬社会等级高，仍然是重要材料。

8. 杨家湾M17

M17东南角被商代墓葬M20打破。墓葬保存情况一般，形制为长方形竖穴土坑，四壁基本垂直。葬具为一棺一椁。墓主骨骼无存，在墓圹中发现有多处人类骨殖及其他骨骼痕迹，

图 2.14　杨家湾 M13 出土青铜器

1、15. M13：23、M13：2觚　2、9. M13：24、M13：6爵　3、4. M13：8、M13：1鼎
5、10、13. M13：19、M13：21、M13：20刀　6、7. M13：14、M13：25斝　8. M13：28镞　11. M13：10罍　12. M13：7泡
14. M13：22铜片　16. M13：5锛　17. M13：1斨　18、19. M13：4、M13：2臿　20. M13：3面具

推测有殉人。推测墓向为20°或200°，墓葬长2.9、宽1.6、残深0.74米。墓底设置有长方形腰坑。M17随葬有青铜器11件、玉器5件、石器2件、陶器9件、金片绿松石镶嵌饰件1件，另有绿松石器若干及漆痕残迹。青铜器有觚形器1、爵1、斝1、斝柱帽2、尊残片1、戈1、刀2、牌形器1、铜片1（图2.15）。M17墓葬随葬品应该未受晚期扰动，但多件器物有碎器葬习俗，特别是出现青铜容器残片，对理解青铜器组合有更深的意义。觚形器为过去所未见，根据同出的爵、斝，可知其应该为觚。

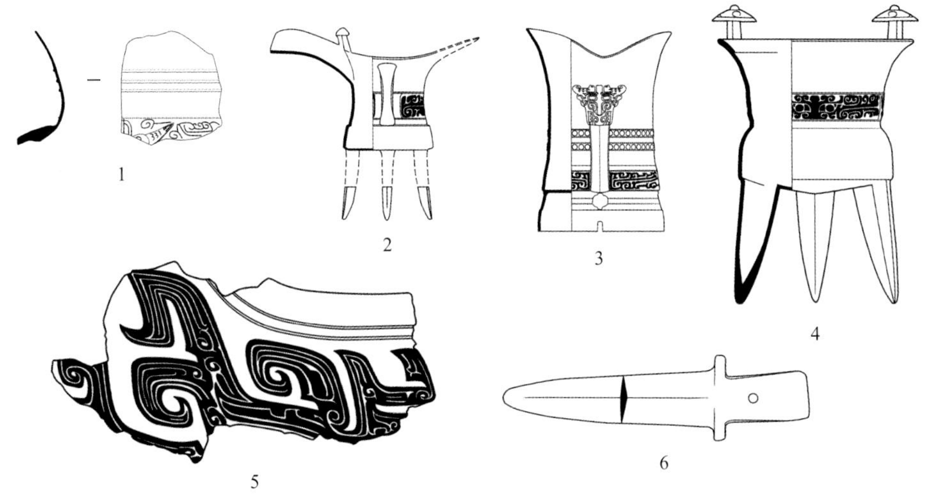

图 2.15　杨家湾 M17 出土青铜器

1. M17：30尊残片　2. M17：23爵　3. M17：19觚形器
4. M17：22斝　5. M17：27牌形器　6. M17：20戈

9. 杨家湾M19

M19保存情况较差，方向为200°，长2.38、宽1.58、残深0.43米。墓底两侧可见东西向二层台。二层台上各有一具骨架，应为殉人或殉牲。葬具为一棺一椁。墓主人骨保存较差。随葬有青铜器14件、陶器3件、玉器3件、漆器2件。青铜器有斝柱帽1、斝鋬2、斝足5、罍1、尊1、鬲1、铜片3（图2.16）。墓葬及青铜器保存较差。

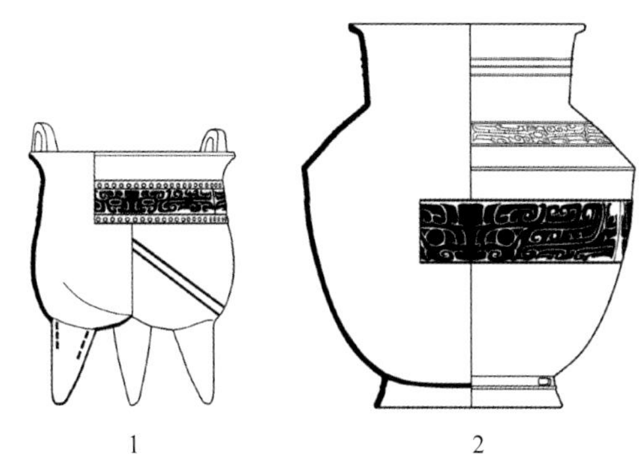

图 2.16　杨家湾 M19 出土青铜器

1. M19：4鬲　2. M19：3罍

10. 杨家湾H6

位于杨家湾M11之南30米，为探方发掘所获，编号为灰坑。平面为不规则长方形，坑口长2.3、宽2.18米，坑口至坑底深0.64米。坑中集中放有铜、陶、玉、石器共58件，分上、下两层堆放，伴出有少量兽骨。上层放置器物46件，包含青铜器35件、陶器8件、玉器3件；下层放置器物12件，包含青铜器3件、陶器7件、石器2件。以上青铜器有容器15件，包括觚3、爵3、斝3、尊（罍）4、鼎足1、鬲1；兵器和工具22件，有钺1、戈2、镞15、刀2、矛1，此外还有残铜片1件（图2.17）。坑底及青铜器周围铺有朱砂。

除了以上出土青铜器的典型墓葬材料之外，杨家湾少数墓葬如M10只随葬陶器，M21仅出土器物残片，M22未见任何随葬品，也有一些墓葬如M2、M12受到破坏未见青铜器。其他墓葬零星出土青铜器的情况可整理如表2.1。

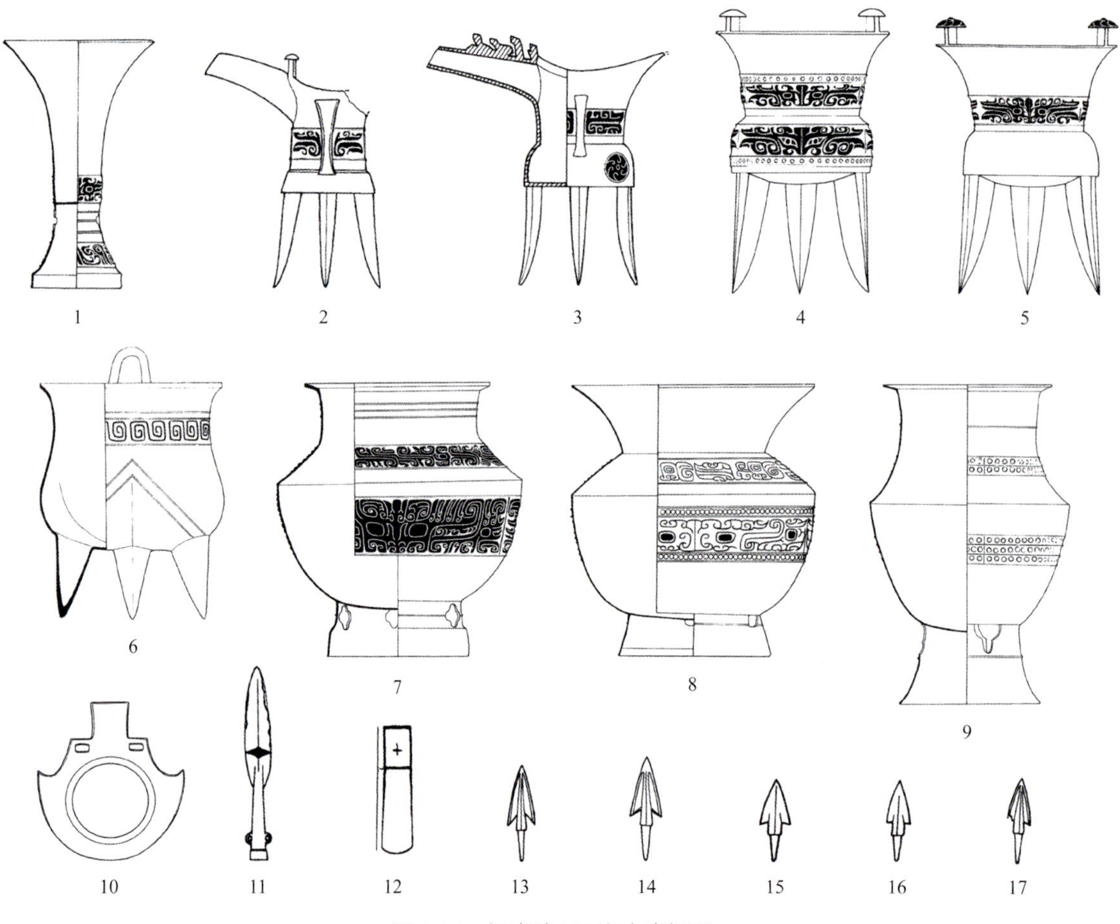

图 2.17　杨家湾 H6 出土青铜器

1. H6：24觚　2、3. H6：30、H6：28爵　4、5. H6：27、H6：18斝　6. H6：17鬲
7～9. H6：21、H6：20、H6：15尊（罍）　10. H6：2钺　11. H6：46矛　12. H6：31刀
13～17. H6：49、H6：50、H6：6、H6：8、H6：9镞

表2.1　杨家湾其他墓葬出土青铜器登记表

墓葬	青铜容器	青铜兵器和工具	墓葬保存状况
M1	爵 1		保存一般
M9	觚 1、爵 1、斝 1		破坏严重
M16	斝柱帽 1、鼎足 1		破坏严重
M20	爵柱帽 2		

二、杨家嘴

杨家嘴与杨家湾同属一条岗地，只是在岗地东段长约250米的范围，三面为盘龙湖所环绕。杨家嘴一带高程较杨家湾低，枯水期其东部可见被湖水侵蚀的文化遗存，说明二里冈文化时期前后的水位明显较当代要低。杨家嘴墓葬也主要分布在岗地接近湖区的部分，位于高程较低的丘地。这里远离杨家湾岗地高等级居址和墓葬，说明墓地社会等级较低。

杨家嘴所出青铜器也基本来自墓葬，这些墓葬经过多次发掘。1980～1983年，湖北省博物馆盘龙城工作站配合当地村民生产中，在岗地东部的滨湖区发掘了10座墓葬（M1～M10）[①]。1997～1998年，武汉市博物馆等单位在杨家嘴发掘了青铜器墓葬3座，编号M12～M14[②]。2006年，武汉市文物考古研究所等单位发掘商代墓葬9座（M15～M21、M23、M25，编号M24为空号）。2014年，武汉大学历史学院等在临湖滩地发现并清理了一座墓葬，编号为M26[③]。墓葬出有青铜觚1、爵1、斝1、罍1、鼎3。墓葬虽然遭严重破坏，但青铜器整体保存较为完整。以上墓葬中，M4～M6、M8、M10、M15、M17～M19、M21～M23、M25未见随葬青铜器，以下重点讨论杨家嘴M26。

杨家嘴M26

杨家嘴M26墓葬上部遭破坏。墓葬方向为20°，墓圹长3.3、宽1.6、残深0.46～0.54米。葬具为单棺，墓底铺有朱砂。随葬品有青铜器7件、陶器5件、玉器1件、漆器1件。青铜器有觚1、爵1、斝1、罍1、鼎3（图2.18）。青铜器和陶器都有碎器葬现象，一些青铜器遭打击的痕迹明显。杨家嘴M26未见兵器或工具等青铜器，因此保存情况和青铜器组合可能不全，但仍然较为重要。

杨家嘴其他墓葬出土青铜器的情况见表2.2。

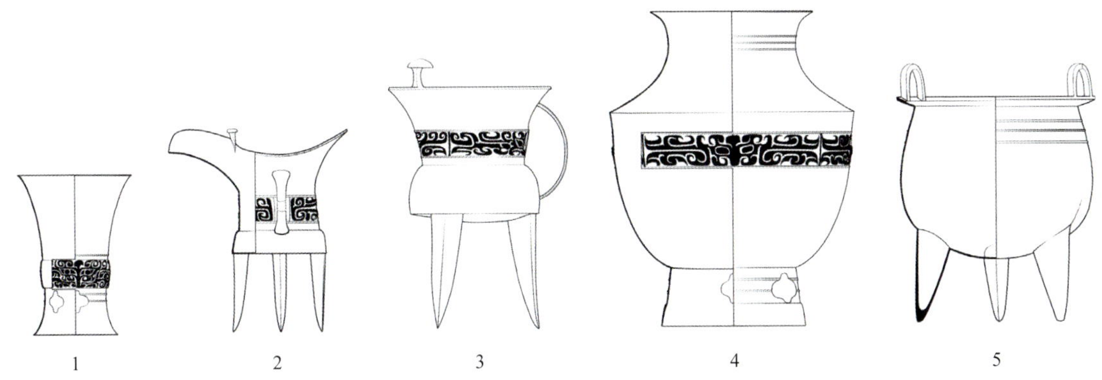

图 2.18　杨家嘴 M26 出土青铜器

1. M26：7觚　2. M26：1爵　3. M26：2斝　4. M26：5罍　5. M26：6鼎

表2.2　杨家嘴其他墓葬出土青铜器登记表

墓葬	青铜容器	青铜兵器和工具	墓葬保存状况
M1	爵 1、斝 2、鼎足 1	戈 1	保存一般
M2	觚 2、爵 2、斝 2	戈 1、刀 1	保存一般

① 《盘龙城（1963～1994）》，第300～357页。

② 武汉市博物馆、湖北省文物考古研究所、黄陂县文物管理所：《1997～1998年盘龙城发掘简报》，《江汉考古》1998年第3期。

③ 武汉大学历史学院、湖北省文物考古研究所、盘龙城遗址博物馆筹建处：《2014年盘龙城杨家嘴遗址M26、H14发掘简报》，《江汉考古》2016年第2期。

续表

墓葬	青铜容器	青铜兵器和工具	墓葬保存状况
M3		戈 1	保存一般
M7		刀 1	保存一般
M9	觚 1、爵 1	锛 2	残
M12	铜片 1		残
M13		镞 1	保存一般
M14	爵 1、铜片 1	锛 2	残
M16	觚 1、爵、斝 1	戈 1、锛 2	保存一般
M20		刀 1	保存一般

第三节　楼子湾和小嘴

一、楼子湾

楼子湾是在杨家湾岗地与向南延伸的小嘴岗地的过渡地带，地理单元的属性较弱。楼子湾过去的考古工作主要是围绕墓葬进行的。1963年，湖北省文物管理委员会在楼子湾发掘了5座墓葬，收获了青铜器38件①。1963年之后至1980年，湖北省博物馆盘龙城考古工作站又在楼子湾新发掘墓葬5座②，发现青铜器13件。此后，这里未再进行新的发掘工作。

以上10座墓葬，较早发掘的5座墓葬除M1之外保存较好，M6～M10多在生产中发现，保存较差。其中M7、M10随葬品扰动较多，M6、M9两座墓葬遭到不同程度的破坏，器物也多为残件，这几座墓葬的器物组合关系已被破坏。M3、M4两座墓葬整体保存较好，出土随葬品种类和数量较丰富，是研究的典型材料。

1. 楼子湾M3

M3墓葬保存较好，墓葬方向348°，长2.62、宽1.02、深1.24米。一棺，带腰坑。M3随葬品为青铜器18件、陶器5件。青铜器有觚1、爵1、斝1、鼎1、戈1、矛1、镞8、刀1、锛2、菱形器1（图2.19）。随葬青铜器置于足端，兵器置于墓主两侧，陶器置于二层台上。M3所出青铜镞在不同材料公布的数据中有所差别，《盘龙城（1963～1994）》报告中各处资料公布数据为2件镞，而在1976年的简报中则公布M3出有8件镞③。仔细查看《盘龙城

① 郭德维、陈贤一：《湖北黄陂盘龙城商代遗址和墓葬》，《考古》1964年第8期。

② 《盘龙城（1963～1994）》，第361页。

③ 湖北省博物馆：《盘龙城商代二里冈期的青铜器》，《文物》1976年第2期。

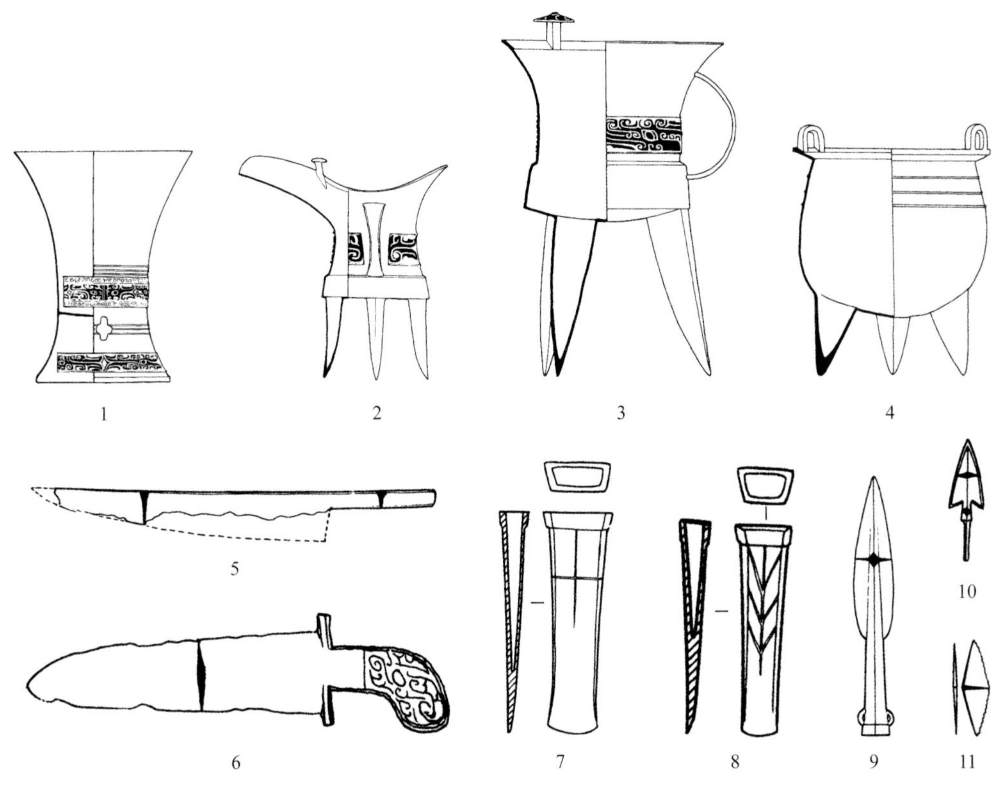

图 2.19 楼子湾 M3 出土青铜器

1. M3：2觚 2. M3：4爵 3. M3：3斝 4. M3：1鼎 5. M3：9刀 6. M3：7戈
7、8. M3：5、M3：6锛 9. M3：8矛 10. M3：12镞 11. M3：10菱形器

（1963～1994）》报告中的平面图[①]，M3：11处至少有5件镞，M3：12处至少有2件镞，1976年简报的数据应该是可信的。

2. 楼子湾M4

M4墓葬保存较好，墓葬方向350°，长2.55、宽1.22、深0.6米。墓室葬具已腐，人骨稍残存，其下铺有朱砂，墓底设腰坑。M4随葬品为青铜器7件、陶器2件、玉石器4件。青铜器有爵1、斝1、斝足1、鼎1、鬲1、钺1、戈1（图2.20）。

楼子湾其他墓葬出土青铜器的情况见表2.3。

二、小嘴

小嘴是位于西城垣之东，并大体与西城垣平行的一条岗地。岗地从楼子湾向南迤逦，狭长而低缓。小嘴岗地东西宽约100米，南北长近500米，岗地东、西、南三面被湖水环绕，临湖滩地常年受湖水侵蚀，文化层也多因此受到破坏。2013年，考古队员在小嘴南部遭侵蚀的湖边采

① 《盘龙城（1963～1994）》，第373页。

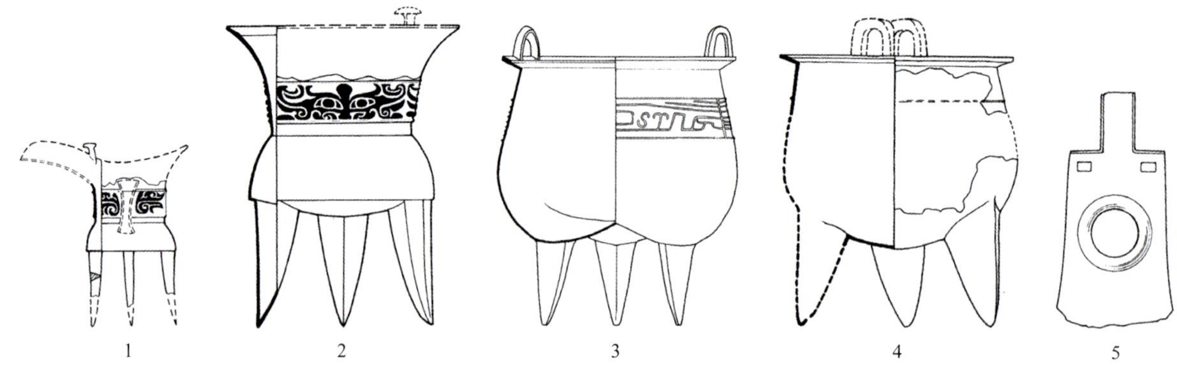

图 2.20　楼子湾 M4 出土青铜器

1. M4：1爵　2. M4：2斝　3. M4：3鬲　4. M4：4鼎　5. M4：8钺

表2.3　楼子湾其他墓葬出土青铜器登记表

墓葬	青铜容器	青铜兵器和工具	墓葬保存状况
M1	爵 1、斝 1、鼎 1	戈 1、镞 4、锛 2	保存较差
M2	爵 1		保存一般
M5	觚 1、爵 1、斝 1		保存一般
M6	觚 1、爵 1、斝 1		残
M7	斝 1	戈 1	保存较差
M8	爵 1、斝 1		保存较差
M9	残觚 1、残爵 1、残斝 1		保存较差
M10	爵 1、斝 1		保存较差

集到6块石范①；2015～2019年，武汉大学历史学院等单位连续在这里发掘1650平方米②，发现陶范、石范、炉壁、炼渣、木炭、回炉铜块等铸铜遗物，确认小嘴是在城址之西的铸铜作坊，可生产青铜工具、容器等。小嘴铸铜作坊区也发现有铜块、刀等青铜工具，当与青铜器生产相关。小嘴也发现商代墓葬，编号为M2、M3，两座墓葬均出土青铜器。

小嘴M2和宋代墓葬小嘴M1是在2008年偶然发现的，随即盘龙城遗址博物院对其进行了清理③。M2墓葬仅存部分墓底，方向305°，残长1.9、宽1.1米。未见葬具，残存人骨，其下有朱砂痕迹。随葬品已有流失，仅见青铜器2件，为爵1、斝1。

小嘴M3是2017年武汉大学历史学院等单位在小嘴发掘铸铜遗存时发现一件露出的青铜斝后清理发掘的④。M3保存状况较好，墓坑基本完整，方向10°，长2.15、宽0.9、深0.2米。

---

① 韩用祥、余才山、梅笛：《盘龙城遗址首次发现铸造遗物及遗迹》，《江汉考古》2016年第2期。

② 武汉大学历史学院、湖北省文物考古研究所、盘龙城遗址博物院：《武汉市盘龙城遗址小嘴2015～2017年发掘简报》，《江汉考古》2019年第6期；武汉大学历史学院、湖北省文物考古研究所、武汉市文物考古研究所等：《武汉市盘龙城遗址小嘴2017～2019年发掘简报》，《江汉考古》2020年第6期。

③ 盘龙城遗址博物院：《武汉市盘龙城遗址小嘴M1、M2发掘及周边文物调查简报》，《江汉考古》2020年第6期。

④ 武汉大学历史学院、湖北省文物考古研究所、盘龙城遗址博物院：《武汉市盘龙城遗址小嘴M3发掘简报》，《江汉考古》2018年第5期。

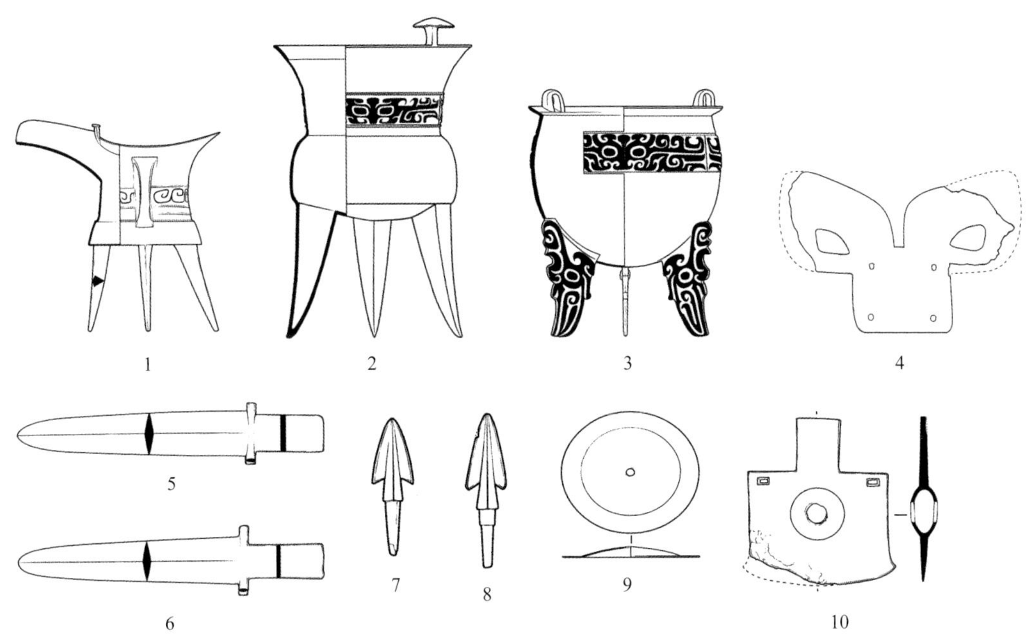

图 2.21 小嘴 M3 出土青铜器

1. M3：2爵 2. M3：1斝 3. M3：3鼎 4. M3：5面具 5、6. M3：4、M3：8戈
7、8. M3：15、M3：13镞 9. M3：7泡 10. M3：9钺

不见葬具，人骨分布在一较小范围，呈白色或黑色，当为焚烧所致，或可能经火葬。随葬品保留较齐全，为青铜器24件、玉器2件、陶器2件和角器6件（图2.21）。青铜器有爵1、斝1、鼎1、钺1、戈2、镞16、面具1、泡1。所出青铜容器大多完整，兵器种类和数量较多，并出有青铜面具，墓主身份地位较高，且可能有一定的军事背景。

第四节 小王家嘴和童家嘴

一、小王家嘴

小王家嘴在今盘龙城遗址博物院以东，位于杨家湾岗地之北，并与杨家湾岗地平行，也是一处半岛型岗地，东、南、北三面环水，平均海拔26.7～27.9米，是盘龙湖沿岸几处较高的岗地之一。2012年，武汉大学历史学院在对小王家嘴岗地的考古勘探中发现了多座商代墓葬，2015年进行了考古发掘。除了5座晚期墓葬外，发掘了商代墓葬21座（M1～M3、M5、M7、M9～M18、M20、M21、M23～M26），灰坑8座，确认小王家嘴为一处早商时期墓地[①]。小王家嘴墓葬较为密集，这一代也未见生活性堆积，8座灰坑中一座埋葬觚、爵、斝

① 武汉大学历史学院、湖北省文物考古研究所、盘龙城遗址博物院：《武汉市盘龙城遗址小王家嘴墓地发掘简报》，《江汉考古》2018年第5期。

有组合意义的青铜器，其他灰坑较为规整，但无完整器物。推测这里是一处专设的墓地，灰坑可能为墓葬形成的祭祀坑。小王家嘴墓葬中有10座随葬青铜器，墓葬规模普遍偏小，随葬品多为残片，一些墓葬体量很小。应该是一处等级较低的墓地，部分墓主可能为未成年人。

小王家嘴墓地中只有M24、M26墓葬保存较好，出土随葬品较完整。以下分别介绍。

1. 小王家嘴M24

M24保存基本完整，方向为340°，墓底设有腰坑。长2.6、宽1.5～1.6、深0.1米。随葬品有青铜器12件、陶器5件、玉器4件，以及漆器痕迹。青铜器有觚1、爵1、斝1、鼎2、戈1、刀1、镞5（图2.22）。

2. 小王家嘴M26

M26保存基本完整，方向为320°，长约1.96、宽约0.9、深0.2米。未见葬具和人骨痕迹，墓底设有腰坑。M26随葬品有青铜器8件、玉器2件、陶器2件、漆器痕迹1处。青铜器有觚2、爵2、斝2、鼎2（图2.23）。

小王家嘴其他墓葬出土青铜器的情况见表2.4。

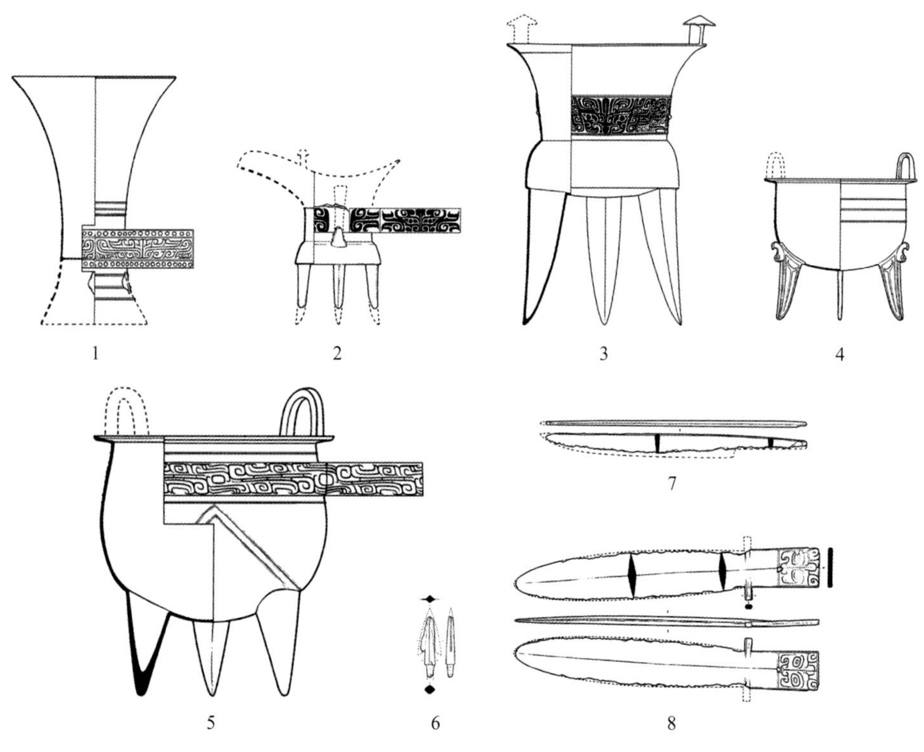

图2.22　小王家嘴M24出土青铜器

1. M24：4觚　2. M24：2爵　3. M24：11斝　4、5. M24：12、M24：13鼎
6. M24：8镞　7. M24：3刀　8. M24：16戈

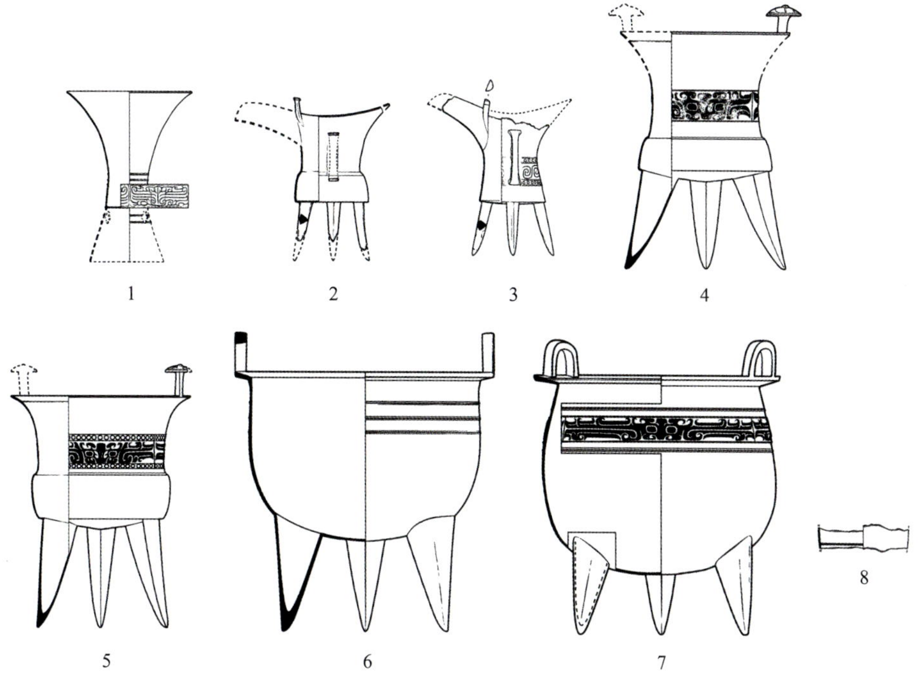

图 2.23　小王家嘴 M26 出土青铜器

1. M26：3觚　2、3. M26：8、M26：1爵　4、5. M26：4、M26：7斝
6、7. M26：2、M26：6鼎　8. M26：11觚圈足

表2.4　小王家嘴其他墓葬及灰坑出土青铜器登记表

单位	青铜容器	青铜兵器和工具	墓葬保存状况
M1	鼎 1、爵 1、斝 1、爵柱帽 1		保存一般
M2	斝柱帽 1		保存较差
M3	爵 1		保存较差
M11	爵 1		保存一般
M14	圈足 1、爵足 1		残
M17	爵 1		保存一般
M18		刀 1	保存一般
M25	爵 1、斝 1	戈 1	
H1	觚 1、爵 1、斝 1		保存较好

二、童家嘴

盘龙湖对岸的童家嘴，1980年在长约2米的墓坑中采集有青铜器4件、玉器5件、陶器3件。青铜器有觚、罍、鼎等。根据青铜器特征，《盘龙城（1963～1994）》发掘报告将童家嘴的年代定在盘龙城第七期①。

① 《盘龙城（1963～1994）》，第397、425～427页。

第三章

分期

分期是深入研究盘龙城青铜器的基础，学者们过去也对此多有尝试。最早在1976年盘龙城青铜器的简报中[①]，认为李家嘴M2等墓葬的年代早于李家嘴M1等墓葬。这一认识在其后学者对早期青铜器的分期中得到认同[②]。《盘龙城（1963～1994）》报告的出版，将青铜器分期推进到新的阶段。将盘龙城城址和城外各遗址的文化遗存统一分为7期，青铜器划分为5期，分别对应于盘龙城的第3～7期[③]。具体而言，报告将杨家湾M6、李家嘴M2、李家嘴M1、杨家湾M11等代表性墓葬划分为早晚不同的阶段。不过这样基于陶器分期而对青铜器进行的年代学判断，可信度是有问题的。基于盘龙城青铜器形制变化的分析更令人期待，有学者将盘龙城青铜器墓葬划分为4期，其中从早到晚代表性的墓葬分别为杨家湾M6、李家嘴M2、李家嘴M1[④]。但这样的划分又似乎忽略了学界认为较晚的杨家湾M11等墓葬。总体而言，学者们对盘龙城一些主要墓葬青铜器的早晚看法接近。同时，大家对于一些具体墓葬的划分方案又有所差异，这使得基于类型学的分期研究成为必要。

以下的类型学研究将以盘龙城遗址出土的青铜容器作为对象。除青铜容器之外，盘龙城出土的青铜器还包括兵器、工具等类别。由于盘龙城出土的青铜容器数量较多，容器的时代变化特征表现较为明显，并可以从河南二里头至殷墟时期的青铜器发展演变中找到若干参考线索，故其是青铜器类型学研究中较理想的材料。另一方面，盘龙城遗址出土的兵器及工具虽具有一定数量，但其器形较为简单，且保存状况较差而器形不全，难以观察其形制演变规律。此外，由于在郑州地区该时段遗存中所见兵器不多，难以从中获知兵器演变的参考线索。故盘龙城出土的兵器与工具将不包括在以下类型学分析中。

第一节　型　　式

一、型式划分的依据

盘龙城青铜器基本上出土于墓葬之中，这些墓葬大多数缺乏层位关系和相互叠压打破关系。另一方面，盘龙城青铜容器从器物组合、器形、纹饰等特征，均显现出其二里冈文化时期的特征。二里冈文化时期的青铜器在发展上前后分别衔接了二里头文化时期青铜器和殷墟文化时期青铜器，根据二里头文化和殷墟文化青铜器的基本特征及区别，我们可以大体掌握二里冈文化时期青铜器的总体发展。也就是说，二里冈文化青铜器与较早的二里头文化青铜器接近的，其型式较早；反之，二里冈文化青铜器与较晚的殷墟文化青铜器接近的，其型式较晚。用这样的方式，我们大体可以推出二里冈文化时期青铜器的演变序列。

---

① 湖北省博物馆：《盘龙城商代二里冈期的青铜器》，《文物》1976年第2期。

② 金岳：《中国商代前期青铜容器分期》，《考古学集刊》第6集，第204～226页，中国社会科学出版社，1989年。

③ 《盘龙城（1963～1994）》，第450～468页。

④ 蒋刚：《湖北盘龙城遗址群商代墓葬再探讨》，《四川文物》2005年第3期。

二里头文化时期出土青铜容器的种类和数量较少，主要有爵、斝、盉、鼎等器类。这一时期的青铜容器整体来说形制较为简单，器形细瘦，器壁较薄，制作较为粗糙，器物多为素面或极其简单的几何纹饰。其中爵器身为束腰的流线型，流尾长且细，三足单薄纤细，器身横截面为极窄的椭圆形，整体呈现出不稳定的脆弱感。这一时期的斝，器形不稳定，兼有实足和空足，铸型也不成熟。二里头文化只见一件鼎，其足与耳开始形成“四点配列式”，即一耳与一足垂直，另一耳在双足之间，且均为尖锥足。

殷墟早期的青铜容器出现了很多新的器类，不论是器形还是数量上都有了明显增加，青铜器的发展趋于成熟。这一时期的青铜容器形制复杂，器壁厚实，整体浑厚有力，器物纹饰趋于复杂，多饰有多重纹饰且纹饰幅面较大。其中爵流口上翘，柱帽高且饰有涡纹，三实足外撇，器身横截面趋于圆形，颈部和腹部通常饰有两周兽面纹。这一时期的鼎，耳的配置多为“五点配列式”的对称布局，鼎足呈现出柱状。

二里头文化时期青铜器与殷墟早期的青铜器相比，具有继承性以及诸多差异性，可以反映出青铜器在时代发展上的变化。以上变化基本也反映了二里冈文化时期最早与最晚阶段的青铜器变化，我们可以根据器物形制、纹饰等变化推出二里冈文化时期青铜器的演变序列。这些变化包括爵的流长变短、流尾上翘、双柱变高、柱帽由简单向复杂、器身由窄向圆发展；鼎耳配置变化、鼎足由尖锥足向柱足发展；整体器物纹饰由简单的几何纹向多重、满幅纹饰发展等。

我们可以将盘龙城出土类似二里头文化时期的青铜容器往二里头文化时期靠，推出年代较早的青铜墓葬，如杨家湾M6出土青铜容器基本呈现出二里头文化时期器物的基本特征，可以大致推出其处于盘龙城年代较早的阶段。而将盘龙城出土类似殷墟早期的青铜容器向殷墟早期靠，推出年代晚的青铜墓葬，如杨家湾M11出土青铜容器器物种类多，形制特征与殷墟早期较为相似，则大致可以推出其处于盘龙城年代较晚的阶段。以此推出盘龙城青铜容器的阶段。

实际上，盘龙城青铜器通过墓葬层位关系较难确定型式关系。盘龙城墓葬中有层位关系的有楼子湾和杨家湾墓地两处，其层位关系都未见明显的年代区别。楼子湾墓地中有这样一组墓葬叠压和打破关系：M2→M3→M1、M4、M5[①]。不过，这些墓葬出土的青铜器都未见明显的形制变化。《盘龙城（1963～1994）》报告甚至将M2、M3、M5都划归在第5期[②]。楼子湾墓地共发掘墓葬10座，墓葬分布较为密集，相互的打破关系或可能暗示这些墓葬是在较短时间内埋葬的。2013年在杨家湾发掘的M16～M22这7座墓葬，墓葬之间也有打破关系，分别是M22→M16、M20→M17。不过这些墓葬中除了M17之外随葬品都很少，难以建立器物发展的逻辑关系。杨家湾的这些墓葬亦分布密集，应该也是在较短时间内形成的墓地。

① 湖北省博物馆：《一九六三年湖北黄陂盘龙城商代遗址的发掘》，《文物》1976年第1期。

② 《盘龙城（1963～1994）》，第371～386页。

二、型式的划分

盘龙城出土的青铜容器类别较齐全，包括觚、爵、斝、尊、壶、盉、鼎、鬲、簋、甗、盘这十一大类别。本书重点对觚、爵、斝、尊、鼎、鬲、簋、盘进行型式划分。

1. 觚

盘龙城出土觚的数量较多，在典型单位中共出土21件。

觚早期的整体形态较矮胖，器身较直，这一阶段的纹饰也多仅在腰间饰一周兽面纹，器物形态呈较典型的二里冈风格。后期觚的整体形态变得瘦长，器身弧度变大，开始出现阶梯状圈足，器身的腰部和圈足部均出现纹饰，整体形态同殷墟早期的觚相近。

根据器物形态以及纹饰上的变化，对盘龙城所出的青铜觚进行型式划分，根据器物的腰径将器物分为粗腰觚和细腰觚两型。盘龙城所出的粗腰觚出现时间较早，细腰觚出现时间相对较晚。以下将粗腰觚和细腰觚分成A、B、C型来讨论（图3.1）。

A型　粗腰，整体形态矮胖，腰径基本在5厘米以上，通高多为15～17厘米。根据纹饰、腰径等变化分为三式。

Ⅰ式：腰部微鼓，器身呈直筒状，圈足略外张，腰部外鼓处饰一周兽面纹。

典型器物为杨家嘴M26：7。粗腰觚，酒器，器物完整。口呈喇叭形外敞，颈部由口沿略微内敛，高圈足略外张，足径较大，整体偏直筒状。腰部带饰处较粗、略外鼓。器身纹饰简洁，以兽面纹和弦纹为主。腰部饰一周两组兽面纹。兽面纹线条繁复而有力，呈浮雕状，充满立体感。兽面眉作T形，内眼角下垂，目作鹰嘴状，圆睛外凸，鼻作倒置T形，双眼上部作勾连云纹上扬呈角状，下部作云纹上扬，呈现出双层双目的视觉效果。嘴部从下侧伸出并向两面上卷，躯干向两侧呈卷曲状舒展开，间饰云雷纹。腰部兽面纹上方饰一道凸弦纹，下方饰两道凸弦纹，并间饰三个等距离的十字形镂孔。镂孔中心位置位于最下方的弦纹处。口径12、底径9、通高17厘米。

其他典型器物还有李家嘴M2：5。

Ⅱ式：敞口，束腰，腰部较直，圈足外撇，腰部饰一周兽面纹。

典型器物为杨家湾M4：6。粗腰觚，酒器，器物完整。铜锈呈翠绿色。大口外敞，颈部沿口沿内敛，圈足呈喇叭状。腰部呈直筒状，较Ⅰ式整体内收的幅度更大。器身纹饰为简单的兽面纹和弦纹。腰部饰一周两组兽面纹，兽面纹线条粗犷浑厚。兽面眉作T形，方睛外凸。头部两侧作云纹上扬呈角状，下部两侧作勾连云纹上卷，躯干向两侧舒展开。腰部兽面纹上方饰两道凸弦纹，下方足部饰三道凸弦纹。圈足三周弦纹正中间有三个等距的十字镂孔，镂孔的位置刚好在上下两圈弦纹之间，以中间的弦纹为中轴分布。口径11.6、腰径5.2、底径8、通高16.6、壁厚0.2厘米。重0.33千克。

其他典型器物为王家嘴M1：4、杨家湾M3：3。

Ⅲ式：大口外敞，束腰，腰部内收，圈足底部略呈阶梯状，腰部和圈足各饰一周兽面纹。

典型器物有楼子湾M3：2。粗腰觚，酒器，器物完整。大口外敞，颈部沿口沿向腰部内敛，圈足微外张呈喇叭状，圈足底部边缘呈方唇状微微带座。腰部粗直，较Ⅱ式整体内收幅度更大。器身饰以兽面纹、弦纹和连珠纹，腰部饰一周宽带纹饰，上下镶以连珠纹。腰部宽带纹饰为两组兽面纹，兽面纹线条繁复而有力。兽面眉作T状，额、鼻呈条状，目作鹰嘴状，圆睛外凸。躯干由两列云纹构成，向两侧展开，尾作云纹上卷。圈足上饰一周窄带纹，由四组头尾相对的夔龙纹组成。夔纹方睛外凸，每组夔纹通体由两列勾连云纹构成。腰部带饰上方饰三道凸弦纹，足部和腰部正中饰三道凸弦纹。圈足三周弦纹正中间有四个等距十字镂孔。镂孔以中间的弦纹为中轴分布。口径12.1、底径9、通高15.4厘米。

其他典型器物还有李家嘴M1：19、李家嘴M1：21。

A型整体变化为腰部内收弧度逐渐变大，Ⅲ式圈足底部出现阶梯座状，器身腰部和圈足饰两周纹饰。

B型 细腰，整体形态瘦高，腰径多在5厘米以下，通高多在16～22厘米。根据纹饰、圈足等变化分为三式。

Ⅰ式：敞口，束腰，圈足外撇，足径较大，腰部饰一周纹饰。

典型器物为李家嘴M1：20。细腰觚，酒器，器物大致完整，口沿残。口呈喇叭形外敞，颈部由口沿内敛，高圈足外撇，底部外缘呈方唇状内包。足径较大。腰部带饰处较粗，略外鼓。器物饰以兽面纹和弦纹。腰部饰一周两组兽面纹。兽面纹线条繁复，呈浮雕状，充满立体感。兽面眉作T形，圆睛外凸，鼻作倒置T形。躯干由两列勾连云纹构成，由头部向两侧舒展开。腰部兽面纹上方饰两周弦纹，下方圈足饰四周平行弦纹。下方弦纹间有三个等距的十字镂孔，镂孔以圈足第二道弦纹为中轴线分布。足高5.2、足径8.8、镂孔长宽均为1.9、腰径5、壁厚0.15厘米。

其他典型器物还有杨家湾M11：11、杨家嘴M2：3、杨家嘴M2：9、王家嘴M1：5、小王家嘴M26：3。

Ⅱ式：敞口，束腰，圈足底部呈阶梯状，腰部饰一周兽面纹。

典型器物为杨家湾M4：5。细腰觚，酒器，器物完整。大口外敞，颈部沿口沿向腰部内敛，腰部纤细内束，较Ⅰ式整体内收幅度更大。圈足略微外撇呈阶梯座状，给整体纤细的器物带上了力量感。器物饰以兽面纹和弦纹。腰部饰一周两组兽面纹，呈浮雕状。兽面纹眉作T形，内眼角下垂，目作鹰嘴状，圆睛外凸，鼻作倒置T形。躯干由两列勾连云纹构成，在尾巴处卷曲上扬或下卷。腰部兽面纹上方饰两周弦纹，下方饰三周平行弦纹，弦纹间有三个等距的十字镂孔。口径13.7、腰径4.1、底径8.6、通高21.2、壁厚0.15厘米。重0.58千克。

其他典型器物还有杨家湾M3：2、杨家湾M11：51、杨家湾M11：5、王家嘴M4：2。

Ⅲ式：敞口，束腰，腰部较直，圈足底部呈阶梯状，腰部和圈足各饰一周纹饰。

只有1件，西城垣M1：5。细腰觚，酒器，器物完整。口呈喇叭状外敞，在腰部装饰纹带的地方相对笔直，圈足外撇呈阶梯座状。器物整体偏向纤细感，但因座状圈足而有了厚重的视觉效果。器身纹饰简洁，以兽面纹和弦纹为主。腰部饰一周两组阳线兽面纹，兽面纹线条浑厚有力。双目外凸，额作T状，鼻子与嘴部从下方伸出并向两侧上卷作倒T形，躯干向两侧舒展开。腰部兽面纹上饰有两周弦纹。圈足饰一周夔龙纹，分为两组共四个夔龙。夔龙纹的躯干均由眼部上下端分别向两侧延展，两侧的躯干微妙地呈反方向对称。而每组的两个夔纹首尾衔接，因流畅的连接而显得浑然一体。四个夔纹造型一致，面朝相同的方向，可能是从一个模具翻印出来的。纹饰线条厚重而流畅。腰部兽面纹与足部的夔龙纹之间饰有三圈弦纹，弦纹之间的间距与腰部弦纹的间距大致相同。圈足三周弦纹正中间有两个相对的十字镂孔，镂孔的位置在上下两圈弦纹之间，以中间的弦纹为中轴分布。从垂直布局来看，镂孔的位置刚好在上下两组兽面纹以及夔龙纹的交汇处，由上而下应可以看到范缝的痕迹。口径12.4、底径8.3、通高18.8厘米。

B型整体变化为腰部内收弧度变大，Ⅱ式腰部较Ⅰ式内收，圈足底部出现阶梯座状，Ⅲ式器身腰部和圈足饰两周纹饰。

C型　横截面为椭圆形，口沿造型似角形器，形制异常。

只有1件，杨家湾M17：19。带鋬异形觚，酒器，器物完整，形制特殊，器身横截面为一扁平的椭圆形。口沿造型似青铜角，两端向上翘。器身腰部微向内收，口长轴比底长轴略长，两者长度大致相同。器身宽边一侧有一扁平鋬，鋬上方附一铺首。圈足底部呈阶梯座状。器物饰以兽面纹、弦纹和连珠纹。腰间饰两周连珠纹，下方靠近圈足处有一周两组无目兽面纹。一足兽面纹正中兽面处被鋬的下缘截断。兽面纹的线条相对纤细简洁，两侧的躯体纹饰相同，以中轴线为中心对称分布，像翅膀一样展开。兽面的眼睛已经简化不见，线条末端卷曲上翘，躯体尾端饰以云雷纹。鋬上一小兽首，兽面特征清晰，以额鼻为中轴对称分布。圈足饰三周弦纹，正中间有四个两两相对的十字镂孔，镂孔的位置在上下两圈弦纹之间，以中间的弦纹为中轴分布。口长轴14、短轴6.8、高18.5厘米。容积约440毫升。

盘龙城青铜觚的整体纹饰风格向细密繁复转变，纹饰带也由器腹一周变为器腹和圈足组合的双周纹饰。

2. 爵

盘龙城出土爵的数量众多，在典型单位中共见28件。

根据器物形态上的变化对盘龙城所出的青铜爵进行型式划分，根据器物腹部形态将器物分为鼓腹爵、折腹觚和直腹爵三型，列为A型、B型和C型来讨论（图3.1）。

A型　鼓腹，腹部呈弧形微鼓。根据爵柱数量分为Aa和Ab两个亚型。

Aa型　双柱。根据器身横截面和足部变化分四式。

Ⅰ式：流、尾较长，两柱较矮，腹部较浅，器底为扁平的椭圆形，三足短小而笔直，器物整体矮胖。颈部饰一周细线纹。

典型器物为杨家湾M6：1。鼓腹爵，酒器，流、尾、足残，铜锈呈浅绿色。口呈较扁平的橄榄形，口沿内侧有一道加厚的唇边。两矮柱立于流折处，柱茎横截面呈不规则的三棱形，柱帽作曲状。颈部短粗，弧腹矮胖微鼓，平底，底部为扁平的椭圆形。三足为三角四棱尖锥实足，足部细短笔直，足尖略外撇。身旁附一扁平鋬，鋬上下两端分别连接颈部上端和腹部。器物颈部饰一周三组细线纹，兽面被简化为抽象线条。正面一组由两个夔龙组成的完整兽面纹，左右各饰半组展开的夔龙，面朝中间的兽面纹，分置鋬的两侧。夔龙眼作圆圈纹，身作卷曲的细线云纹。颈高2.3、壁厚0.1厘米。重0.15千克。

其他典型器物还有李家嘴M2：23。

Ⅱ式：流较长，尾短，双柱细矮，腹部较深，器底为椭圆，三足较长，略外撇。颈部饰一周兽面纹。

典型器物为杨家嘴M2：5。鼓腹爵，酒器，完整。铜锈呈灰绿色。口呈较圆的椭圆形，口较Ⅰ式圆，口沿内侧有一道加厚的唇边。长流上扬，短尾微微外侈。两矮柱立于流折处，柱茎横截面呈不规则的三棱形，柱帽为不规则的扁圆圆形。颈部短粗，弧腹矮胖微鼓，平底，底部为椭圆形。三足为三棱尖锥实足，足部细长笔直，足尖处略外撇。身旁附一扁平鋬，鋬上下两端分别连接颈部上端和腹部。器物颈部饰一周三组纹饰。正面为一组兽面纹，纹饰呈浮雕状，立体生动。兽面纹眉作T状，圆角方睛外凸，鼻作倒置T形，嘴作云纹内卷，躯干作勾连云纹向两侧展开。兽面纹两侧各饰半组细线夔纹，夔纹无目，躯干由细线云纹构成，分置鋬两侧。流尾长14、足高6.5、通高15.2厘米。重0.2千克。

其他典型器物还有杨家嘴M1：5、杨家嘴M2：4、李家嘴M1：17、楼子湾M4：1、小王家嘴M26：8。

Ⅲ式：长流上扬，尾短，腹部加深，器底呈椭圆形，三足外撇，器物整体较瘦。颈部和腹部各饰一周纹饰。

典型器物为杨家湾M7：7。鼓腹爵，酒器，完整。铜锈为深绿色。口呈椭圆形，长流上扬，短尾微外侈。两柱立于流折处，柱茎横截面呈半圆形，柱帽作蘑菇状扁圆形。颈部较Ⅰ、Ⅱ式略长，底部微凸，器底为狭长的椭圆形，三棱尖锥实足外撇，弧度较Ⅰ、Ⅱ式大。身旁附一扁平鋬，鋬上下两端分别连接颈部上端和腹部。器物颈部饰一周两组细线兽面纹，上下以连珠纹镶边。兽面纹线条细密，纹饰均由三列细线云纹构成，间饰卷云纹。首面眼作圆角长方形，方睛外凸。眉作T形，两侧向内卷，角上扬。额鼻中脊起棱，鼻作倒T形，两侧向上内卷。身作多列细线云纹向两侧展开，足部作多个云雷纹。兽面纹两侧各饰半组两背相对的夔纹，两夔纹一起组成一个完整的兽面纹，分置鋬两侧。器物腹部饰一周五个等距涡纹。流尾长17.4、通高18.8、壁厚0.15厘米。重0.4千克。

其他典型器物还有王家嘴M1：11。

Ⅳ式：流细长，尾短，腰细腹深，器底近圆形，三足外撇，器物整体形态高且圆润。颈部饰一周纹饰或素面。

典型器物为杨家湾M11：4。鼓腹爵，酒器，经修复完整。素面。口偏圆，呈樱桃状，较前几式圆。长流微微上扬，短尾外侈。两柱立于流折处，柱茎横截面呈不规则三棱形，柱帽作曲形。腹部较前几式深，圜底微凸，器底为近圆的椭圆形，三棱尖锥实足外撇。身旁附一扁平鋬，鋬上下两端分别连接颈部上端和腹部。其次是器物比较特殊，纹饰已简化不见。流尾长15、通高14.8、壁厚0.1厘米。重0.18千克。

其他典型器物还有杨家湾M11：6、杨家湾M11：57。

Aa型整体形态变瘦高，腹部不断加深，器物横截面由狭长的椭圆形不断变圆，三足逐渐外敞。

Ab型　单柱。根据器腹以及纹饰变化分两式。

Ⅰ式：单柱，口沿较平缓，长流，尾细短，器身近直筒，腰腹部无明显分界，深腹圜底，三足外撇。腰部饰一周兽面纹。

只有1件，王家嘴M4：6。鼓腹爵，酒器，腰部以上皆残，仅余爵柱。器物颜色呈灰绿色。口沿较平缓，呈圆润的椭圆形，长流较深，口沿内侧有一道加厚的唇边，略厚于器腹。单柱呈倒Y形立于流折处，单柱高，柱帽作笠状，饰凸起的乳钉纹和涡云纹。器身近直筒状，腰腹部无明显分界，深腹向下内收，圜底。三刀锥形实足外撇。身旁腹一扁平錾，残断。器物整体较圆润。器物颈部饰一周三组纹饰。正面为一组兽面纹，纹饰立体有力，带饰上下缘各饰一周连珠纹镶边。兽面纹额作方条状中脊起棱，圆睛外凸，双角作T状上扬。鼻作倒置T形，双侧向上内卷。躯干作两列云纹向两侧展开，间饰卷云纹。兽面纹两侧各饰半组两背向相对的简化夔纹，夔龙头部已简化不见，仅余夔身作两列卷云纹，间饰卷云纹。通高17.5、足高8、腹径7.4厘米。重0.16千克。

Ⅱ式：单柱，长流尖尾，高颈，深腹，圜底，周壁作两层筒状，腰部和腹部各饰一周兽面纹。

典型器物为采集P：033。鼓腹爵，酒器，尾残，经修复完整。铜锈呈灰绿色。口呈一侧圆润的橄榄形，口沿内侧有一道加厚的唇边，略厚于器腹。长流上扬，尖尾外侈，口沿较平滑。单柱呈倒Y形立于流折处，单柱高，柱帽作笠状，笠顶坡度大，顶端乳钉凸出，柱帽饰涡云纹。高颈近直筒状，深腹外鼓，周壁作双层筒状，圜底微微外凸，器物横截面近圆形。身旁附一扁平錾，三角四棱尖锥实足微微外撇。器物颈部饰一周两组兽面纹，纹饰细密灵动，上下以连珠纹镶边。兽面额作方条状，中脊起棱，目作鹰眼状，圆珠凸起，鼻与嘴部作倒置勾状T形。躯干作两列云纹向两侧展开，尾部末端与足部内卷，间饰卷云纹。器物腹部饰一周两组兽面纹，纹饰繁复细密，上下以连珠纹镶边。兽面纹额作方块状，中脊起棱，眼角下垂作鸟嘴状，目作圆珠凸起，鼻和嘴部作倒置T形，呈咧口状。躯干作两列云纹向两侧展开，躯干间和两侧间饰多重繁复的卷云纹，双尾作卷云纹上卷。通高19.2、壁厚0.1厘米。

其他典型器物还有采集P：012、采集P：024。

Aa型整体形态变高，器物横截面变圆，腹部变深，纹饰变为两周，爵柱变高，柱帽变大。

B型　折腹，腹部呈阶梯状。根据爵柱数量分为Ba和Bb两个亚型。

Ba型　双柱。根据口沿弧度、纹饰以及器身横截面分两式。

Ⅰ式：长流，尾细短，口沿较平缓，颈部较宽，器底呈椭圆形，三足外撇，器物整体形态矮胖。颈部饰一周细线纹。

只有1件，小嘴M3：2。折腹爵，酒器，经修复完整。器物颜色整体偏黑。口呈较扁平的椭圆形，口沿内侧有一道加厚的唇边，略厚于器腹。长流上扬，尖尾外侈，口沿较平滑。两柱立于流折处，柱茎横截面呈不规则三棱形，柱帽平面呈三角钉状。折腹，腹部矮，平底。三棱尖锥实足外撇。身旁附一扁平錾，錾上下两端分别连接颈部上端和颈腹部交界处。器物颈部饰一周平行方向的S形卷云纹，上下以弦纹镶边，带饰下方饰一周弦纹。通高13.5、足高5.4、壁厚0.1、流至尾残长13.8、底长8、底宽4.8、唇厚0.2厘米。

Ⅱ式：长流上扬，短尾翘起，口沿弧度较深，束颈，器底近圆形，三足外撇。颈部饰一周兽面纹。

典型器物为楼子湾M3：4。折腹爵，酒器，器物完整。铜锈呈灰绿色。口圆，口沿内侧有一道加厚的唇边。长流上扬，短尾微微翘起，口沿弧度较Ⅰ式更深。两柱矮小，立于流折处，柱茎横截面呈不规则半圆形，柱帽作蘑菇状扁圆形。折腹，腹部矮，平底。器物整体偏圆矮胖。四棱尖锥实足外撇。身旁附一扁平鋬，鋬上下两端分别连接颈部上端和颈腹部交界处。器物颈部饰一周三组纹饰。正面为一组兽面纹，浑厚有力。兽面纹眉作T形，双侧内卷，角上扬。圆角方睛外凸，鼻、嘴作倒置T形内卷，额作中脊起棱。躯干作两列勾连云纹向两侧展开，间饰卷云纹。兽面纹两侧各饰半组两背相对的无目夔纹，夔纹作两列云纹，分置鋬两侧。通高14.4、足高5.5、柱高1、流长6.6、胎厚0.2厘米。

其他典型器物还有杨家湾M11：50、杨家湾M17：23、李家嘴M2：11、杨家嘴M26：1、李家嘴M1：15、西城垣M1：1。

Ba型整体形态变瘦高，口沿弧度变深，器物横截面变圆。

Bb型　单柱。根据口沿弧度、柱帽以及器身横截面等分两式。

Ⅰ式：管状长流，尾细短，口沿较平缓，矮单柱立于流折处，直颈短粗，器底呈扁圆形，三足较直。颈部饰一周兽面纹。

只有1件，李家嘴M2：12。折腹单柱爵，酒器，器物完整。铜锈呈深绿色。口呈较圆的椭圆形，口沿内侧有加厚的唇边。管状流长且平，圆管上饰夔状棱牙，尾部上翘，口沿较平缓。矮单柱立于流折处，柱茎横截面呈圆形，柱帽作蘑菇状。直颈短且粗，折腹，腹部较浅，平底，器底呈扁圆形。三棱尖锥实足较直，足尖处微外撇。身旁附一扁平鋬，鋬上下两端分别连接颈部上端和颈腹部交界处。颈部饰一周三组纹饰。正面为一组兽面纹，纹饰粗疏立体。兽面纹眉作T状，双侧内卷，双角上扬。圆睛外凸，额作中脊起棱。躯干作两列云纹向两侧展开，间饰卷云纹。兽面纹两侧各饰半组两背相对的夔纹，夔纹目作椭圆珠凸起，夔身作卷云纹，尾上卷。通高15.1厘米。

Ⅱ式：长流上扬，短尾翘起，口沿弧度较深，单柱呈倒Y型立于流折处，柱帽呈伞状，上饰有涡云纹，直颈较细，腹部较深，三足外撇。颈部饰一周兽面纹。

典型器物为李家嘴M1：16。折腹单柱爵，酒器，器物完整。铜锈呈灰绿色。口呈圆润的椭圆形，长流上扬，短尾上翘。单柱呈倒Y形立于流折处。单柱高，柱茎横截面呈扁圆形，柱帽作伞状，饰凸起的乳钉纹和涡云纹。直颈较细。折腹，腹部宽扁，器底呈椭圆形。三棱尖锥实足外撇。身旁附一扁平鋬，鋬上下两端分别连接颈部上端和颈腹部交界处。器物整体瘦高。颈部饰一周三组纹饰。正面为一组兽面纹，纹饰立体灵动。兽面纹眉作T形，双侧内卷，细角上扬。眼角下垂作鸟嘴状，圆睛外凸，额作中脊起棱。鼻作倒置T形，双侧向上内卷。躯干作两列云纹向两侧展开，尾端饰卷云纹。兽面纹两侧各饰半组两背相对的无目夔纹，夔身作两列卷云纹。通高20.1、底径5.9～7.8、流尾长16.8厘米。重0.45千克。

其他典型器物还有杨家湾M4：14。

Bb型整体形态变瘦高，口沿弧度变深，爵柱变高，器物横截面变圆，三足逐渐外敞。

C型　直腹，颈部内收，颈腹部无明显分界。根据器物横截面分为两式。

Ⅰ式：流、尾较长，长颈微内收，器底呈扁圆形，三足外撇，器物整体形态瘦高。

典型器物为杨家湾M4：3。直腹爵，酒器，缺一足。铜锈呈深绿色，口呈较扁平的橄榄形，长流上扬，尾上翘。双柱立于流折处，耳柱细高，柱茎横截面为不规则三角状，柱帽作蘑菇状扁圆形。器身作筒体状，颈部微微内收，平底。三棱尖锥实足外撇。身旁附一扁平鋬，鋬下端在颈部纹饰最下方。器物颈部饰一周两组细线夔纹，带饰上缘以一周连珠纹镶边。每组夔纹由两背相对的无目夔纹构成，线条细密，夔龙躯干均由三列细线云纹构成，上下间饰多重卷云纹。流尾长17.2、通高19.6、壁厚0.15厘米。重0.48千克。

其他典型器物还有小王家嘴M26：1。

Ⅱ式：流长尾短，颈部内收，器底近圆形，三足外撇，器物整体较矮。

只有1件，杨家湾M3：1。直腹爵，酒器，流残，铜锈呈深绿色。口呈较圆的椭圆形，口沿内侧有加厚的唇边。短尾上翘。两柱立于流折处，柱茎横截面呈不规则三角状，柱帽作半圆形。器身作筒体状，颈部较短，略内收，平底。四棱尖锥十字外撇。身旁附一扁平鋬，鋬上下两端分别连接颈部上端和下腹部。器物颈部下端饰三周平行弦纹。通高14.4、壁厚0.2厘米。

C型整体形态变化为器物横截面变圆。

盘龙城青铜爵整体纹饰风格向细密繁复转变，纹饰带也由器腹一周变为器腹和下腹组合的双周纹饰。

3. 斝

盘龙城出土斝的数量众多，在典型单位中共出土27件。

根据青铜斝底部形态不同将器物分为圜底斝、凸底斝和分裆斝三型，列为A型、B型和C型来讨论（图3.2）。

A型　圜底，口微外侈，束腰，深腹，器底圆鼓凸起，三尖锥空足直立，素面或简饰弦纹。

只有1件，杨家湾M6：4。圜底斝，酒器，口、颈部残，经修复完整。铜锈呈深绿色。大口微外侈，颈部微内收，器身较深，腹部圆鼓，圜底凸起。三高足作二棱扁圆尖锥状空足直立。身旁附一扁平鋬，鋬对应一足。器物颈部下端饰三道平行弦纹。壁厚0.15厘米。重0.53千克。

B型　凸底。根据器腹形状分为Ba和Bb两个亚型。

Ba型　弧腹。根据立柱、纹饰分三式。

Ⅰ式：矮柱，柱帽作菌状，上腹部较浅，足尖微微外撇。器物颈部饰一周兽面纹。

典型器物为杨家嘴M1：4。弧腹斝，酒器，器物完整。铜锈呈深绿色。大口外侈，口沿内侧有加厚的唇边。两矮柱分别对应一足，柱茎横截面呈不规则三角状，柱帽扁圆作菌状。颈部微内收，弧腹较浅，平底微凸。三高足作三角尖刀状外撇，足内中空。身旁附一扁平鋬，鋬对应余下一足。器物颈部下端饰一周三组兽面纹，纹饰灵动立体。正面为一组兽面纹，兽面纹眉作T形，双侧内卷，双角上扬。方角方睛外凸，额作方条状中脊起棱，嘴作倒置T形内卷。躯干作两列云纹向双侧展开，足末端作卷云纹。兽面纹两侧各饰一组相对的夔龙纹，分置鋬两侧。夔龙方角方睛外凸，头向前，眉作T形，角从额伸出向上内卷，躯干作两列云纹上卷，尾和足作卷云纹。口径22.4、足高14.8、通高34.4、壁厚0.2厘米。重0.2千克。

其他典型器物还有杨家湾M11：2、杨家嘴M1：2、杨家嘴M2：1、杨家嘴M26：2、李家嘴M1：11、李家嘴M1：12、李家嘴M2：10、李家嘴M2：19、楼子湾M4：2、小嘴M3：1。

Ⅱ式：双柱较高，柱帽作伞状，饰涡云纹，上腹部较深，三足微外撇。器物颈部饰一周兽面纹。

典型器物为杨家湾M17：22。弧腹斝，酒器，器物完整。铜锈呈翠绿色。大口外侈，口沿内侧有加厚的唇边。两柱较Ⅰ式高，分别对应一足，柱茎横截面近梯形，柱帽呈伞状，饰凸起的乳钉纹和涡云纹。颈部略内收，弧腹较浅，但较Ⅰ式略深，平底微凸。三尖锥状足微外撇，足内中空。身旁附一扁平鋬，鋬对应余下一足。器物颈部下端饰一周三组兽面纹，线条细密繁复。正面为一组兽面纹，兽面眉作T形，双侧向内卷，双角上扬。眼角下垂作鹰嘴状，圆睛外凸。额作条状，鼻作倒置T形，双侧向上内卷。躯干作两列流动体云纹，尾部上卷，足部饰卷云纹。兽面纹两侧各饰一组相对的夔龙纹，分置鋬两侧。夔龙圆睛凸起，头向前，眉作T形，两侧向内卷。角从额伸出向下内卷，躯干作两列云纹展开，间饰卷云纹。口径17.2、高24.5厘米。容积约1480毫升。

其他典型器物还有：杨家湾M11：29、杨家湾M11：30、李家嘴M1：10、楼子湾M3：3（折腹）、王家嘴M4：7、小王家嘴M26：4。

Ⅲ式：高立柱，柱帽作笠形，饰涡云纹，颈部有明显内收，上、下腹部较深，三足外撇，整体形态较高。器物颈部和腹部各饰一周带状纹饰。

只有1件，西城垣M1：2。弧腹斝，酒器，器物完整。口呈喇叭形外侈，口沿内侧有加厚的唇边。两高柱分别对应一足，柱茎横截面近梯形，柱帽作笠形，饰凸起的乳钉纹和涡纹。高颈较直，颈部有明显内收，弧腹较深，平底外凸。三尖锥状足微外撇，足内中空。身旁附一扁平鋬，鋬对应余下一足。器物颈部下端饰一周三组细线兽面纹，上下以连珠纹镶边。正面为一组兽面纹，兽面目作椭圆珠外凸，躯干作流动体细线勾连云纹向两侧展开，双尾上扬。兽面纹两侧各饰一组相对的无目夔纹，分置鋬两侧。夔纹简化，只余躯干线条，作细线云纹。器物腹部饰一周三组兽面纹，纹饰浑厚立体，上下以连珠纹镶边。正面为一组兽面纹，兽面被简化，只余双目与双角，目作方睛凸起，两角向上卷。躯干作两列云纹向两侧展开，足部和尾端饰卷云纹。兽面纹两侧各饰一组相对的双身夔龙纹，分置鋬两侧。夔龙方睛凸起，两侧躯干以兽目为中轴对称分布，作中粗流动体云纹，间饰卷云纹。口径16、通高24.7、柱高3.1、足高8.4厘米。

Ba型整体形态变高，立柱变高，三足逐渐外敞，纹饰由一周变为两周。

Bb型　圆腹，腹部圆鼓。根据立柱、纹饰分三式。

Ⅰ式：矮柱，柱帽作菌状，上腹部较浅，三足较直，足尖微微外撇。器物下腹部饰一周兽面纹。

典型器物为李家嘴M2：22。圆腹斝，酒器，器物完整。铜锈呈橄榄绿色。大口外侈，口沿内侧有加厚的唇边。两矮柱分别对应一足，柱茎横截面近三角状，柱帽扁圆作菌状。颈部较浅，腹部较深，腹部下部内收，整体较圆鼓，平底外凸。四棱三角尖锥足微外撇，足内中空。身旁附一扁平鋬，鋬对应余下一足。器物腹部饰一周三组兽面纹，纹饰粗犷灵动，上以一周连珠纹镶边。正面为一组兽面纹，兽面眉作T形，双侧内卷，眼作圆角方形外凸，鼻与嘴部作倒置勾状T形。躯干作两列云纹，双尾上扬，间饰卷云纹。兽面纹两侧各饰一组相对的夔龙纹，分置鋬两侧。夔龙目作圆珠外凸，嘴作倒置勾状T纹，躯干作两列云纹相从，尾部上扬，足作倒置T形。器物颈部下端饰两周平行弦纹。口径14.8、通高24厘米。重0.9千克。

其他典型器物还有李家嘴M1：13。

Ⅱ式：双立柱较高，柱帽作伞状，饰涡云纹，上腹部较深，三足微外撇。器物颈部饰一周兽面纹，下腹部饰一周涡云纹。

典型器物为杨家湾M7：3。圆腹斝，酒器，器物完整。铜锈呈绿色。大口外侈，口沿内侧有加厚的唇边。两柱较Ⅰ式高，分别对应一足，柱茎横截面近三角状，柱帽呈伞状，饰凸起的乳钉纹和涡云纹。颈部较Ⅰ式深，腹部较深，下腹部内收呈弧形，平底外凸。四棱三角尖锥足外撇，足内中空。身旁附一扁平鋬，鋬对应余下一足。器物下颈部饰一周三组兽面纹，纹饰浑厚繁复。正面为一组兽面纹，兽面眉作T形，双侧内卷，眼角下垂作鸟嘴状，目作圆珠凸起，双角上扬。额作方块状，中脊起棱，鼻作倒置勾状T形，咧口作T形内卷。躯干作两列云纹向两侧展开上扬，间饰云雷纹。兽面纹两侧各饰一组相对的夔龙纹，分置鋬两侧。夔龙，眼角下垂作鸟嘴状，目作圆珠凸起，眉作T形，两端内卷，嘴作倒置勾状T形。躯干作多重云纹，尾部上扬，间饰卷云纹和T纹，足部作三个刀纹。器物腹部饰一周7个涡云纹。口径18.1、通高26.8、壁厚0.15厘米。重1.4千克。

其他典型器物还有王家嘴M1：6。

Ⅲ式：高立柱，柱帽作伞状，饰涡云纹，颈部有明显内收，上、下腹部较深，三足外撇，整体形态较高。器物颈部和腹部各饰一周兽面纹。

典型器物为杨家湾M11：31。圆腹斝，酒器，器物完整。铜锈呈翠绿色。大口呈喇叭形外侈，口沿内侧有加厚的唇边。两高柱较Ⅱ式高，分别对应一足，柱茎横截面近梯形，柱帽呈伞状，饰凸起的乳钉纹和涡云纹。颈部内收弧度较前几式大，颈部较前几式深，腹部较深，下腹部内收呈弧形，平底外凸。四棱尖锥足外撇，足内中空。身旁附一扁平鋬，鋬对应余下一足。器物下颈部饰一周三组细线兽面纹，纹饰细密，上下以连珠纹镶边。兽面纹均由细线云纹构成，三组纹饰大致相同，有些许细节差别。兽面眉作T形，目作鹰眼状，鼻与嘴部作倒置勾状T纹。躯干作两列细线云纹向两侧展开，尾部末端与足部内卷，间饰卷云纹与T纹。器物腹部饰一周三组兽面纹，纹饰浑厚灵动，上下以连珠纹镶边。三组兽面纹大致相同，均由粗线云纹构成，有些许细节差别。兽面眉作双线T形，两端内卷，双角上扬。眼角下垂作鸟嘴状，目作圆珠凸起，额作条状，中脊起棱，鼻作倒置勾状T纹，嘴部作咧口状。躯干作两列云纹向两侧展开，双尾作卷云纹上卷，足部内卷。口径14.9、底径11.6、壁厚0.13厘米。重0.88千克。

其他典型器物还有小王家嘴M26：7。

Bb型整体形态变高，立柱变高粗，三足逐渐外敞，纹饰由一周变为两周。

C型 分裆，大口外侈，高立柱，柱帽呈笠状，饰涡云纹，束颈，上腹部较深，分裆较高，三尖锥空足外撇。颈部饰一周兽面纹。

只有1件，王家嘴M1：1。鬲形斝，酒器，器物完整。铜锈呈橄榄绿色。大口外侈，口沿内侧有加厚的唇边。两高柱分别对应一足，柱茎横截面近三角状，柱帽呈笠状，饰凸起的乳钉纹和涡云纹。颈部较长，腹部分裆较高。三尖锥足外撇，中空透底。身旁附一扁平鋬，鋬对应余下一足，鋬连接颈部上端与上腹部。颈部下端饰一周三组兽面纹，纹饰为粗线云纹，简洁浑厚。正面为一兽面纹，眉作T形，两侧向内卷，双角上扬，目作方睛凸起，额作条状，中脊起棱，鼻作倒置勾状T形，嘴部作咧口状。躯干作两列云纹向两侧展开。兽面纹两侧各饰一组相对的无目夔龙纹，分置鋬两侧。夔龙被简化，仅余躯干，作两列云纹展开，间饰卷云纹和T纹。口径17.6、通高27.6厘米。重1.24千克。

4. 尊（罍）

盘龙城的尊在典型单位中共出土10件。

根据青铜尊口沿大小不同将器物分为大口尊、小口尊和异形尊三型，列为A型、B型和C型来讨论（图3.2）。

A型　大口径，近于或略小于肩径，折肩，器身整体较矮。根据口径与纹饰分为两式。

Ⅰ式：口径略小于肩径，折肩，颈部微微内敛，弧腹外鼓，高圈足。器腹饰一周兽面纹。

只有1件，李家嘴M2：75。大口尊，酒器，器物完整。大口外侈，口径略小于肩径，颈部微内敛，粗颈，颈部弧度较小。折肩作钝角状，弧腹外鼓。腹部深，底部近平，高圈足微外撇呈斜坡阶梯座状。器物上腹部饰一周三组宽带兽面纹，每组兽面纹由两个相对的夔龙构成。纹饰粗犷繁复，线条流畅灵动。夔龙眼角下垂，目作鸟嘴状，圆睛外凸。额作两层双线上扬的卷云纹，鼻作两条鹰嘴状向下内勾的卷云纹，耳、角呈多重云纹上扬，间饰云雷纹。躯干由多重带细线的勾连云纹构成，向两侧上扬展开，间饰云雷纹和T纹。两个相对夔龙的额及嘴部间饰两个菱形。颈部中央饰三周平行弦纹，圈足饰两周平行弦纹，间饰三个等距十字镂孔。口径20.8、高28厘米。重2.73千克。

Ⅱ式：口径近于肩径，折肩，束颈，矮圈足外撇。器物肩部和上腹部各饰有一周兽面纹。

只有1件，杨家湾M7：6。大口尊，酒器，器物完整。大口呈喇叭形外敞，口径与肩径近似，颈部由口沿向肩部内收。高颈，颈部弧度较Ⅰ式大。斜折肩，弧腹，腹部较Ⅰ式略浅。底部略微内凹，矮圈足外撇呈垂直阶梯矮座状。器物饰以兽面纹、夔龙纹、连珠纹和弦纹，纹饰均由细线云纹构成。肩部饰一圈无目夔龙纹，带饰分为三组，每组两个夔纹，每两个夔纹都相对称分布。上腹部饰一周三组兽面纹，上下以连珠纹镶边。兽面纹线条细密，眉作T形，两侧向内卷，角呈多重云纹上扬。眼作圆角长方形，方珠凸起，鼻作倒T形，两侧向上内卷。身作多重细线云纹，向两侧上扬展开，尾部为一夔龙纹。夔龙眼作圆角方形，圆珠凸起，相邻两组夔龙纹对称分布并组成一个倒置兽面纹。腹部带饰由六个相互倒置的兽面纹组成。器物颈部下端靠近肩部饰两周平行弦纹，圈足饰两周平行弦纹，间饰三个等距十字镂孔。口径20.8、高25、足径14.8、壁厚0.2厘米。重2千克。

A型整体形态变矮，口径变大，颈部弧度变大，圈足变矮，纹饰由一周变为两周。

B型　口径较小，明显小于肩径，即一般所谓罍，肩颈流畅无明显折棱。根据纹饰等变化分为三式。

Ⅰ式：高束颈，弧腹较深，圈足较高，器物整体形态较高。器物上腹部饰一周兽面纹。

典型器物为杨家嘴M26：5。小口尊，酒器，器物完整。口呈喇叭形外敞，颈部由口沿向内收又向肩部展开，肩颈无折棱。高束颈，颈部弧度较大。弧腹，腹部较深，底部近平，高圈足微微外撇呈斜坡阶梯座状。器物上腹部饰一周三组兽面纹，兽面纹线条粗犷浑厚。兽面眉作T形，两侧向内卷，圆角方睛凸起，嘴作倒T形，两侧向上内卷。躯体作两列勾连云纹向两侧展开上卷。器物颈部上端最窄处饰三周平行弦纹，圈足饰两周凸弦纹，间饰三个等距十字镂孔。口径14、肩径19、足径12.5、高27.5厘米。

其他典型器物还有杨家湾M4：1。

Ⅱ式：折沿，弧腹较深，圈足较矮，器物整体形态较高。器物颈部和上腹部各饰一周兽面纹。

典型器物为李家嘴M1：7。小口尊，酒器，器物完整。口外侈，颈部微向内收又向肩部展开，肩颈无折棱。高束颈，颈部弧度较Ⅰ式小。弧腹，腹部较深，底部略内凹，圈足窄且高，呈斜坡阶梯座状。器物肩部、腹部各有一周带饰。上腹部饰一周三组兽面纹，上下以连珠纹镶边。兽面纹粗犷而复杂，线条立体灵动。兽面眼角下垂，目作鸟嘴状，圆珠凸起。眉作T形向内卷，鼻作倒T形，两侧向上内卷，中脊起棱，角作云纹上扬。躯干作三列云纹向两侧上扬展开，间饰卷云纹，尾部为一夔龙纹。相邻两组夔龙纹对称分布并组成一个倒置兽面纹。腹部带饰由六个相互倒置的兽面纹组成。肩部饰一周六组夔龙纹，夔龙圆睛外凸，独目居中，两边的躯干以兽目为轴中心对称分布。躯干作两列云纹向两侧展开，间饰卷云纹。器物颈部上端饰三周平线弦纹，圈足饰两周凸弦纹，间饰三个等距十字镂孔。口径15.8、高26.9、足高4.1、足径12.4、壁厚0.15厘米。重2千克。

其他典型器物还有李家嘴M1：8、王家嘴M1：2（王家嘴腹部为满幅兽面纹）。

Ⅲ式：折沿，方唇，口径较大，束颈，颈部较浅，腹部弧度较大，矮圈足，器物整体形态矮胖。器物颈部、上腹部和圈足各饰一周兽面纹，腹部为满幅兽面纹。

只有1件，西城垣M1：7（简报里名称是罍，但是盘龙城在这个时期罍与尊区别不大，在此将其归为尊）。小口尊，酒器，器物完整。铜锈呈翠绿色。折沿，口较Ⅰ、Ⅱ式大，方唇较宽。矮颈，颈部弧度较Ⅰ、Ⅱ式大，体胖，腹部较直，近底部内收成圜底，弧度较大。腹部较深，底部内凹，圈足较矮，饰一周略微凸起的带饰使圈足视觉上有阶梯座状的效果。器物肩、腹、足部各有一周带饰。腹部为一周三组兽面纹，幅面宽，上下以连珠纹镶边。兽面纹粗犷繁复，线条流畅规整，立体有力。兽面目作戈形，眼角呈下垂倒勾状，圆珠凸起。额作倒置蚕状，双角作多线云纹上扬内卷。鼻作倒T形，双侧向内卷。躯干作宽带云纹向两侧上扬展开，间饰卷云纹。躯干上下方各有三道云雷纹和云纹构成的羽毛状纹饰。兽面纹两侧尾部各有一瘦长夔龙纹，饰以云纹，圆珠凸起。肩部饰一周六组细线夔龙纹，上下以连珠纹镶边。兽目相对居中，躯干作两列细线云纹向两侧展开，尾部向上下两侧内卷。足部饰一周六组夔龙纹，比肩部纹饰略宽。兽目相对居中，躯干呈条状作三列云纹向两侧展开内卷，尾部末端间饰卷云纹。颈部上端最窄处饰两周平行弦纹，圈足带状纹上方饰有三个等距的圆方形镂孔。口径17.2、通高24.5、圈足高4.5厘米。

B型整体形态变矮，口径变大，颈部弧度变大，后期出现方唇，圈足变矮，纹饰由一周变为三周，纹饰幅面变宽。

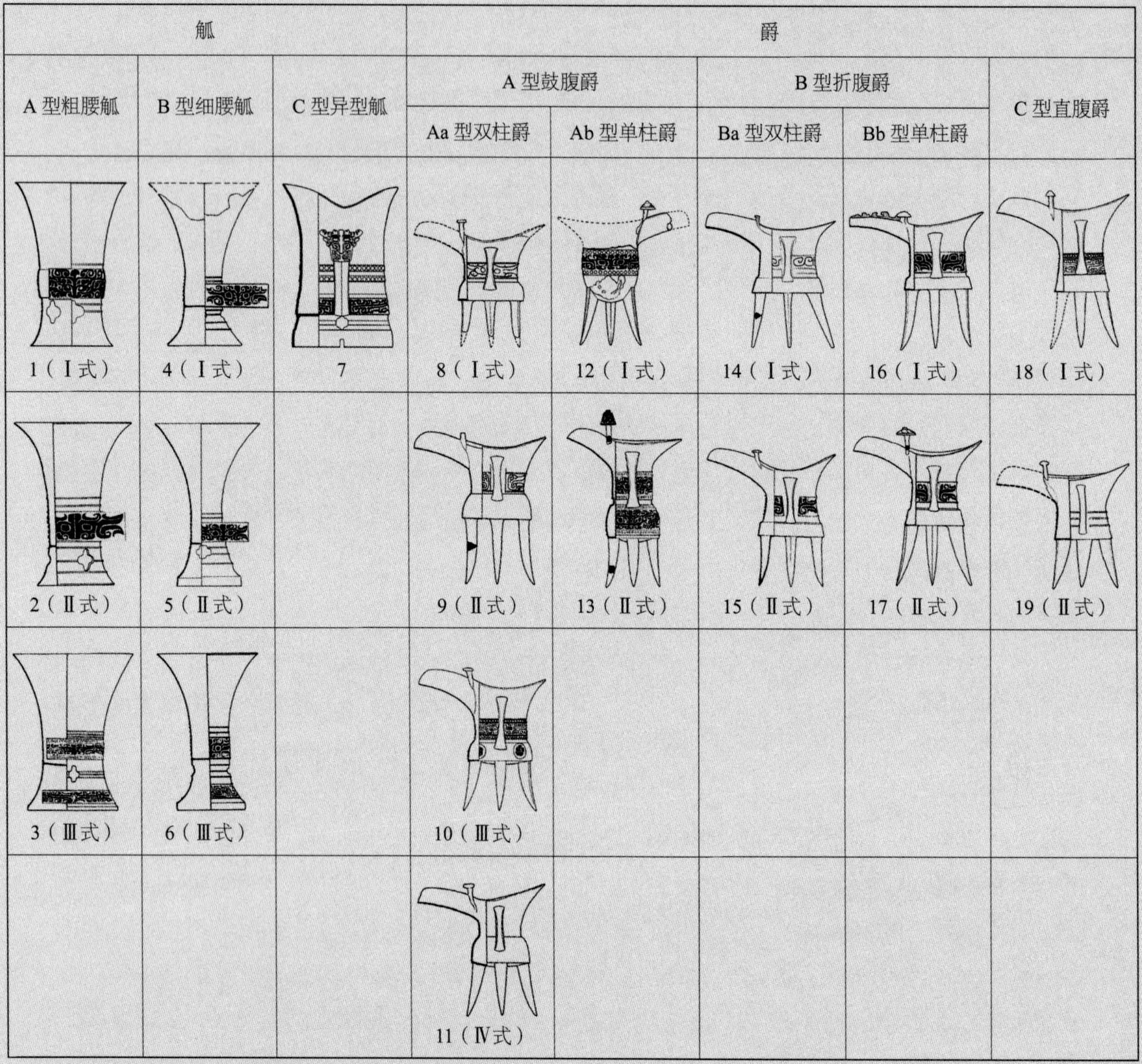

觚			爵				
A 型粗腰觚	B 型细腰觚	C 型异型觚	A 型鼓腹爵		B 型折腹爵		C 型直腹爵
			Aa 型双柱爵	Ab 型单柱爵	Ba 型双柱爵	Bb 型单柱爵	
1（Ⅰ式）	4（Ⅰ式）	7	8（Ⅰ式）	12（Ⅰ式）	14（Ⅰ式）	16（Ⅰ式）	18（Ⅰ式）
2（Ⅱ式）	5（Ⅱ式）		9（Ⅱ式）	13（Ⅱ式）	15（Ⅱ式）	17（Ⅱ式）	19（Ⅱ式）
3（Ⅲ式）	6（Ⅲ式）		10（Ⅲ式）				
			11（Ⅳ式）				

图 3.1　觚、爵的型式

1. 杨家嘴M26：7　2. 杨家湾M4：6　3. 楼子湾M3：2　4. 李家嘴M1：20　5. 杨家湾M4：5　6. 西城垣M1：5　7. 杨家湾M17：19　8. 杨家湾M6：1　9. 杨家嘴M2：5　10. 杨家湾M7：7　11. 杨家湾M11：4　12. 王家嘴M4：6　13. 采集P：033　14. 小嘴M3：2　15. 楼子湾M3：4　16. 李家嘴M2：12　17. 李家嘴M1：16　18. 杨家湾M4：3　19. 杨家湾M3：1

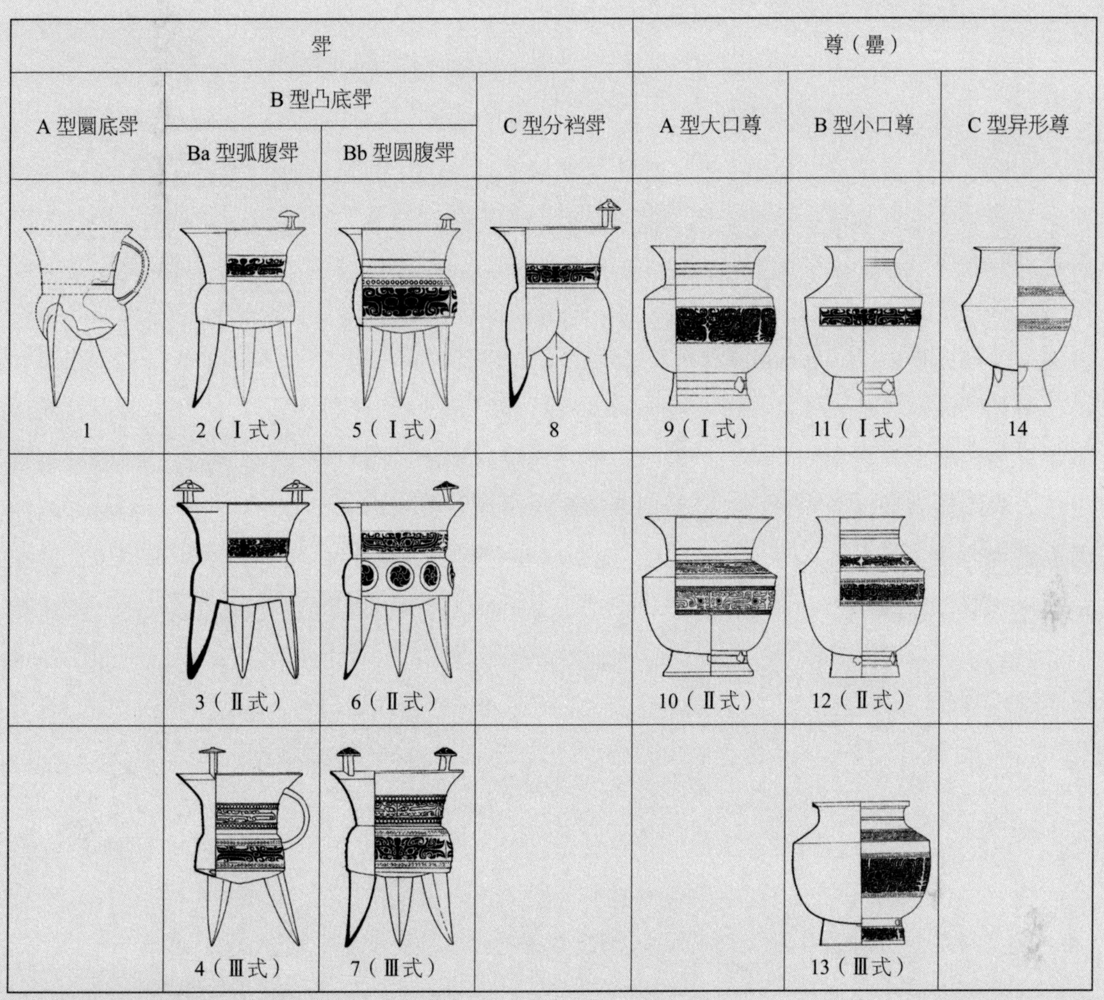

图3.2　斝、尊（罍）的型式

1. 杨家湾M6∶4　2. 杨家嘴M1∶4　3. 杨家湾M17∶22　4. 西城垣M1∶2　5. 李家嘴M2∶22　6. 杨家湾M7∶3　7. 杨家湾M11∶31　8. 王家嘴M1∶1　9. 李家嘴M2∶75　10. 杨家湾M7∶6　11. 杨家嘴M26∶5　12. 李家嘴M1∶7　13. 西城垣M1∶7　14. 杨家湾M11∶34

C型 折沿，口径较宽，但小于肩径，颈部较高，腹部较浅，颈深近于腹深，下腹部内收，高圈足外撇，器物整体形态瘦高。器物肩部和上腹部饰有带状圆圈纹。

典型器物为杨家湾M11：34。异形尊，酒器，器物完整。折沿，沿面呈斜阶状，口径较大，略小于腰径。颈部较高，颈部无明显内收，腹部深度与颈部高度大致相同。圈足较高，微外撇。器物整体瘦高。颈部上端饰一周弦纹，颈部下端和腹部上端分饰两排相并的连珠纹。圈足上端饰三个等距的半椭圆形镂孔。口径16.6、通高30.6、肩径22、壁厚0.2厘米。

其他典型器物还有杨家湾H6：15。

5. 鼎

盘龙城的青铜鼎数量较多，在典型单位中共出土15件。

根据鼎足形态特征将器物分为尖锥足鼎和扁足鼎两型，列为A型和B型来讨论（图3.3）。

A型 尖锥足。根据器物腹部形态变化分三式。

Ⅰ式：敛口，弧腹，下腹微鼓，圜底，三足较直。上腹部一般饰有一周兽面纹。

典型器物为李家嘴M2：35。尖锥足鼎，食器，器物完整。铜锈呈绿色，有烟熏痕和锈斑。大口内敛，仰折沿平且宽，沿面呈斜阶状。口沿上立两对称耳，双耳微微内收。耳的配置为四点配列式，一耳与一足垂直，另一耳在双足之间。弧腹，下腹部微鼓，圜底。尖锥足中空透底，三足外撇。器物上腹部饰一周三组兽面纹。兽面纹线条粗犷浑厚。兽面眉作T形，两侧向内卷，圆角方睛凸起，嘴作倒T形，两侧向内卷。躯体作两列云纹向两侧展开上卷。口径12.8、通高18.8厘米。重0.75千克。

其他典型器物还有李家嘴M1：2、李家嘴M2：55、杨家嘴M26：6、楼子湾M3：1、楼子湾M4：4、小王家嘴M26：2、小王家嘴M26：6。

Ⅱ式：大口微敛，腹壁较直，下腹微鼓，三足微外撇。上腹部饰一周兽面纹。

典型器物为李家嘴M1：1。尖锥足鼎，食器，器物完整。铜锈呈深绿色。大口微内敛，仰折沿平且宽，沿面作台阶状唇边，方唇薄。口沿上立两对称竖耳，耳的配置为四点配列式，一耳与一足垂直，另一耳在双足之间。腹壁较Ⅰ式直，下腹部微鼓，圜底呈半球体。三尖锥足矮胖，中空透底，横截面为圆形。器物上腹部饰一周三组兽面纹，兽面纹由细线云纹构成，纹饰生动流畅。兽面纹眼角下垂作鹰嘴状，圆睛凸起。眉作卷云纹向内卷，鼻作倒T形，两侧向上内卷。身作两列勾连云纹，向两侧上扬展开，足作流动体无目夔纹。口径28.5、通高45、耳高8、壁厚0.2厘米。重9.9千克。

其他典型器物还有杨家湾M11：16、李家嘴M2：36。

Ⅲ式：直口微微外侈，直腹，器底较平，三足外撇。上腹部饰一周兽面纹。

只有1件，西城垣M1：6。尖锥足鼎，食器，器物完整。铜锈呈深绿色。口微外侈，仰折沿，沿面做台阶状唇边。口沿上立两对称耳，双耳略微外撇，耳的配置为四点配列式，一耳与一足垂直，另一耳在双足之间。腹壁较Ⅱ式直，圜底较平。三尖锥足较Ⅰ、Ⅱ式更高，尖锥足横截面为圆形，三足略微外撇。器物腹部饰一周三组兽面纹，上下以连珠纹镶边。兽面纹上下似被截断，仅余兽目及其上方的兽面。兽面眉作T形，两侧向内卷，圆角方睛凸起。额作中脊起棱，躯体作两列勾连云纹向两侧展开。口径17.2、通高23.4、足高9.5厘米，腹部带饰宽3.7厘米。

A型整体腹壁变直，器底变平，三足逐渐外撇。

B型　扁足。根据器物腹部形态变化分两式。

Ⅰ式：折沿，腹部外鼓，三扁足较矮，器物整体形态矮胖。

典型器物为小嘴M3：3。扁足鼎，食器，器物完整。铜锈呈翠绿色。敛口，仰折沿，沿面做斜体唇边。口沿上立两对称半环状竖耳。耳的配置为四点配列式，一耳与一足垂直，另一耳在双足之间。腹部外鼓，腹最大径在中下部，器身近球体。三扁足较矮，微微外撇。器物上腹部饰一周三组兽面纹。纹饰较宽，浑厚有力。兽面眉作T形，两侧向内卷，双角上扬。圆睛凸起，嘴作倒T形，两侧向内卷。躯体向两侧展开上卷，间饰卷云纹。三扁足呈夔形，目向鼎底，足尖为夔尾，夔纹圆睛凸起，眉作T形，双侧内卷。纹饰的空隙处都填有黑色的填充物。通高17、足高7.6、口沿处直径12.5～14.3、口沿宽1.2、器壁厚0.2厘米。

其他典型器物还有李家嘴M2：37。

Ⅱ式：折沿，近直口，深腹较直，三扁足较高。上腹部饰一周兽面纹。

只有1件，王家嘴M1：3。扁足鼎，食器，器物完整。铜锈呈绿色。口近直，微内敛，仰折沿，薄唇，沿面做斜体阶状。口沿上立两对称半环状竖耳。耳的配置为五点配列式，双耳在二足之间。深腹较直，腹最大径在中部，圜底较Ⅰ式平。三扁足略高，微微外撇，扁足作夔形，无纹饰。器物上腹部饰一周三组兽面纹。纹饰灵动，兽面眉作T形，两侧向内卷，角作卷云纹向上卷起。圆角方睛凸起，嘴作倒T形，两侧向内卷，额作条状，中脊起棱。躯体向两侧展开上卷，足作两个相从云纹，间饰卷云纹。口径14、通高19.4、耳高2.4厘米。

B型整体腹壁变直，腹部变深，三足变高。

6. 鬲

盘龙城的青铜鬲数量较少，在典型单位中共出土7件。

根据鬲口沿形态特征将器物分为折沿鬲和卷沿鬲两型，列为A型和B型来讨论（图3.3）。

A型　折沿。根据是否有明显束颈分为Aa和Ab两个亚型。

Aa型　无束颈。根据腹部形态变化分两式。

Ⅰ式：宽折沿，垂腹外鼓，裆部较深，四棱尖锥足。器身一般饰弦纹。

典型器物为楼子湾M4：3。折沿鬲，食器，完整。铜锈呈橄榄绿色。折沿平且宽，沿面呈斜阶状，颈肩部分界明显。口立双直耳，耳的配置为四点配列式，一耳与一足垂直，另一耳在双足之间。垂腹圆鼓，腹部弧度较大，分裆明显，裆部较深。四棱尖锥实足细且直。器物上腹部饰一周三组细线夔纹，纹饰被简化为抽象的线条。夔纹目作方形，在纹饰正中，两侧躯体以目为中心呈×形对称分布，身作细线纹。口径19.2、通高24.4、足高6.2、壁厚0.2厘米。重1.6千克。

其他典型器物还有杨家湾M6：2（无耳）。

Ⅱ式：折沿，腹壁较直，下腹部微鼓，裆部较浅，尖锥足横截面呈圆形。器物颈部饰一周兽面纹。

只有1件，李家嘴M2：38。折沿鬲，食器，完整，铜锈呈深绿色。折沿，沿面呈斜阶状，颈肩部分界明显。口沿上有两对称立耳，耳的配置为四点配列式，一耳与一足垂直，另一耳在双足之间。腹壁较直，下腹微鼓，腹部弧度较Ⅰ式小。裆部较Ⅰ式浅。尖锥足中空透底，足外撇，足部横截面大致呈圆形。器物上腹部饰一周三组兽面纹。兽面纹线条粗犷浑厚。兽面眉作T形，两侧向内卷，圆角方睛凸起，嘴作倒T形，两侧向内卷，额作中脊起棱。躯体作两列勾连云纹向两侧展开上卷。下腹部饰三组双线人字弦纹，双线弦纹穿过裆部，连接兽面纹额部正下方和两侧足上方。口径12、通高18厘米。重1.05千克。

Aa型整体腹壁变直，裆部变浅，足部由尖锥实足变为中空透底，纹饰由细线纹转变为带状纹饰。

Ab型　束颈。根据腹部形态变化分两式。

Ⅰ式：折沿，耳的配置为五点配列式。圆腹外鼓，裆部较深。颈部饰弦纹。

只有1件，李家嘴M1：3。折沿鬲，食器，完整。三合范，整个器物有明显经修整磨光的痕迹。折沿，沿面作斜阶状，颈肩部无明显分界，颈部内束。口沿上有两对称立耳，双耳微微外撇，耳的配置为五点配列式，双耳在二足之间。鼓腹呈蜜桃状，分裆明显，裆部较深，尖锥足中空透底，外撇度较小。器物颈部饰三道平行弦纹，腹部饰三组双线人字纹，连接颈部下方双足的中心点和鬲足上方。口径16、通高31.6、耳高5厘米。重3千克。

Ⅱ式：折沿，高颈，直腹。

典型器物为杨家湾M4：2。折沿鬲，食器，器物完整。器壁薄，铜锈呈橄榄绿色。折沿，沿面呈方唇斜阶状，颈肩部分界明显，颈部内束，高直。口沿上有两对称立耳，耳的配置为四点配列式，一耳与一足垂直，另一耳在双足之间。腹壁较直，分裆较明显，裆部较浅。尖锥足粗矮，器底在三足处呈圆形微微下凹，未透底，三足外撇度较小。器物颈部饰一周十二个粗线勾连云纹，带饰上下镶以连珠纹。腹部饰三组双线人字纹，连接颈部下方双足的中心点和鬲足上方。口径12.4、通高19.2、足高4.8、壁厚0.15厘米。重0.6千克。

其他典型器物还有李家嘴M1：4。

Ab型整体腹壁变直，裆部变浅，纹饰由细线纹转变为带状纹饰。

B型　卷沿，方唇，颈部内收，腹壁较直，下腹微鼓，裆部较浅。

只有1件，杨家湾M7：17。卷沿鬲，食器，器物完整。器壁薄，铜锈呈橄榄绿色。口沿呈喇叭状外侈，方唇，束颈，弧腹，垂腹微鼓，弧度小。耳的配置为四点配列式，一耳与一足垂直，另一耳在双足之间。分裆较明显，裆部较浅。尖锥足中空透底，外撇度较小。器物颈部饰三周平行弦纹，腹部饰三组双线人字纹，连接颈部弦纹下方双足的中心点和鬲足上方。口径11.2、通高17.2、足高5.4、壁厚0.15厘米。重0.65千克。

7. 簋

盘龙城的青铜簋数量较少，在典型单位中共出土3件。

根据青铜簋是否有耳将器物分为无耳簋和有耳簋两型，列为A型和B型来讨论（图3.3）。

A型　无耳，折沿，深弧腹，矮圈足，器物上腹部饰有一周兽面纹。

仅有1件，李家嘴M2：2。无耳簋，食器，器物完整。敛口，折沿，腹部深，弧腹略外鼓。底部近平，矮圈足呈阶梯座状。器物上腹部饰一周三组带状兽面纹，由云雷纹构成，带饰较窄，但是线条粗而流畅，浑厚有力。兽面眉作双线T形，两侧向内卷，角上扬，方睛凸起。额鼻呈条状，中脊起棱，鼻作倒T形，两侧向上内卷。躯干由带细线的两列云纹构成，向两侧上扬舒展，间饰云雷纹。圈足上饰一周弦纹，间饰三个等距凸状镂孔。口径23.6、通高23.8厘米。重5.15千克。

B型　有耳，折沿，根据双耳和纹饰变化分为两式。

Ⅰ式：器身较直，颈部微内收，腹部较浅，矮圈足较直，双耳较大，上腹部饰一周三组兽面纹。一耳位于两组兽面纹之间，一耳位于余下一组兽面纹中间，视觉上形成不对称布局。

只有1件，李家嘴M1：5。带耳簋，食器，器物完整。颈部微内敛，折沿，沿面呈阶状，腹部较浅，弧腹略外鼓。底部微微内凹，矮圈足呈阶梯座状。双耳较大，连接口颈和腹部，双耳上各附一铺首。器物腹部饰一周三组宽带兽面纹，由云雷纹构成。纹饰粗犷而繁复，线条精细流畅，立体而有力。兽面眉作多线T形，两侧向内卷，角上扬，眼角下垂，目作鸟嘴状，圆睛外凸。额鼻中脊起棱，鼻作倒T形，两侧向上内卷。躯干由多重带细线的勾连云纹构成，向两侧上扬舒展开，每条纹饰末端都呈云雷纹内卷。兽面纹足作带长角的夔龙状，夔龙纹圆睛凸起。双耳上各附一兽面铺首，目作鸟嘴状，圆睛外凸，双角略上扬，鼻作倒T形。兽首下方饰有5条垂直分布的细线纹。双耳纹饰整体呈倒三角形。腹部兽面纹上方颈部饰两周弦纹，下方饰一周弦纹。圈足上饰一周弦纹，间饰三个等距十字镂孔。口径22、通高17.4、圈足径16.3厘米。重2.8千克。

Ⅱ式：腹部较深，弧腹微鼓，高圈足外撇，半环状小耳，上腹部有一周兽面纹。

只有1件，杨家湾M11：13。带耳簋，食器，器物完整。颈部微微内敛，折沿，沿面呈阶状，腹部较Ⅰ式浅，弧腹略微外鼓。底部微内凹，圈足呈阶梯座状，较Ⅰ式高。耳小，呈半环状，附于口颈之间，双耳上有小型兽面纹。器物腹部饰一周三组带状兽面纹，由云雷纹构成。纹饰繁复，线条流畅而有力。兽面眉作T形，两侧向内卷，角上扬，目作鸟嘴状，圆睛外凸。额鼻中脊起棱，嘴巴微微向内卷起。躯干由多重带细线的勾连云纹构成，向两侧上扬舒展开，每条纹饰末端都呈云雷纹内卷。兽面纹足作带长角的夔龙状，夔龙纹目作鸟嘴状，圆睛凸起。双耳上方各饰有一个小型兽首纹，纹饰线条细疏，圆睛微外凸，双角呈羊角状向两侧内卷。腹部兽面纹上方颈部饰两周弦纹。圈足上饰一周弦纹，间饰三个等距十字镂孔，以圈足弦纹为中轴分布。口径21.2、通高18.4、圈足径15.4、壁厚0.2厘米。重2.35千克。

B型整体形态变瘦高，双耳变小，腹部变深，圈足变高且直，纹饰由不对称向对称分布转变。

8. 盘

盘龙城的青铜盘数量较少，在典型单位中仅出土2件。

根据青铜盘圈足变化分为两式（图3.3）。

Ⅰ式：平折沿，腹部较深，高圈足外撇。腹部饰一周兽面纹。

只有1件，李家嘴M2：1。盘，水器，器物完整。敞口，折沿宽且平，弧腹圜底，器底较深，圈足呈直接状外撇。器身饰以兽面纹和弦纹。腹部饰一周三组带状兽面纹，线条流畅

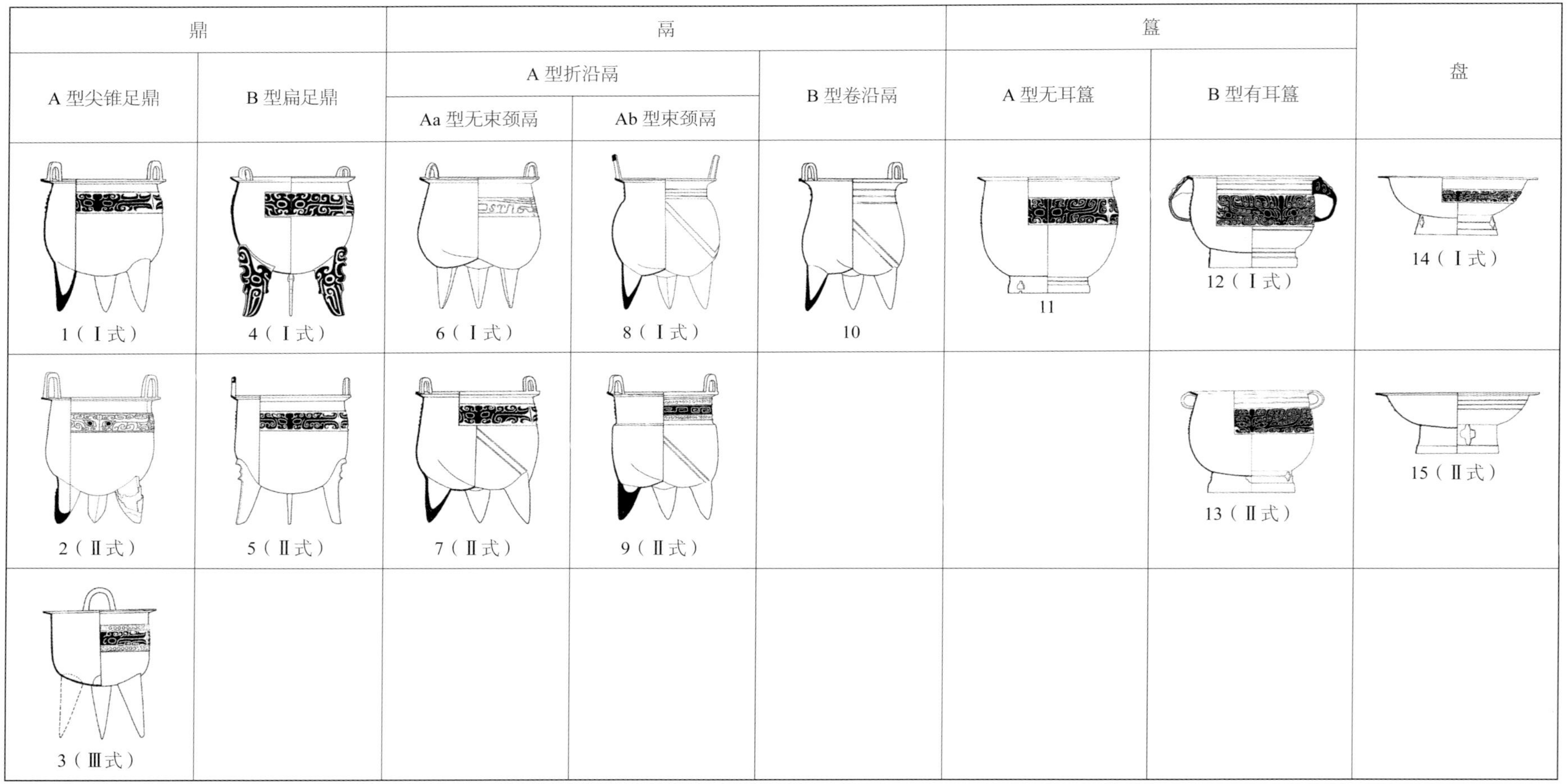

鼎		鬲			簋		盘
A 型尖锥足鼎	B 型扁足鼎	A 型折沿鬲		B 型卷沿鬲	A 型无耳簋	B 型有耳簋	
		Aa 型无束颈鬲	Ab 型束颈鬲				
1（Ⅰ式）	4（Ⅰ式）	6（Ⅰ式）	8（Ⅰ式）	10	11	12（Ⅰ式）	14（Ⅰ式）
2（Ⅱ式）	5（Ⅱ式）	7（Ⅱ式）	9（Ⅱ式）			13（Ⅱ式）	15（Ⅱ式）
3（Ⅲ式）							

图3.3 鼎、鬲、簋、盘的型式

1. 李家嘴M2：35 2. 李家嘴M1：1 3. 西城垣M1：6 4. 小嘴M3：3 5. 王家嘴M1：3 6. 楼子湾M4：3 7. 李家嘴M2：38 8. 李家嘴M1：3 9. 杨家湾M4：2 10. 杨家湾M7：17 11. 李家嘴M2：2 12. 李家嘴M1：5 13. 杨家湾M11：13 14. 李家嘴M2：1 15. 李家嘴M1：6

繁复而有力。兽面纹眉作T形，目作鸟嘴状，圆睛外凸。额鼻中脊起棱，鼻作倒置T形，双侧向上扬。躯干由两列云纹构成，向两侧上扬展开，间饰云雷纹。足作夔龙纹，圆睛凸起。每组兽面纹尾部的夔龙与邻组的夔纹相对，组成另一个不太规整的兽面纹。圈足饰两周平行弦纹，间饰三个等距十字镂孔。镂孔以圈足第一道弦纹为中轴线分布，镂孔下端挨着第二道弦纹。口径26.4、通高12.4厘米。重1.3千克。

Ⅱ式：折沿略微上翘，腹部较浅，高圈足较直，圈足底部呈阶梯状。腹部饰有平行弦纹。

只有1件，李家嘴M1：6。盘，水器，器物完整。敞口，宽折沿略微上翘，斜腹圜底，器物深度较Ⅰ式浅。高圈足较直，呈阶梯座状。器身仅饰三周平行弦纹，圈足饰三个十字镂孔。口径27.6、通高12、足高5.5厘米。重1.14千克。

青铜盘整体腹部变浅，圈足变高，且底部出现阶梯座状。

第二节　分　　期

第一组为杨家湾M6，大致为盘龙城第三期。这一期出AⅠ鼓腹爵，AⅠ斝、AaⅠ鬲。这一时期青铜器整体铸造工艺水平低下，器物种类比较少，纹饰和造型简单，多饰以弦纹和细线纹。

第二组单位为楼子湾M4、李家嘴M2、杨家嘴M1、杨家嘴M2、杨家嘴M26、小嘴M3，大致为盘龙城第四期。这一期出AⅠ觚、BⅠ觚、AⅠ爵、AaⅡ爵、BaⅠ爵、BaⅡ爵、BbⅠ爵、BaⅠ斝、BbⅠ斝、AⅠ尊、BⅠ尊、AⅠ鼎、AⅡ鼎、BⅠ鼎、AaⅠ鬲、AaⅡ鬲、A簋、Ⅰ盘。李家嘴M2与第一组同出AⅠ爵，且出有觚、鼎、簋、盘等在第一组未出现的青铜容器，所以其年代最早，但晚于第一组。李家嘴M2出有AⅠ觚、BaⅡ爵、BaⅠ斝、AⅠ鼎等，楼子湾M4共出BaⅠ斝、AⅠ鼎；杨家嘴M26共出AⅠ觚、BaⅡ爵、BaⅠ斝和AⅠ鼎，这说明李家嘴M2、楼子湾M4、杨家嘴M26所出青铜容器时代特征相近。根据表格同时可以看出，楼子湾M4和杨家嘴M1、杨家嘴M2共出AⅡ爵和BaⅠ斝，而李家嘴M2和小嘴M3则共出BaⅠ斝和BⅠ鼎。所以楼子湾M4、杨家嘴M26、李家嘴M2、杨家嘴M1、杨家嘴M2和小嘴M3所反映的青铜容器时代接近，可以列为一组。而下一组常见的BaⅡ斝、BⅡ尊、Ab鬲皆不见于这一组，这些反映出二组和三组在器物形态上的差别，所以将本组列为第二组。

第三组单位为王家嘴M1、王家嘴M4、李家嘴M1、楼子湾M3、小王家嘴M26、杨家湾M3、杨家湾M7、杨家湾M17。这一期出有AⅡ觚、AⅢ觚、BⅠ觚、BⅡ觚、AaⅡ爵、AaⅢ爵、AbⅠ爵、BaⅡ爵、BbⅡ爵、CⅠ爵、BaⅠ斝、BaⅡ斝、BbⅠ斝、BbⅡ斝、C斝、AⅡ尊、BⅡ尊、AⅠ鼎、AⅡ鼎、BⅡ鼎、AbⅠ鬲、AbⅡ鬲、B鬲、BⅠ簋、Ⅱ盘。李家嘴M1与第二组同出AⅡ爵、BaⅡ爵、BaⅠ斝、AⅠ鼎，且出有BⅠ觚、BⅡ尊、Ab鬲、BⅠ簋等不见于第二组的青铜器类别，说明其年代较早，但晚于第二组。本组常见的B型觚、AⅢ爵和BaⅡ斝是划分本组的依据，可以将王家嘴M1、王家嘴M4、李家嘴M1、楼子湾M3、小王家嘴M26、杨家湾M3、杨家湾M7、杨家湾M17划为一组。而下一组所出的BⅢ觚、AⅣ爵、BaⅢ斝、C尊、BⅢ尊、BⅡ簋等皆不见于本组，这些反映出和第四组在器物形态上的差别，所以将本组分为第三组。

第四组单位为杨家湾M4、杨家湾M11、西城垣M1。这一期出有AⅡ觚、BⅠ觚、BⅡ觚、BⅢ觚、AⅣ爵、BaⅡ爵、BbⅡ爵、CⅠ爵、BaⅠ斝、BaⅡ斝、BaⅢ斝、BbⅢ斝、BⅠ尊、BⅢ尊、C尊、AⅡ鼎、AⅢ鼎、AbⅡ鬲、BⅡ簋等。本组出有器形特征明显区别于第三组的C异形尊，出有双周纹饰的BⅢ觚和三周纹饰BⅢ尊，以上器物均不见于第三组，体现出二者在器物形态上的差异性，所以将本组列为第四组（表3.1）。

表3.1　盘龙城青铜容器器形型式登记表

分组	出土单位	觚	爵	斝	尊	鼎	鬲	簋	盘
1	杨家湾 M6		AaⅠ1	A1			AaⅠ1		
2	楼子湾 M4		AaⅡ1	BaⅠ1		AⅠ1	AaⅠ1		
	杨家嘴 M26	AⅠ1	BaⅡ1	BaⅠ1	BⅠ1	AⅠ1			
	李家嘴 M2	AⅠ1	AaⅠ1、BaⅡ1、BbⅠ1	BaⅠ2、BbⅠ1	AⅠ1	AⅠ2、AⅡ1、BⅠ1	AaⅡ1	A1	Ⅰ1
	杨家嘴 M1		AaⅡ1	BaⅠ2					
	杨家嘴 M2	BⅠ2	AaⅡ2	BaⅠ1					
	小嘴 M3		BaⅠ1	BaⅠ1		BⅠ1			
3	王家嘴 M1	AⅡ1、BⅠ1	AaⅢ1	BbⅡ1、C1	BⅡ1	BⅡ1			
	王家嘴 M4	BⅡ1	AbⅠ1	BaⅡ1					
	李家嘴 M1	AⅢ2、BⅠ1	AaⅡ1、BaⅡ1、BbⅡ1	BaⅠ2、BaⅡ1、BbⅠ1	BⅡ2	AⅠ1、AⅡ1	AbⅠ1、AbⅡ1	BⅠ1	Ⅱ1
	楼子湾 M3	AⅢ1	BaⅡ1	BaⅡ1		AⅠ1			
	小王家嘴 M26	BⅠ1	AaⅡ1、CⅠ1	BaⅡ1、BbⅢ1		AⅠ2			
	杨家湾 M3	AⅡ1、BⅡ1	CⅡ1						
	杨家湾 M7		AaⅢ1	BbⅡ1	AⅡ1		B1		
	杨家湾 M17	C1	BaⅡ1	BaⅡ1					
4	杨家湾 M4	AⅡ1、BⅡ1	BbⅡ1、CⅠ1	BbⅢ1	BⅠ1		AbⅡ1		
	杨家湾 M11	BⅠ1、BⅡ2	AaⅣ3、BaⅡ1	BaⅠ1、BaⅡ2	C1	AⅡ1		BⅡ1	
	西城垣 M1	BⅢ1	BaⅡ1	BaⅢ1	BⅢ1	AⅢ1			

第三节　年　　代

关于盘龙城青铜容器各期的年代，首先我们可以参照近些年学者们对二里冈文化时期青铜容器年代的分期。例如朱凤瀚先生在《中国青铜器综论》中的研究，以及《郑州商城——1953～1958年考古发掘报告》（简称《郑州商城》）对二里冈的年代分期，已经确认有关于二里冈下层、二里冈上层这些不同时期青铜容器的认识。比如，二里冈下层时期，青铜容器器物类别较少，形制上一般器壁较薄、纹饰简单，许多特征接近比较早的二里头文化时期的青铜容器；而二里冈晚期或者接近白家庄期阶段的青铜容器器类较多，器壁较厚、出现多周纹饰这样一些大的变化趋势。这让我们认识到盘龙城的年代最早可以到二里冈下层，晚到中商文化早期。具体来说，我们可以先看盘龙城青铜容器四期的风格，并和郑州商城的材料进行对比，来确定其年代（表3.2）。

表3.2　盘龙城青铜器典型单位分期

单位	青铜容器	分期
西城垣 M1	觚 1、爵 1、斝 1、罍 1、鼎 1	四
王家嘴 M1	觚 2、爵 4、斝 3、罍 1、鼎 2	三
王家嘴 M4	觚 1、斝 1、爵 1	三
李家嘴 M1	觚 3、爵 4、斝 6、鼎 2、鬲 2、尊 2、簋 1、盘 1、壶 1	三
李家嘴 M2	觚 1、爵 4、斝 3、鼎 5、鬲 1、甗 1、尊 1、盉 1、簋 1、盘 1	二
杨家湾 M4	觚 2、爵 2、斝 2、尊 1、鬲 1	四
杨家湾 M6	爵 1、斝 1、鬲 1	一
杨家湾 M7	爵 1、斝 1、尊 1、鬲 1	三
杨家湾 M11	觚 4、爵 4、斝 4、尊 3、鼎 1、簋 1	四
杨家湾 M17	觚形器 1、爵 1、斝 1、残斝、残尊	三
杨家湾 H6	觚 3、爵 3、斝 3、尊 4、鼎足 1、鬲 1	四
杨家嘴 M26	觚 1、爵 1、斝 1、尊 1、鼎 3	二
楼子湾 M3	觚 1、爵 1、斝 1、鼎 1	三
楼子湾 M4	爵 1、斝 1、斝足 1、鼎 1、鬲 1	二
小嘴 M3	爵 1、斝 1、鼎 1	二
小王家嘴 M24	觚 1、爵 1、斝 1、鼎 2	三
小王家嘴 M26	觚 2、爵 2、斝 2、鼎 2	三

第一期出土青铜容器的只有一座墓葬，即杨家湾M6。这一期器类只有爵、斝，器形简单、器壁薄，纹饰均为简单的阳线，包括兽面纹和人字形纹，器表较为粗糙，器形不是很规整。具体来说，M6的爵与郑州商城C8M7[①]所出两件爵形制相同，而《郑州商城》报告根据C8M7同出的陶器以及层位，确定C8M7属于二里冈下层二期，这一观点也为朱凤瀚先生所认同[②]。对比杨家湾M6：1和C8M7：2，两件爵口均呈较扁平的橄榄形，双矮柱的柱茎呈不规则三棱形，柱帽作不规则曲状，颈部短粗，器物横截面为扁平的椭圆形。三足细短笔直，足尖略微外撇，两件爵均饰有简单的阳线纹。这样看，杨家湾M6应该相当于二里冈下层二期（图3.4）。

第二期出土青铜容器的墓葬较多，代表性单位有李家嘴M2、楼子湾M4和杨家嘴M26。这几个青铜容器墓葬出有鼎、甗、鬲、簋、觚、爵、斝、尊等，青铜器器类较以前大大增加。这些青铜器器表较为光洁，纹饰多为凸起的宽带纹，如兽面纹、夔纹，说明这一期青铜器相较上一期有了较大的发展。器物形制上变得更规整、酒器的三足或圈足变高。楼子湾M4与MGM2所出斝的形制类似，MGM2确定为二里冈上层偏早。对比可以看出，两件斝均为大口外侈，双矮柱的柱茎呈不规则三角状。颈部内收，浅腹，平底微凸。这些说明这一期相当于二里冈上层或者偏早（图3.4）。

第三期出土青铜容器的墓葬也比较多，代表性单位有李家嘴M1、王家嘴M1和小王家嘴M26等。这些墓葬也出有鼎、鬲、簋、觚、爵、斝、尊、盘等，器类仍然较多，单个墓葬的器类也较丰富。青铜器器表也仍然光洁，装饰宽带兽面纹、夔纹、涡纹，同时较为常见两周或者多周纹饰。器物形制整体变得浑厚有力，出现了阶梯状圈足，从视觉上增加了器物的厚重感。爵、斝的双柱变高，柱帽开始饰有涡云纹和乳钉纹。楼子湾M3所出斝与BQM1所出斝形制相似，皆为折腹斝，大口外敞，颈部微内收，浅腹，三高足外撇。王家嘴M1所出尊与BQM2所出尊形制和纹饰皆类似，两者皆为小口尊，高束颈，弧腹，腹部较深，圈足皆为高且窄的带座状圈足。两件尊的肩部、腹部均各饰有一周带饰，且腹部为满腹纹饰。这些说明盘龙城这一期相当于二里冈上层或者偏晚（图3.4）。

第四期青铜容器墓葬仍然比较多，代表性单位有杨家湾M11、杨家湾H6和西城垣M1。这些墓葬青铜容器仍然有鼎、鬲、簋、觚、爵、斝、尊等较多器类，不过单个墓葬的器类一般不多。青铜器器表装饰兽面纹、夔纹、涡纹，较为常见两周或者多周纹饰，部分器物只装饰简单的圆圈纹。器物既有大型的鼎，也多见简单的爵，一些青铜器如杨家湾M11爵等较为简略。反映出这一时期盘龙城走向衰落的景象。西城垣M1所出的觚与C8M3的觚形制、纹饰接近，两件觚均呈笔直状细腰觚，有座状圈足，在腰部、圈足均各饰有一周兽面纹。西城垣M1所出尊接近YM232所出尊，两件尊皆为矮颈，体胖，腹部直且深，下腹部内收弧度较大，矮圈足。在器物肩、腹、足部均各饰有一周带饰，且腹部为满腹纹饰。这些说明这一期相当于中商文化早期（图3.4）。

① 河南省文物考古研究所：《郑州商城——1953～1958年考古发掘报告》，图462，文物出版社，2001年。
② 朱凤瀚：《中国青铜器综论》第一章，上海古籍出版社，2009年。

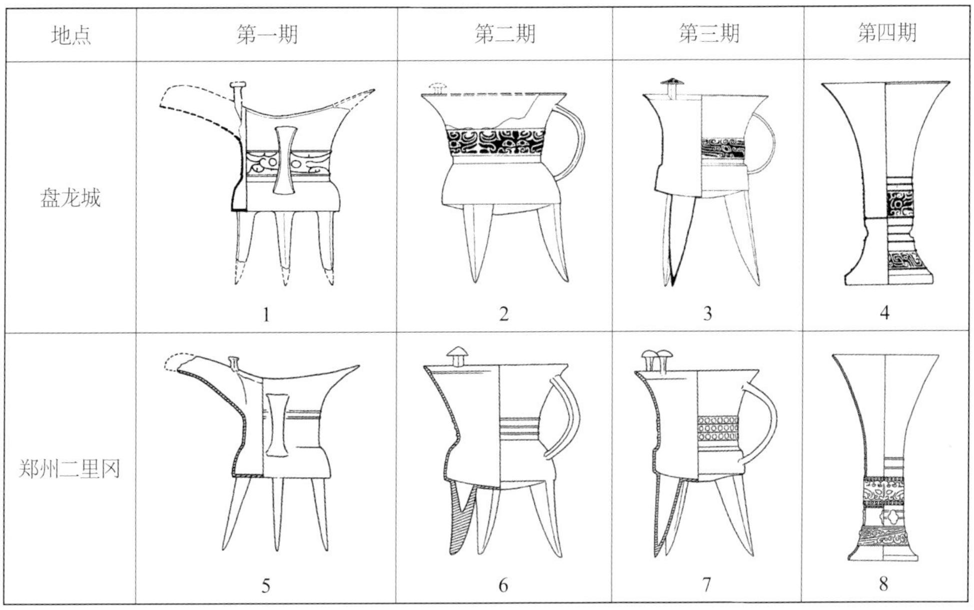

地点	第一期	第二期	第三期	第四期
盘龙城	1	2	3	4
郑州二里冈	5	6	7	8

图 3.4　盘龙城第一期至第四期青铜器与郑州商城青铜器对比图

1. 杨家湾M6：1爵　2. 楼子湾M4：2斝　3. 楼子湾M3：3斝　4. 西城垣M1：5觚
5. C8M7：2爵　6. MGM2：7斝　7. BQM1：2斝　8. C8M3：5觚

第四节　各期特征

一、组合与形制

根据以上分析总结出盘龙城青铜容器各期的特征。第一期出土青铜容器的数量和种类都比较少，器物组合大致为爵、斝、鬲。这一期的器物器形简单，器壁薄，器表粗糙，形制矮瘦，接近二里头以及二里冈下层器物。器物多为素面或简单的几何阳线纹。

第二期青铜容器数量和种类明显增多，器物组合出现了觚、爵、斝的酒器组合，食器组合出现了鼎、鬲的搭配，等级较高的墓葬中也出现了多套酒器。整体上来看，这一期的器物器形变得复杂，器表光洁，器物大多在腰腹部饰有一周细线兽面纹或夔龙纹。在青铜器的具体形制上，这一时期的爵、斝形态较矮，三足矮直，双柱矮，柱帽多呈简单的不规则圆形；鼎、鬲腹部外鼓明显；鬲多为折沿无束颈，簋多为无耳簋。

第三期青铜容器在器类和数量上有明显的增加，呈现明显的器物组合，出现明显以觚、爵、斝为中心的酒器组合，等级较高的墓葬还会配以尊，而食器组合明显以鼎为主，以鬲作为搭配，等级较高的墓葬也会配以簋。整体来看，在如李家嘴M1、王家嘴M4这样等级较高的墓葬中，多以觚、爵、斝、尊的酒器以及鼎、鬲、簋的食器的搭配成组出现。在形制上，这一时期开始流行细腰觚，出现了单柱爵和小口尊。爵、斝整体形态变高，三足明显增高且外撇，双柱变高，柱帽复杂化，开始装饰涡云纹和乳钉纹。这一期的鼎腹部变直，鬲则出现了束颈，同时出现了有耳簋。觚、尊、簋、盘这样的圈足器，圈足有明显的增高，出现了阶梯状圈足，在视觉上给器物带来浑厚的效果。

第四期发现的青铜容器的墓葬数量较少，但是其所出器物类别丰富。青铜器组合明显，酒器组合多以觚、爵、斝为主，部分搭配尊，食器仍以鼎为主，部分搭配鬲或簋。在较高等级的墓葬中出有多套组合，且组合关系较为明确，体现了比较成熟的体系。在形制上，这一时期爵、斝整体变高，器物横截面多呈圆形，器腹加深，三足变高且外撇。鼎腹部变直，三足由锥形足向柱形足转变。圈足器多为阶梯状圈足。这一期出现了两种相反的情况。一方面，器物种类多，有的形制复杂、纹饰多样，而另一方面，部分青铜容器制作小且粗糙，如杨家湾M11出土多件小型器物，可能代表盘龙城后期整体青铜铸造的衰退（图3.5）。

二、纹饰

第一期出土青铜容器多为素面或简单的几何阳线纹。器物颈部饰一周三组细线纹，兽面被简化为抽象线条。正面一组由两个夔龙组成完整的兽面纹。左右各饰半组展开的夔龙，夔龙面朝中间的兽面纹，分置鋬的两侧。夔龙眼作圆圈纹，身作卷曲的细线云纹。

第二期青铜容器器表光洁，器物大多在腰腹部饰有一周两组兽面纹或一周三组兽面纹。一周两组兽面纹多饰于觚或尊，由两个完整的兽面纹组成，兽面纹多呈带状。一周三组兽面纹多为一组兽面纹，两旁饰有两组相对的夔龙纹，而簋则饰有一周三个完整的兽面纹。这一期的纹饰多为带状纹饰，浑厚有力，兽面纹双眼外凸，多呈浮雕状。尊、簋的纹饰相对更加粗犷繁复，线条流畅灵动，躯干多由多重带细线的勾连云纹构成。

第三期青铜容器开始出现双周的宽带兽面纹，纹饰多饰于器物颈部和腹部，腹部的兽面纹上下大多开始间饰连珠纹。器物颈部多饰一周三组兽面纹，纹饰浑厚繁复，兽面双目外凸，纹饰多呈浮雕状，张力十足。部分斝除颈部的兽面纹外，在下腹部还饰有一周涡云纹，而尊除颈部饰一周较窄的兽面纹外，在腹部多饰有满幅兽面纹。

第四期青铜容器开始出现三周的宽带兽面纹，纹饰更为复杂，接近罗越三式。这一期除了簋，斝的下腹部也开始饰以一周三个完整的兽面纹。如同形制变化，这一期的器物在纹饰上同样出现了两种极其相反的情况。一方面，如觚、尊多在颈、腹、圈足饰有三周纹饰，以尊为代表，纹饰大多复杂夸张、立体灵动、繁复而精细，向殷墟文化时期的夸张风格纹饰靠近；另一方面，部分青铜器纹饰简单化，杨家湾M11出有素面或以简单弦纹装饰的爵、斝，或许暗示了盘龙城后期整体青铜铸造的衰退（图3.6）。

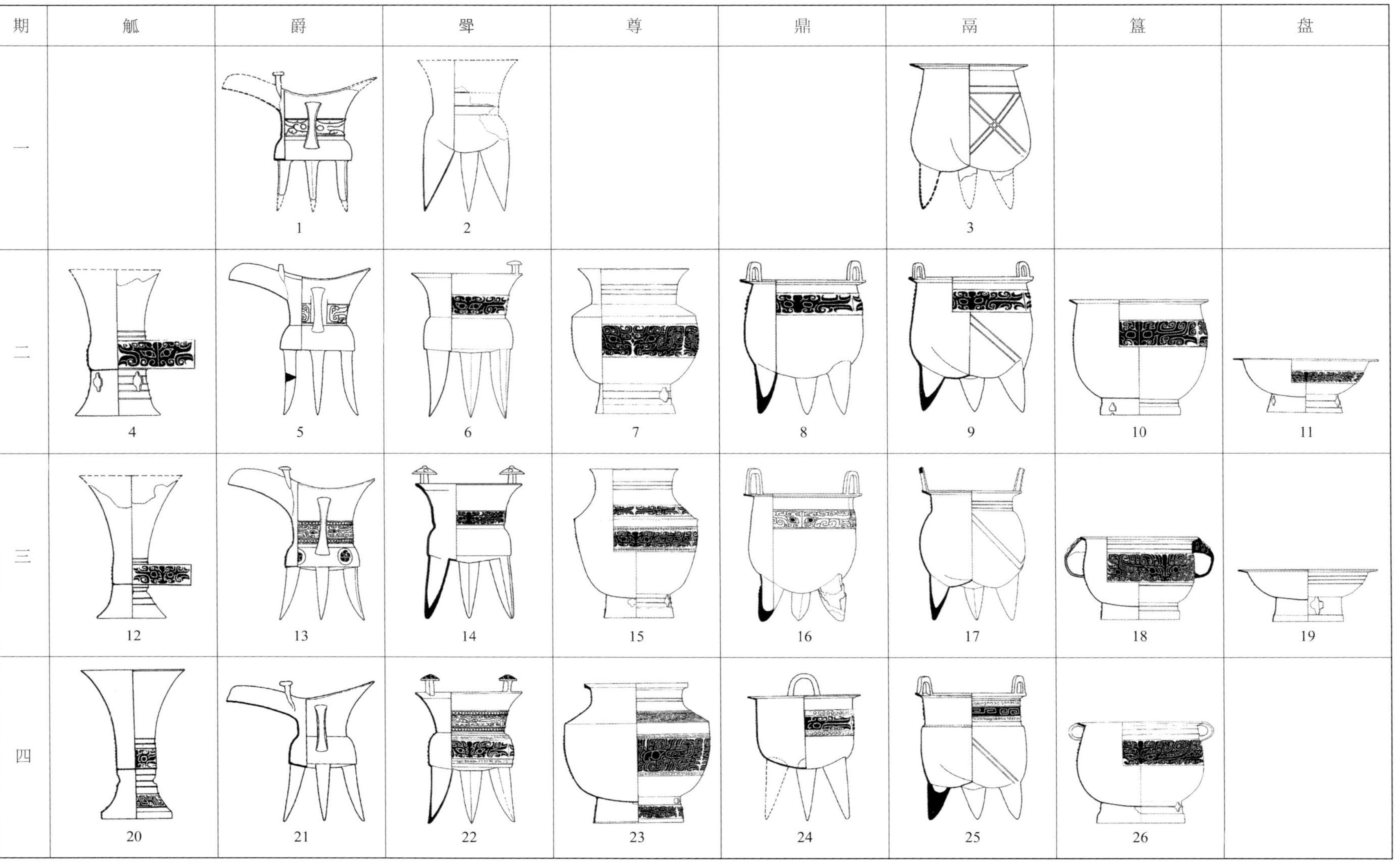

图 3.5　盘龙城青铜容器分期图

1. 杨家湾M6：1　2. 杨家湾M6：4　3. 杨家湾M6：2　4. 李家嘴M2：5　5. 杨家嘴M2：5　6. 李家嘴M2：10　7. 李家嘴M2：75　8. 李家嘴M2：35　9. 李家嘴M2：38　10. 李家嘴M2：2　11. 李家嘴M2：1　12. 李家嘴M1：20　13. 杨家湾M7：7　14. 杨家湾M17：22　15. 李家嘴M1：7　16. 李家嘴M1：1　17. 李家嘴M1：3　18. 李家嘴M1：5　19. 李家嘴M1：6　20. 西城垣M1：5　21. 杨家湾M11：4　22. 杨家湾M11：31　23. 西城垣M1：7　24. 西城垣M1：6　25. 杨家湾M4：2　26. 杨家湾M11：13

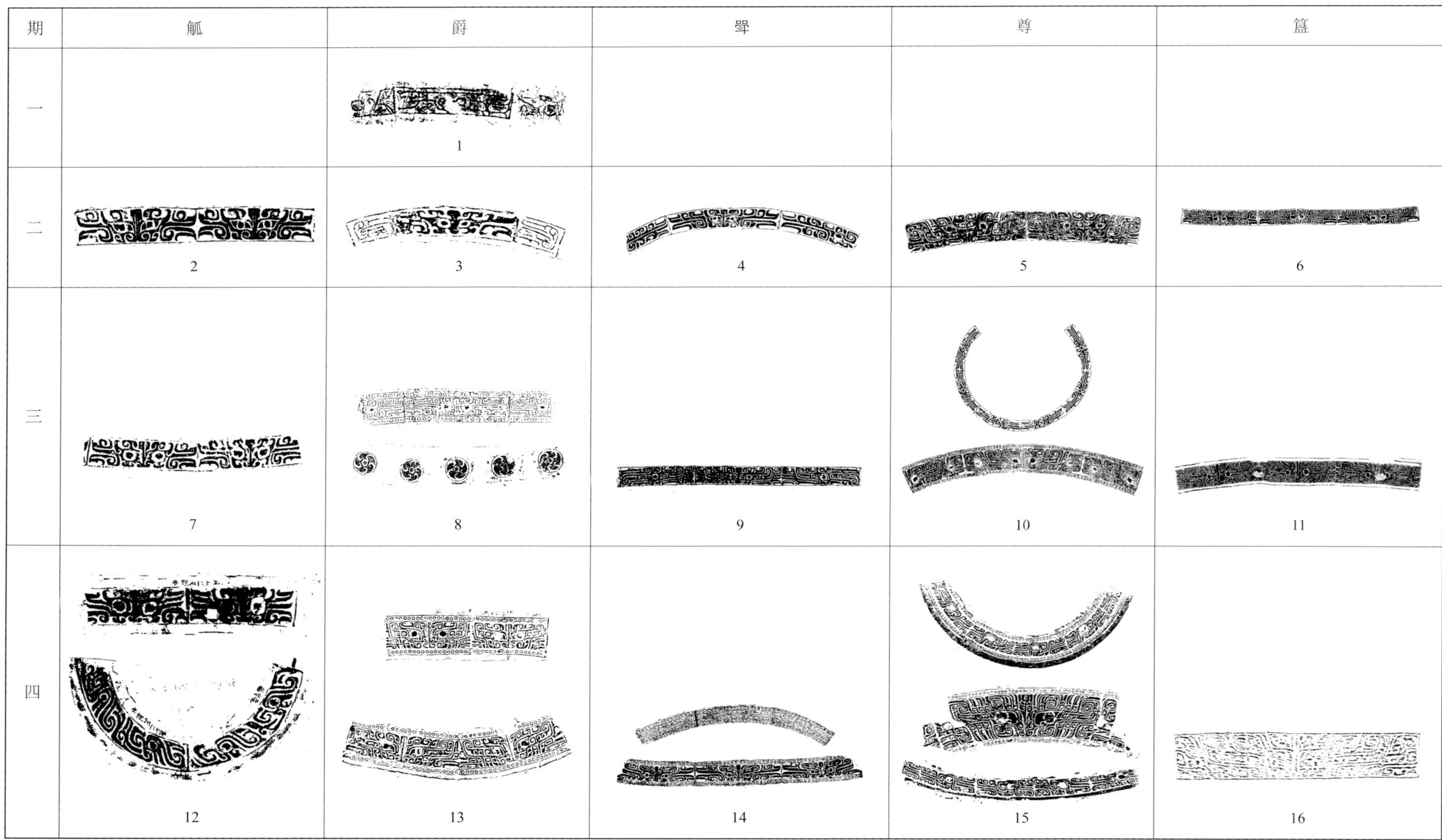

图 3.6　盘龙城纹饰分期图

1. 杨家湾M6：1　2. 李家嘴M2：5　3. 杨家嘴M2：5　4. 李家嘴M2：10　5. 李家嘴M2：75　6. 李家嘴M2：2　7. 李家嘴M1：20　8. 杨家湾M7：7　9. 楼子湾M3：3　10. 李家嘴M1：7　11. 李家嘴M1：5　12. 西城垣M1：5　13. 采集P：033　14. 杨家湾M11：31　15. 西城垣M1：7　16. 杨家湾M11：13

第四章

制作技术

盘龙城所处的二里冈文化前后，是中国青铜时代的发展时期[①]。这一时期青铜器在制作、装饰以及生产规模上都有了大的发展。青铜容器有鼎、甗、鬲、簋、爵、斝、觚、尊、罍、壶、盉、盘等多种类别，容器无论在类别上，还是在数量上，都远超兵器和工具而占据绝对优势。以容器为主要制作对象，以范铸的热处理而非锻打的冷处理手段成形，成为制作技术的突出特征，这也是中国青铜时代青铜器的基本技术特征。以多块外范与芯范组合形成的块范法，是铸造容器的基本方式。二里冈文化时期青铜器铸造技术研究，又是揭示殷墟文化时期铸造技术高峰的重要途径。对于盘龙城青铜器而言，技术研究也是探索其是否存在生产上的个性技术特征、是否存在本地生产等情形的根本方法。关于盘龙城青铜器铸造技术，过去学者已经有很好的研究成果[②]。本书将结合这些成果，进一步明确和推进这一技术研究。

第一节　成 形 技 术

盘龙城所见的青铜器，以多块外范与芯范组合形成的块范法技术已趋于成熟，并在不同的器类上使用不同的合范方式。一般来说，容器器体上部为开放型的圆体，主要器形区别在于器物底部，并由此采用了不同的成形技术。盘龙城青铜器中，鼎、鬲、甗等三足炊器，爵、斝、盉等三足酒器，以及簋、觚、尊、罍、壶、盘等圈足器，合范成形的技术方式有所不同，并同时形成不同的配套技术。

一、三足炊器（鼎、鬲、甗）

1. 范型

鼎、鬲、甗等三足炊器具有相近的器形，即深腹之下接三个空足。合范时腹部使用三块外范，三块外范的分型面对应三足的中部，并向下延伸内兜，在腹底中央汇集。这样，在鼎、鬲、甗对应三足的腹壁会留下外范合范范缝，三足之间的外底可见Y形范缝。

以李家嘴M1：2鼎为例（图4.1，4），鼎腹内为芯范，三块外范范缝分布在三足外侧（图4.1，6），并对应地出现在上腹纹带以及口沿之下，其中之一对应于一耳（图4.1，2、3）。三块外范延伸到鼎腹部以下，在三足内侧留下范缝（图4.1，5），并在腹外底汇集到三足之间（图4.1，1）。这样的合范范缝，也都见于其他鬲、甗等空足炊器。这样结构的三外范，是一般炊器的基本范型。

---

① 孙华：《中国青铜文化体系的几个问题》，《考古学研究（五）》，第921～948页，科学出版社，2002年。

② 胡家喜、李桃园：《盘龙城遗址青铜器铸造工艺探讨》，《盘龙城（1963～1994）》附录七，第576～598页；苏荣誉、张昌平：《盘龙城青铜器的铸接工艺研究》，《盘龙城与长江文明国际学术研讨会论文集》，第118～137页，科学出版社，2016年；苏荣誉、张昌平：《论盘龙城楼子湾青铜鬲LWM4：3的铸造工艺及相关问题》，《南方文物》2022年第2期。

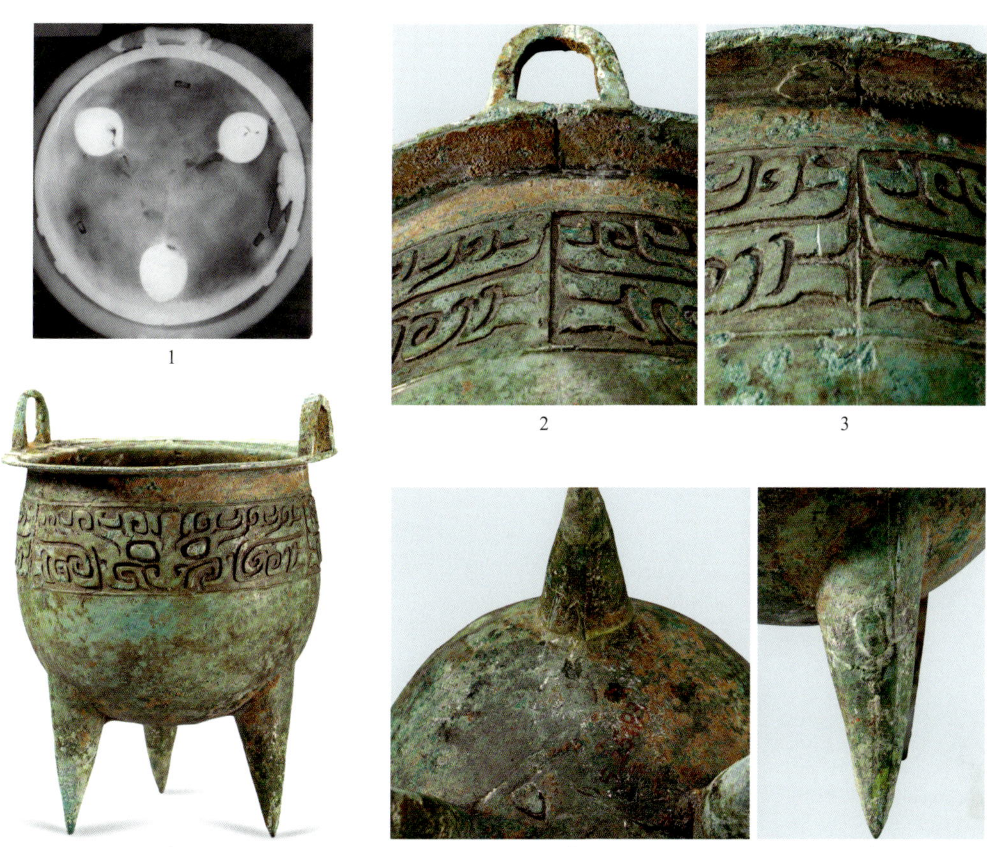

图 4.1　鼎的范型

1～6. 李家嘴M1：2

范型中例外的情况是扁足鼎。扁足无须像其他空足器那样需要内芯，因此都将足的型腔直接设置在一块外范中。李家嘴M2：37扁足鼎的X射线还显示，扁足的两个侧边在型腔中做成斜面以便于脱范（图4.2，1），这种做法在其他扁足鼎如王家嘴M1：3鼎上也完全相同。

以上炊器顺沿三足纵向分范，是基于圆形容器横截面为规则形态、纵向分范可以等分并方便脱范的原则。因此，纵向分范也是中国青铜时代青铜容器范型的基本特征。

2. 足芯与耳芯

除了确定器形的外范，容器内部空间的处理亦有赖于芯范的设计。而在芯范中，核心技术又是对足和耳的处理。

与耳和鋬等附件伸出器侧、其合范与器体外范成垂直的态势不同，器足都位于器体之下，因此器足的范型往往可与外范和内芯协调、并行处理。鼎、鬲、甗等炊器以及斝、盉等酒器的足径较粗，如铸成金属实心，则会与较薄的器壁形成很大的差异，很容易在铸后冷却过程中产生开裂等铸造缺陷。因此这些器足均制成中空，形成腹与足的空间相连（图4.3、图4.4）。空足的形态当然不便于使用，特别是对用作炊器的鼎、鬲、甗而言，其实质是制作技术尚不能满足器物的需求所致的特点。但器足中空是因为当时还未能解决足芯范悬浮的技术，也就是说，此阶段没有出现像殷墟文化第二期及其后的鼎等器足使用盲芯的技术[①]。

① 张昌平、刘煜、岳占伟等：《二里冈文化至殷墟文化时期青铜器范型技术的发展》，《考古》2010年第8期。

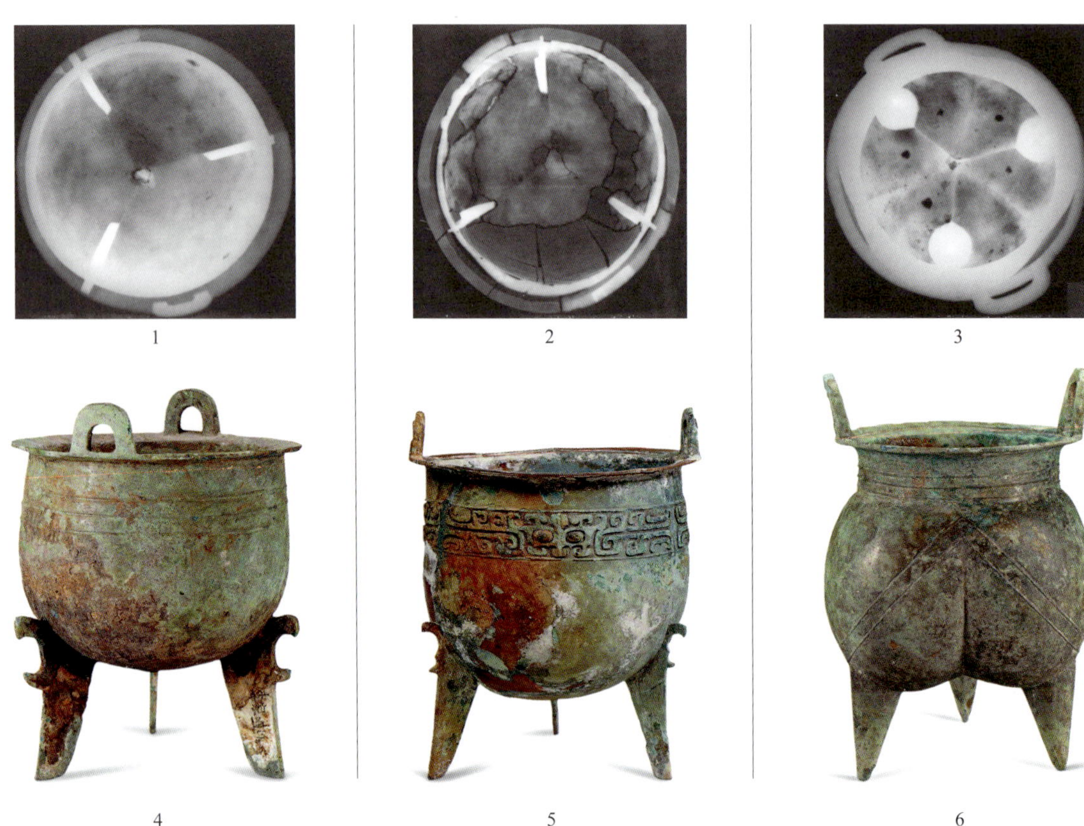

图 4.2　三足炊器足与耳位置的变化

1、4. 李家嘴M2：37鼎　2、5. 王家嘴M1：3鼎　3、6. 李家嘴M1：3鬲

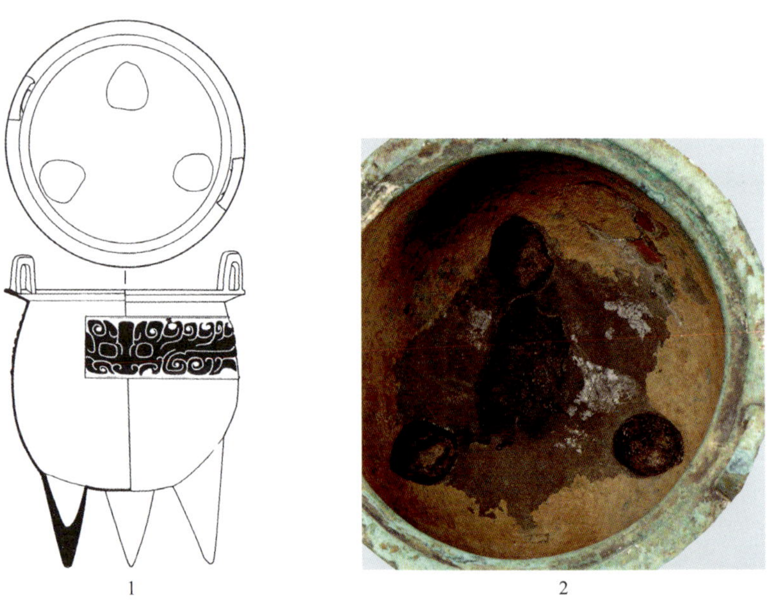

图 4.3　三足炊器足的处理

1、2. 李家嘴M1：2鼎

处理这些空足，需要在芯范上自带三足的泥芯。如图4.3所示的李家嘴M1：2鼎，其腹壁圆弧，但延伸至三足后有较为锐直的转折，且空足的长度较大。这意味着制范和合范时，足部的外范和芯范在配合上的技术难度很高。实际上，多件器物特别是鼎类器的空足都可见浇铸缺陷以及补铸现象，说明当时还没有很好地解决这个难点（图4.1，6）。

图 4.4　三足炊器足的处理

（李家嘴M2：45甗）

如前所述，鼎、鬲、甗等空足的范型都是处于两块外范的分型面之间。为便于脱范，会将型腔的弧度加大，相应地，范缝两侧弧度会较小。也就是说，这些器足都会处理成扁体。以李家嘴M1：2鼎为例，图4.1，4所示的三足中，中部处于正视的足较窄，侧视的两足较宽。同样，图4.1，1的X射线以及图4.3，2所示的空足，也都是扁圆的。又如图4.4所示的李家嘴M2：45甗，也是明显的扁圆足。鼎等器足要做到几何概念上的“圆”，是技术发展到一定阶段的产物。中商文化时期后，随着底范出现，器足处于三块范之间，足趋于圆柱形，至殷墟文化第二期，真正意义上的圆足才得以流行。

鼎和鬲的双耳也是顺延器壁竖立，因此也可以在内外范上直接形成型腔。但耳的型腔是设在外范还是内芯上呢？盘龙城鼎和鬲的双耳横截面几乎都是梯形，耳孔是在内侧较大，说明耳芯是自带于芯范上的。如图4.5所示的李家嘴M2：37鼎，耳外侧与口外沿平齐，内侧耳孔较大且可见外侧的范缝，显然双耳型腔是在口沿之上的芯头位置。

体量较大的鼎，双耳相应地也较为粗大，这也会使耳部和口沿两个部位的金属形成较大差异，出现如器足那样的浇铸缺陷。解决这一问题是将耳部制作成槽状，以便使耳部厚度保持与口沿近似的程度（图4.5，3）。李家嘴M2：55鼎、李家嘴M2：36鼎、杨家湾M11：16鼎等大型鼎的耳部，都作如此处理。

鼎、鬲、甗等器壁沿着口缘有一周加厚现象，也应该和耳相关。这种现象最早始自二里头文化时期青铜器，并成为殷墟文化之前一些青铜器类的共同特征。过去学术界多认为此阶

1

2

3

图 4.5　三足炊器耳的处理

1. 李家嘴M2：37鼎耳内侧耳孔较大　2. 李家嘴M2：37鼎耳外侧耳孔较小　3. 李家嘴M2：55鼎耳部呈槽状

1　　2　　3

图 4.6　三足炊器耳的处理

1. 李家嘴M1：3鬲　2. 李家嘴M2：10斝　3. 李家嘴M1：1鼎

段青铜器器壁较薄，口缘加厚可起到加固口部的作用。当然，这固然是有加固的作用，但我们不难注意到，其他器类如觚、尊、罍等器类大部分没有这种加厚边，特别是尊，其口径较大，按这一说法更理当加厚。考虑到鼎、鬲等器口沿加厚的部分与耳等宽，而斝、爵加厚的部分也与器物双柱的宽度吻合（图4.6，1、2），因此口沿加厚的做法应是为了耳、柱等附件稳固地与口部结合。李家嘴M1：1鼎耳处的器壁甚至还向下继续加厚（图4.6，3）。而觚、尊等器口部不带附件，当然也无须加厚。簋、觚、尊等圈足器，其圈足下部加厚或出现类似加厚的特征，则似是因为浇口设在圈足，加厚圈足可方便于浇铸。盘龙城加厚边的容器，基本都是为了对器口的加固，一个旁证是盘龙城的工具如斧、锛之类的工具均是口部带加厚边。

3. 足与耳的位置关系

圆体的鼎和鬲均为双耳、三足，学者们很早就注意到，二里冈文化时期鼎鬲的耳足位置是一足位于一耳之下，其他两足在另一耳两侧，形成“四点配列式”[①]（图4.7，1）。殷墟文化时期之后，这种位置关系系统性地变成了双耳与两个鼎足平行，形成“五点配列式”（图4.7，2），并成为此后鼎和鬲范型的基本结构。

圆锥足鼎一耳必与一足相对，这也是盘龙城大部分鼎鬲的一个突出特点。不过，这种形制的鼎鬲在视觉上缺乏平衡感，在双足向前时，双耳与足无法形成平行或对称的关系。特别

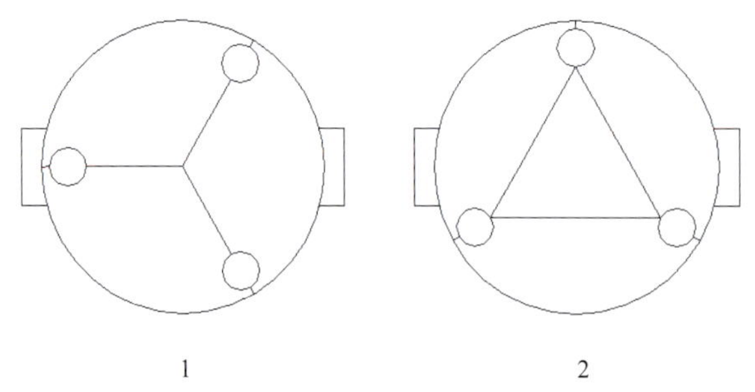

1　　2

图 4.7　三足炊器足与耳的位置关系

1. 四点配列式　2. 五点配列式

① 郭宝钧：《商周铜器群综合研究》，第5页，文物出版社，1981年。

是鼎鬲的纹饰单元都是在三足之间，当纹饰面对观者时，双耳无法在视觉下平行。前述李家嘴M1：2鼎全器图片或X射线都可以清楚地看到这一点。

值得注意的是，盘龙城部分鼎鬲的足耳已经开始打破“四点配列式”的位置关系。李家嘴M2：37扁足鼎的一耳并没有与一足对齐（图4.2，1），由此打破了当时流行的做法。甚至后世流行的双耳与两足平行的做法，也已经开始出现。王家嘴M1：3扁足鼎双耳都靠近双足（图4.2，2），并和双足形成平行的位置关系。这种关系之下，该鼎上腹的兽面纹带，恰好处于双足和双耳的平行关系上（图4.2，5），纹带、足与耳形成了较好的平衡关系。李家嘴M1：3鬲的双耳也都靠近双足，形成平行关系（图4.2，3）。该鬲虽无兽面纹等可辨识位置的装饰，但双耳与双足的平衡关系很容易被观察到（图4.2，5）。不过，以上扁足鼎、鬲等都不是当时等级高的重要器类，也很难说代表了当时礼器发展的新趋向。

二、三足酒器（爵、斝、盉）

爵、斝、盉三类三足器同为酒器，这些器物从器腹一侧伸出单鋬，爵和斝还在口部立有带帽的双柱，这些都要求有专门的处理技术。这几类器物在口部、腹部、足部的结构各不相同，不同器类的范型区别较大。以下按器类分别讨论。

1. 爵的范型

爵扁体，分别向前后延伸出流和角，腹下接三棱锥形足，作为容器有着非常特殊的形态。爵又是在二里头文化中最为常见的器类，是块范法铸造技术早期在青铜容器上的集中实践。现在我们知道，爵的扁体是源自陶爵的祖型，而三棱形足则是在两块外范的技术背景下，在底芯上挖出三棱形型腔的技术处理方式的结果，是在简单范型条件下的技术选择和探索①。

以盘龙城为代表的二里冈文化晚期的爵，范型上较之二里头文化已经有了根本性的演进，这就是在腹部以下都已经采取了三块外范，其表现是所有爵三足外侧中央都有一条明显的纵向范缝（图4.8，1、2）。如此的合范顺着三棱形足的侧边，重合于三足内侧的尖棱，因此在爵的外底也可以看到Y形范缝（图4.8，3；图4.9，2）。

爵设有流与角，腹部采取尖长的扁体，这样的器形决定了腹部的范型应该为两块外范：这与二里头文化爵的范型相同。这样，腹部两块外范与三足处三块外范的上下不一致，就必须采取水平分范的方式解决矛盾。可以看到，这一时期爵在腹足之间有明显的转折，爵前后两端的两足，其上的范缝不对应于腹部的范缝（图4.8，2；图4.9，1）。

爵的扁体也为三足的安置增加了难度。自新石器时代开始，一般三足器都是三等分地分布于器底，但盘龙城爵两足靠近于椭圆形平底长轴的两端，另一足与爵鋬相对。这样，爵的重心易向外侧倾斜（图4.8，2；图4.9，1）。为解决这一问题，与鋬相对的一足总是做成较其他两足更外撇以加强平衡，但爵的稳定性依然较差，这一问题直至殷墟文化时期爵腹部变成卵形后才得以解决②。

① 张昌平：《从三棱锥形器足看中国青铜时代块范法铸造技术特质的形成》，《考古》2022年第3期。

② 岳占伟、岳洪彬：《殷墟铜爵铸造工艺研究》，《文物》2018年第4期。

1

2

3

图 4.8　爵的范型

1～3. 李家嘴M1：16

1

2

图 4.9　爵的范型

1、2. 李家嘴M2：11

扁体的爵如何处理腹侧的鋬？二里头文化时期，爵鋬是通过在外范上埋入鋬芯来处理的，因此鋬做成两端宽而中部窄的形态，对应的腹壁上也不见类似斝鋬那样的长方形范缝[①]。这一做法延续到盘龙城爵上，大部分爵鋬也是中部较窄、腹壁无范缝的处理方式。不过，少数爵也有采取独立芯范的，并在腹壁上留下如同斝鋬形成的长条形范缝（图4.10，1）。较晚的爵如杨家湾M4、M5爵鋬内侧不见芯范痕迹（图4.10，2），但纹饰在此处仍然留空，是较特殊的情况。

爵在口沿与流的转折处设有双柱（图4.11，1、2），合范时这些柱都是在内芯和外范之间进行处理的。爵柱的这种范型注定其在较早的时期为非常简单的形态，柱帽也几乎不成形状（图4.12）。稍晚柱帽变大，帽顶就在芯头上单独处理。此时，柱帽以下就会分别与外范、芯范发生关系，形成不同的范缝（图4.11，3）。

盘龙城有些爵发展出独柱，并使用了专门的范型技术。独柱也是位于流折处（图4.13，1；图4.14，1；图4.15，1），从两侧的器壁起柱，在中央汇合后独柱向上，其上接柱帽。这样两侧的柱会跨越芯范（图4.13，3；图4.15，2），独立处理比较困难。细察各独柱的外表，往往比较粗糙，且其三叉靠近汇聚处较细，后呈放射性地变粗（图4.13，3）。这是在芯范上钻孔形成的型腔，故而表面较为粗糙，汇聚处属于钻孔的末端直径较细。盘龙城还有一种独柱是管流爵上的（图4.14，2），爵的管流需在流处设一柱状的芯范，并与腹部芯范联通。管流和腹部芯范之间再设独柱，也是钻孔形成独柱的型腔。管流柱位于腹部芯范和流

① 张昌平：《二里头文化至殷墟文化时期青铜器器鋬的铸造技术及其发展》，《文物》2016年第9期。

图 4.10　爵的范型

1. 杨家嘴M2：5　2. 杨家湾M4：3

图 4.11　爵柱的处理

1～3. 杨家湾M7：7

图 4.12　爵柱的处理

1、2. 李家嘴M2：11

体之间，柱帽下会留下两个芯范的范缝（图4.14，3）。这两种独柱的柱帽，也都是在芯头上形成的。

独柱的柱帽一般都比较发达，帽顶装饰有涡纹。如李家嘴M1：16爵的柱帽，涡纹十分精美（图4.13，2）。二里冈文化时期柱帽、器腹的涡纹都很规整，纹路都是阴线，应是模

1

2

3

图 4.13　爵的独柱

1～3. 李家嘴M1：16

1

2

3

图 4.14　爵的独柱

1～3. 李家嘴M2：12

1

2

图 4.15　爵的独柱

1、2. 采集：12

印制作的。采集：12爵属于最晚的第三阶段，柱帽已经发展成为塔形（图4.15）。这样的形态在芯头上生成，亦应是模作的。

2. 斝的范型

一般斝的形制与鼎和爵都有相似之处。圆腹，底部略外凸，三足中空与腹部相连，这是似鼎的方面。同时斝口部立有双柱，腹侧在一足处对应一鋬，足为三棱形，足与腹之间有分界的折棱，这是与爵相似的方面。显然，斝的范型同时会有与鼎、爵相似的处理方式。

从容器的合范逻辑而言，三足圆体器从三足处三等分外范，是最为合理的范型，前述鼎、鬲、甗三足炊器都是如此范型。盘龙城斝也是在三足的中线处分范，三块外范兜底交汇于腹底中心，这样的处理与鼎的范型相同。相应地，这会在斝的三棱形足的外侧中央留下一条纵向的范缝（图4.16，1；图4.17），底部也会像鼎一样可见Y形范缝（图4.16，3），即三块外范由足外延伸至腹底，并在腹底中央交汇。

图 4.16 斝的范型

1～5. 李家嘴M2：10

不过，虽然斝腹部的范缝与三足对应，但斝的腹至足之间有明显的折棱（图4.16，5；图4.17），是否在折棱处做了水平分范？当然，折棱处的水平分范往往不易观察到，如爵有水平分范，也可能并不见水平分范的范缝。郑州南关外出土过两块斝外范，陶范“范面上有圆弧形斝的下腹的一部分和半个尖锥状斝足印”，这说明斝的腹范与足范相连，不存在水平分范[①]。但这是否为普遍现象，尚未可知。

斝足较大，在外侧并不平直，而是稍稍顺范缝凸起（图4.17），其横截面是一个接近三角形的四边形。我们知道二里头文化最早的斝即二里头遗址84ⅥM9：1斝[②]，也是三棱形足。因此斝足采取了如鼎那样处于两块外范的分型面之间，但足的形态则是二里头文化时期三棱形的孑遗，这样的形态形成了传统，一直延续到殷墟文化晚期。

斝鋬的范型处理具有较大的一致性。二里头已经出现了三外范沿足外侧分范的斝，如二里头87VM1：2斝[③]。这一范型基本为二里冈文化斝所采用，处理斝鋬时，在鋬与腹间设一长方形芯范，鋬外壁中央则是两块外范的分型面。如此在斝鋬对应的腹壁就有长方形范缝（图4.16，4），鋬外侧中央有一条纵向范缝（图4.16，5）。斝鋬设芯范的这种方式至洹北商城和殷墟文化第一期有过短暂改变，但其后的殷墟文化继续将其作为主流技术形式。

① 河南省文物研究所：《郑州商代二里岗期铸铜基址》，《考古学集刊》第6集，第109页，中国社会科学出版社，1989年。

② 中国青铜器全集编辑委员会：《中国青铜器全集》一，图版14，文物出版社，1996年。以下简称《全集》一。

③ 《全集》一，图版13。

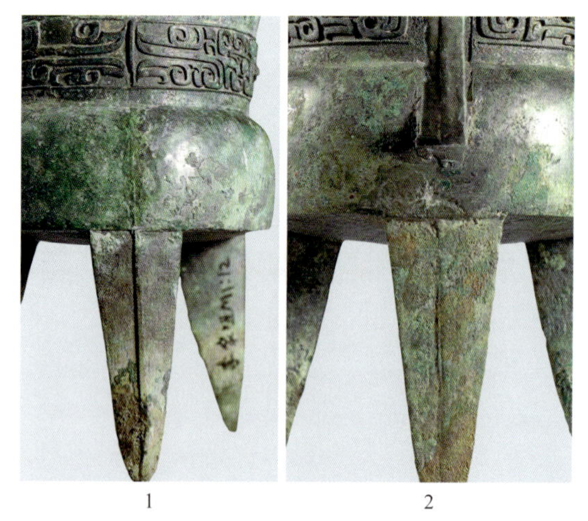

图4.17　斝的范型

1、2. 李家嘴M1：12

斝与爵的另一个相似之处是二者都设有双柱。与爵柱的位置不同，斝柱与斝前的双足位置基本对齐（图4.16，2；图4.18，1）。斝柱的位置较爵的更利于制作，故往往较爵柱发达。斝柱及柱帽早晚变化明显，较早的柱体小（图4.16，1、2），横截面为三角形，柱帽不发达，而较晚阶段的柱体较大，伞形帽顶较大，其上饰有如同爵顶一样的涡纹（图4.18，6）。这样的发展还使斝柱到中商文化时期及其后达到极致，具有很强的装饰性，甚至因为帽顶复杂而要使用分铸技术。和鼎耳一样，斝柱的型腔是设在芯范中的，这样使斝柱的外侧与斝口平齐，因此横截面为长梯形的斝柱靠腹部的一侧较窄。另一方面，柱帽的范型和纹饰制作也像爵的一样，是在芯头中完成的，柱帽底部因为处于芯范和外范之间，会在底部留下相应的范缝。当柱帽只涉及一块外范时，帽底为一条直线形的范缝（图4.18，2）。较晚的斝如李家嘴M1、杨家湾M11，当柱帽底部处于两块外范之间时，帽底部还会留下外范之间的范缝，这使柱帽底部范缝呈T形（图4.18，5）。斝柱技术的变化也与柱帽的装饰演进同步，较晚的柱帽装饰较复杂。

盘龙城还出有形制较为特殊且少见的三分范的分档斝和二分范的菱格纹斝。前者如王家嘴M1：1斝，三袋足如鬲形（图4.19），其范型与前述三棱形足斝一致。后者如王家嘴H7：1

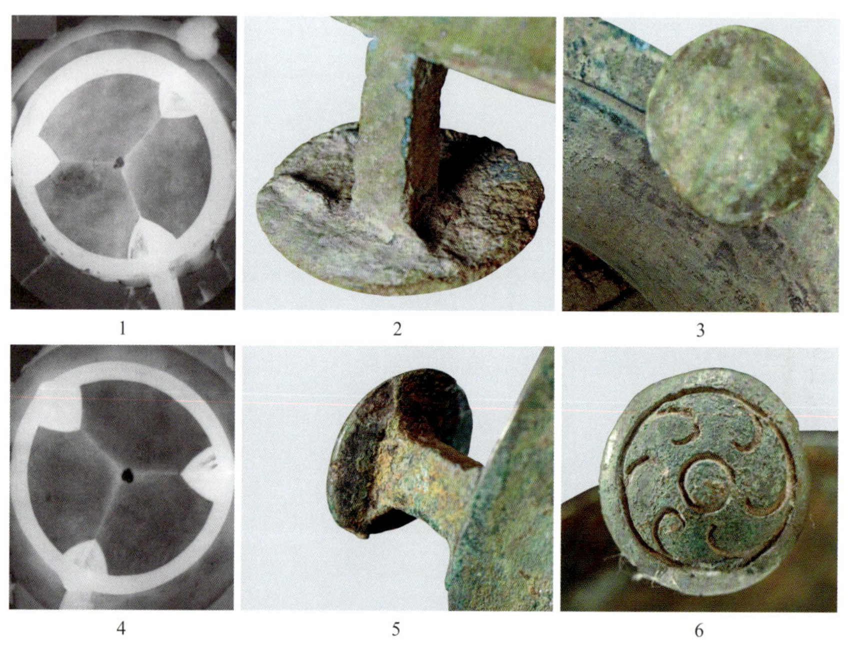

图4.18　斝柱

1～3. 李家嘴M2：19　4～6. 杨家湾M11：31

菱格纹斝，其在技术处理方式上颇为特殊（图4.20），是盘龙城斝中唯一的二分范斝。三足斝作二分范型处理，是一种返祖的方式。二里头遗址出土了两件斝，年代有早晚不同，范型经过了从二分到三分的演进。王家嘴H7：1斝范型与二里头二分范的1984YLⅥM9：1斝一致，代表了斝的最早范型，即斝体为两块外范，腹下的三足之间设芯范，三足的型腔在芯范上形成。这样，在王家嘴H7：1斝鋬两侧的纹饰区便可见外范范缝（图4.20，3），而斝足外侧、底外的三足之间不见三分外范斝都会出现的范缝（图4.20，3、4），斝鋬也像二里头二分外范的爵、斝一样，两端较粗，其上有泥芯撑留下的条形镂孔（图4.20，2）。

图 4.19　斝的范型

（王家嘴M1：1）

李家嘴M1：13斝的范型也非常特殊。该斝底部圆凸，三个截锥形足，器形异于常见的斝。除了顺延三足设三外范外，三足之间还设有底范，而不是像一般斝那样外范向下兜底。该斝鋬为很特殊地分铸，对其工艺详细的讨论见下一节铸接技术。

斝的浇口设在鋬上最突起的部分，或者设在腹侧纹带范缝的位置，后一位置也是其他容器常见的浇口位置。浇口处的范缝往往宽出0.1～0.2厘米，其上有时可见折断所形成的茬口。

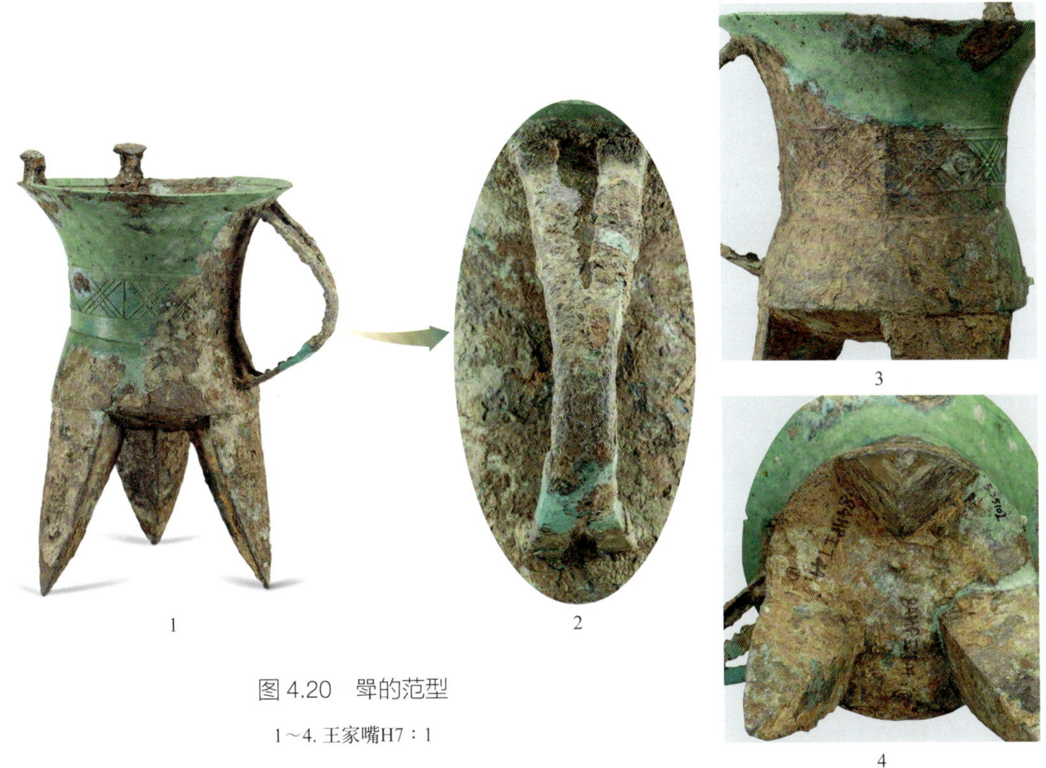

图 4.20　斝的范型

1～4. 王家嘴H7：1

3. 盉的范型

三足酒器中只出土一件李家嘴M2：20盉（图4.21，1），类似形制的封口盉在整个二里冈文化时期也不多见。封口盉在二里头就已出现，这种器体近乎封闭且带管形长流的容器，需要在口部以上的部分再设计范型，合范技术的要求高很多。此外，李家嘴M2：20盉的制作工艺对理解二里头盉的范型会有所帮助。

李家嘴M2：20盉，分裆，腹部及以下结构与分裆斝相同（图4.19、图4.21），二者也有相同的技术处理方式：顺延足外侧三分外范，因此盉在与足外侧对应的纹带处可见范缝（图4.21，4）。盉鋬的处理也一如斝鋬是在鋬处合范，因此与鋬对应的腹壁有长条形范缝，鋬外侧中央有对开的范缝（图4.21，3）。

此盉合范难度在于鋬以上的封口及管形流。盉鋬顶部的平台以及一周凸棱暗示，此处是水平分范之所在（图4.21，3）。封口的盉顶未见范缝痕迹，X射线表明（图4.21，2），管形流与盉顶交接处的凸起只是加强二者的连接，并没有铸接关系。推测盉鋬以上部分的范型是顺沿流的前后分范，即两块外范，并与下部共用芯范。

图 4.21　盉的范型

1～5. 李家嘴M2：20

三、圈足器（簋、觚、壶、尊、罍、盘）

1. 范型

圈足器中簋、尊、罍、壶、盘，虽然器口大小、腹部深度差异较大，但器形结构基本相同，都是由腹部、圈足这两个相背的凹体构成。相同的结构形成了这些器类相同的范型：三块外范，腹内和圈足内各一块芯范（一般将圈足内的芯范称为底范），三外范的分型处为三组纹饰的分界处（图4.22，1、3）。这样的范型理念，以及合范方式与纹饰之间的关联，贯穿于青铜时代的始终（图4.22，2）。

圈足器中觚最常见，其造型简单，器体呈内收弧腰的筒状。觚器形的基本形态也合乎其他圈足器，但范型不同。可能由于器腹直径较小，器外腹铸造时只使用两块外范（图4.23，1）。每周兽面纹或夔纹也相应地分为两组，这种做法一直沿用到商周之际。觚自始至终两块外范的做法，成为中国青铜时代早期圆体青铜容器普遍使用三分范、三组纹饰之外的特例。

杨家湾M17：19觚形器（图4.24，2），横截面为椭圆形，筒形如觚，两侧器口如爵流，又像斝一样带鋬。根据该墓同出爵、斝，由组合形式知其在器类上应该属于觚。类似带鋬的圈足器极为少见，上海博物馆收藏的斜角雷纹觚（《全集》一，图162）是其中的一个例子（图4.24，1）。除了器形特殊之外，杨家湾M17：19觚形器的工艺也很特别。除了底、内芯如同一般觚之外，觚形器在长边的两侧、对应在鋬处的短边两侧，都可见外范范缝。也就是说，这件觚形器使用了4块外范，这与一般觚使用两块外范不同，而与前述斜角雷纹觚一致。鋬的范型更为特别，可以注意到该觚与鋬对应的外壁没有像一般斝鋬处那样为长条形的留白区域，而是没有间断的、连续的圆圈纹（图4.24，4）。在觚鋬的下部外侧，有一般斝鋬那样的纵向范缝，但在鋬上侧的兽首上，则不见范缝痕迹。这些说明鋬处兽首的制作使用了复合范技术（图4.24，3）；而鋬下没有设置鋬芯范。这是目前所见最早的复合范实例，也是最早未见鋬芯范的例子，体现了先进的、向复杂技术演进的方向。

另外，壶的提梁和簋的双耳在结构上比较复杂，并在不同器物上采用了不同的技术手段，包括使用分铸法，这一情况将在下节铸接技术中专题讨论。

1

2

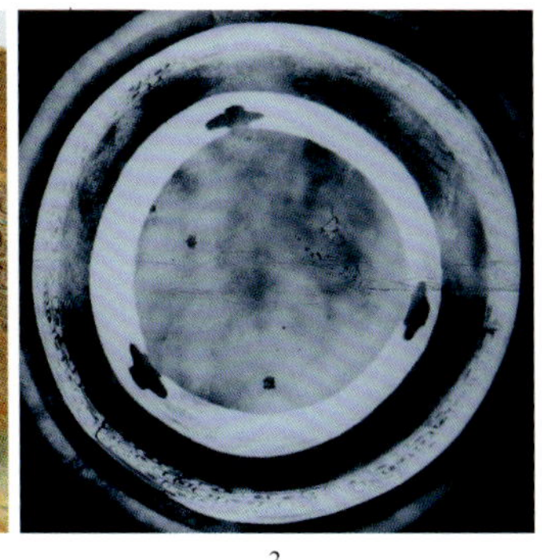
3

图 4.22　盘的范型

1～3. 李家嘴M2：1

1

2

3

图 4.23　觚的范型

1～3. 杨家湾M3：2

1

2

3

4

图 4.24　圈足器的范型

1. 上海博物馆藏斜角雷纹觚（《全集》一，图162）　2～4. 杨家湾M17：19觚形器

2. 镂孔

盘龙城所属的二里冈文化时期的圈足器上都带有镂孔，并成为一个显著的时代特征。镂孔形状多为十字形（图4.22，2；图4.23，2），少数为长方形。除部分觚之外，镂孔多为三个，其位置多与范缝重合。铜觚的十字形镂孔多是两个，镂孔中线与腹部范线重合。带有三个十字形镂孔的铜觚数量也不少，但三镂孔中只有一个与两条范缝中的一条位置重合（图4.23，3）。因此，镂孔与纹饰的位置也没有像其他带镂孔器那样相互对应（图4.23，1、2）。

虽然没有证据，但学者们一般都相信镂孔的功能与合范技术相关①。由于容器一般都是口下足上倒浇的，镂孔除有保持圈足器壁厚薄均匀的功能外，还可能是设置泥芯撑以固定底范、使其与腹部的芯范之间形成均匀的间隙，从而在浇铸时形成底部的器壁。镂孔处于分型面，也容易让人联想到这些技术背景。不过，镂孔的位置总是位于靠近腹底的圈足上部，而圈足垂直于腹底，这样的位置很难发挥泥芯撑的定位功能。如果镂孔有这些功能，则圈足器可不使用垫片。而在盘龙城青铜器中，不少的觚、部分的尊罍以及盘等圈足器，底部都有发现垫片的例子。这些相互矛盾的现象，很难明确镂孔的功能。

一些圈足器，特别是觚，还存在其他方面的技术谜团。李家嘴M1：19觚有大面积的镂空几何纹替代镂孔，是独特的情况。其功能或与镂孔相同，但在视觉效果上增强了美感。铜觚的早晚变化是觚体由粗及细，有的细体觚圈足底部出现折棱，这一特征在随后的殷墟时期青铜觚上普遍运用，未知是否是技术的需求。盘龙城还有的折棱觚在圈足底部与镂孔相对应的位置做出条形缺口（图4.23，1）。缺口在郑州地区的觚上也偶有所见，并非盘龙城觚所独有。此外，这种缺口也见于李家嘴M2深腹簋，缺口的用途也未可知。

第二节　铸 接 技 术

分铸铸接是将青铜器的主体与附件结合在一起的铸造工艺，被结合的二者固结成一个整体而不能发生相对运动。根据附件与主体的相互关系，铸接可以分为先铸和后铸两种形式。先铸是一个或多个附件先铸造成形，在铸造主体时，将附件安置在主体型腔内浇注主体，凝固后实现附件与主体的结合。后铸是在主体成形后，在其相应位置组合附件的铸型，浇注冷凝后固结在主体上。铸接工艺是铸件制作工艺的一部分，为了铸接牢固，结合部位往往设置有榫、卯、孔、环等结构，便于青铜注入、冷凝后结合紧密。由于是两次浇注，二者往往留有缝隙或叠压的痕迹，有经验和知识者肉眼或能观察出来，甚至可判别属于先铸抑或后铸。也有的铸接没有任何破绽，需要使用超声波探伤、X射线透射成像以及CT扫描等目前采用较多的手段来观测。

有所区别的是青铜环与突榫或环间的连接，虽然也是分别铸造而后结合，却和铸接的固结不同，可以相互运动，可谓之链接。

盘龙城青铜器中有四件采用了铸接工艺，均出自李家嘴1号墓，分别是M1：12斝、M1：13斝、M1：9壶和M1：5簋，以下按器类分别讨论。

① 刘煜：《殷墟出土青铜礼器铸造工艺研究》，第276～284页，广东人民出版社，2019年。

一、斝

1. 李家嘴M1：12斝

出土时口沿大半连同一柱残失，腹壁厚1.5毫米（图4.25，1）。内弧沿加厚约1毫米，其上生四棱形截面立柱，外侧两棱尖锐，内侧两棱圆滑，立柱上粗下细，柱头上有伞形柱帽，光素，柱帽下面有一水平披缝。中腹饰宽线浮雕形纹带，由一组兽面纹和两组夔纹组成，纹线规矩。右侧纹饰组高于左侧纹饰组，是错范所致。扁平C形鋬起于上腹而收于下腹中，两端较宽、厚，中腰较窄、薄；外有中脊形披缝，且有错范痕迹，左侧较右侧高约4毫米（图4.25，2）；鋬明显与腹部分离，X射线也表现出这一点，其显然系分铸成形（图4.25，4）。腹部的另外两条披缝，胡家喜等认为其中一条的腰部设浇道[①]，残迹长20、宽1.8毫米；下腹光素。

底略外突，外有Y形披缝，交汇点在底中央，为一枚垫片所占据，且蚀出一孔洞，尺寸为6毫米×6毫米。底部X射线可见部分垫片依然存留，并表现出斝底有些许缩松（图4.26，3）。三只四棱形锥足承器，四面均微弧鼓，朝外两面窄而另两面宽，此类足从三角形截面足的外面起脊棱形披缝发展而来，外棱即披缝设置之处，自足尖贯通至口沿，三足的披缝右侧均高于左侧约1毫米，错范一致（图4.26，1、2），和腹部纹饰错范也一致，是斝铸型不分上下段的证据。足中空与腹腔贯通，足端尖利，一足残失，另一足尖残断。足部样品化学成分为铜71.59%、锡3.92%、铅24.45%，有微量锌和铁[②]。

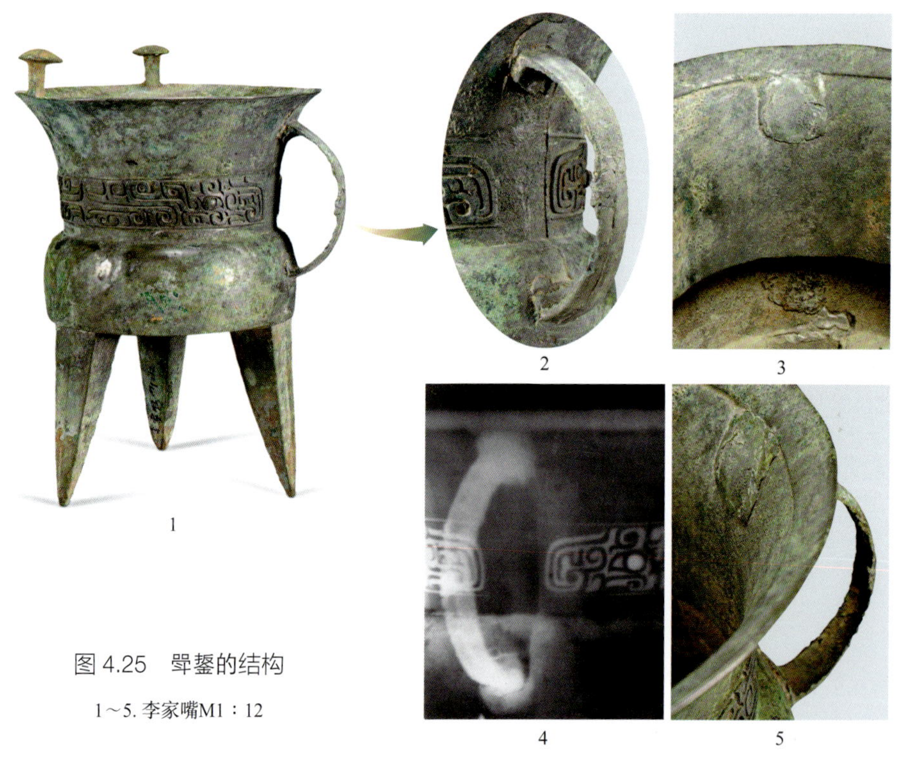

图4.25　斝鋬的结构

1～5. 李家嘴M1：12

① 胡家喜、李桃园：《盘龙城遗址青铜器铸造工艺探讨》，《盘龙城（1963～1994）》附录七，第576～598页。

② 湖北省博物馆：《盘龙城商代二里冈期的青铜器》，《文物》1974年第2期。

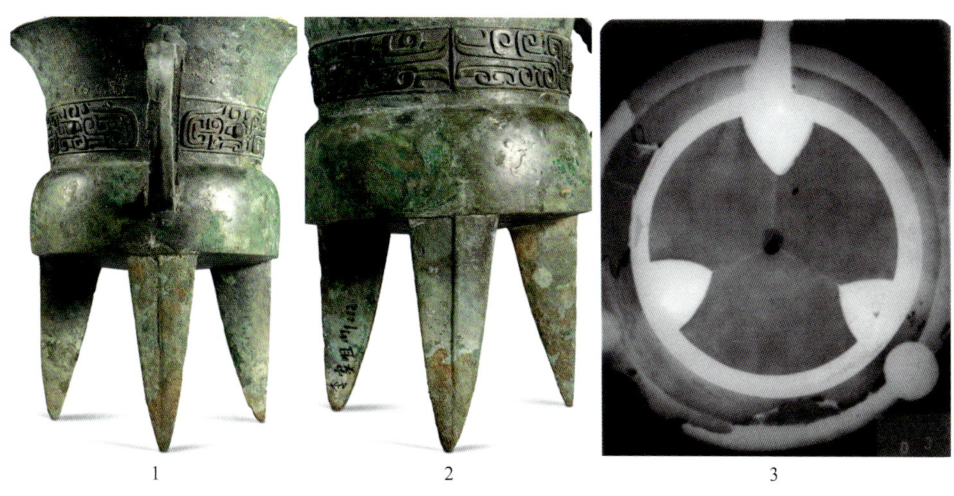

图 4.26 斝的范型

1～3. 李家嘴M1：12

这件斝的最大特点在于鋬的分铸。鋬与腹部结合处上下各有一块类似贴片的铆头贴附在腹内表面，且与腹部有间隙（图4.25，2）；在腹内的鋬与腹壁结合处，相应地也有类似于补块的突起，上大下小，形状不规则（图4.25，3、5），也可见到与腹内壁的明显分离，50倍视场下可见铆头平光，略经打磨，上有少量气孔（图4.27）。在X射线中，鋬根厚而毛糙（图4.25，4）。说明鋬是后铸到器腹的，鉴于腹壁厚仅1.5毫米，而为了使后铸的鋬与腹部连接牢靠，在腹内、外壁设置补块状结构夹持之。内壁的补块类似于铆钉，可称之为铸铆式铸接。实现这一设计的途径，需要在鋬到腹的两个结合点各设一个工艺孔，内壁范具有"铆头"铸型、外壁组合鋬铸型，鋬同样是纵向分型，二范与鋬下泥芯组成铸型，腹壁的工艺孔在型腔之中，浇注时，青铜流过工艺孔充满腹内、腹外型腔。在鋬左侧中腰有突起，可能是后铸鋬的浇道所在（图4.25，2）。

再看器腹，鋬下的纹带为鋬所打断并形成空白（图4.25，2），其右侧垂直披缝明显，且联系鋬到腹两结合点的右侧，空白左侧披缝比较明显（图4.26，1），连接鋬至腹两结合点的左侧。这两道披缝和盘龙城其他斝的披缝相同，是鋬下泥芯与两侧范的结合面。若设计鋬后铸，腹部纹饰当不受鋬影响，既不会被鋬打断而尽可完整，也不可能在腹部遗留鋬下芯

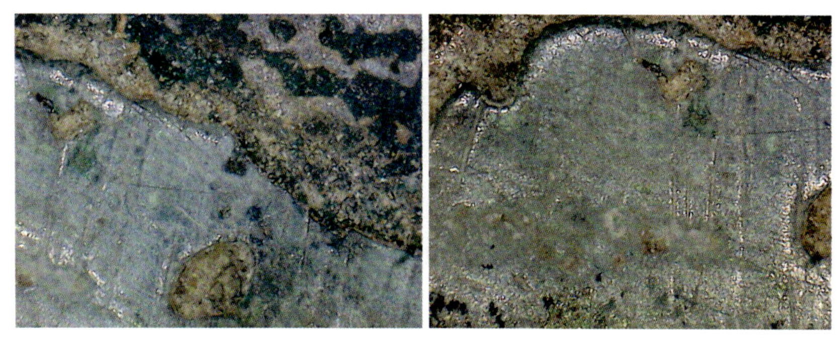

图 4.27 李家嘴 M1：12 斝腹内铸铆头微痕

（放大50倍）

的披缝。所以，这件斝后铸鋬不是初始的设计，而是出现了鋬残断或未浇足缺陷，或者别的原因需后铸鋬，鋬属于补铸。

原铸的斝应和盘龙城五期其他斝一样的铸造工艺，出于未知的原因，最大可能是凝固时在鋬根形成裂纹，使鋬从根部残断，于是在鋬根开孔而后铸了鋬。

2. 李家嘴M1：13斝

此斝出土时上腹残去近半，一足曾残失补铸，两足下段补铸（图4.28，1）。中腹饰三周凸弦纹，纹线宽窄高低不一，彼此平行度也不够。下腹饰三组宽线兽面纹，兽面纹上下两边都镶以圆圈纹；纹饰组界有垂直的披缝痕迹。片状C形鋬若半圆环，生于口沿上腹而收于下腹中部，两头宽而中腰略窄，外侧有中脊形披缝，上有浇道残茬，糙面，说明浇道被打掉后没有经过仔细磨砺（图4.28，3）。鋬两侧有向内的披缝毛疵，在上、下端特别明显。鋬下的腹部没有披缝痕迹，凸弦纹通过而未经扰动。鋬根部有明显的分铸痕迹，鋬叠压在腹壁和下腹纹饰上。上腹的一道凸弦纹完整，其下有一孔洞（图4.28，3），也说明鋬是分铸且后铸的。

斝底略外突，底部有近圆环形铸造披缝，从三足中部穿过（图4.29，1），并和足侧面的铸造披缝契合（图4.29，4），说明其铸型是三块腹范和一块圆形底范的组合。三空心锥足承器，足的空心与斝腹腔贯通，相贯处以小圆角过渡（图4.29，2），说明足芯和腹芯应为一体。底部X射线没有发现垫片痕迹（图4.29，3）。

这件斝还有一特点在足部。原铸的完整的足只有鋬下的一只，属于截锥足，截面近似椭圆形，周向列置，即最大面在圆周方向，和盘龙城所出土大多数鼎、鬲的径向列置不同。形状如锥足被截去下段，足端为一平面（图4.30，1），和其他三足器足端尖利也不相同，是故此足较短。这件足两侧和外面正中都有垂直的脊棱形披缝，两侧披缝和底部的环形披缝重合，是其中的一部分（图4.30，1）。另外两足，一足完全补铸（图4.30，2），空心并与腹

图 4.28　斝鋬的结构

1～3. 李家嘴M1：13

图 4.29　斝底的结构

1～4. 李家嘴M1：13

图 4.30　斝足的特点

1～3. 李家嘴M1：13

腔贯通，在腹内可见相贯线周围有不很规矩的、与底有缝隙的环状凸起，突起约1毫米，上面还有若干气孔；在腹外有清楚的铸接痕迹叠压在底上，也覆压在环形披缝上，但足两侧却没有与环形披缝一致的披缝，反倒是有径向披缝痕迹，且足下段有再次补铸的痕迹（图4.30，2）。图4.30，3表明足上段为原铸，足下段进行了再次补铸，分层明显，补铸的部分有叶脉形凸线。

这件斝鋬为后铸，其外观和李家嘴M1：12斝相同，但腹内壁没有补块形突起，且鋬下凸弦纹完整，推测此斝鋬的分铸是有意设计。后铸没有采用两面夹持腹壁的铸铆式铸接，或许在腹部与鋬的结合处预铸凸榫的榫接式后铸。铸接时在凸榫上组合鋬的铸型，也是两对开范与鋬芯组成，凸榫在其型腔中，浇道设置在对开分型面上，浇注后即实现了铸接。由于铸型与腹壁结合不够紧密，青铜从斝腹部表面流出，形成跑火缺陷，损及腹部纹带。此一推测能否成立，将来有待CT扫描分析。

特别值得注意的是，此器没有垫片设置，和足的补铸有密切关系。如同李家嘴一号墓出土的M1：1鼎，其三足的补铸，有理由推测完全补铸的一足，原设计仅成一孔用于设置泥芯撑（头），用以支撑腹芯和保证型腔尺寸。此孔即工艺孔，补铸时为使其与腹底连接牢靠，在腹内带有足芯的范上刻出环形槽，浇注的青铜注满此槽再形成足，与足外叠压底部的部分夹持腹底。此斝的铸造工艺虽和李家嘴M1：1鼎注入内壁、环形槽和外壁有所差异，但基本的工艺思想一致。无独有偶，这件足下段也经过二次补铸，或与李家嘴M1：1鼎有相同的原因。

李家嘴M1：12斝和M1：13斝，鋬均为后铸，后者是原本设计的工艺路线，前者可能是补铸。具体工艺上，前者是铸铆式后铸，后者是榫接式后铸。这是铸接首先出现、源于补铸的不可多得的例证。

二、簋（李家嘴 M1：5 簋）

此簋侈口，折沿，沿下之颈未收束，饰两周凸弦纹。鼓腹，饰宽带兽面纹，由三组宽线兽面纹组成，每组兽面纹两侧各置一夔纹，并与邻组夔纹构成倒置兽面纹，纹带下有一周凸弦纹，细阳线垂直，应自口沿贯通圈足底沿，但未打破腹部凸弦纹（图4.31，1）。此簋三组兽面纹之间均见明显的披缝，表明簋腹为三分范（图4.32，2）。

需要特别关注的是簋耳，一对C形耳生于颈部，上端硕大而扁宽，作兽头形，额顶与口沿平齐，其上饰兽面纹（图4.32，1），下收于纹带下栏，叠压着颈部的凸弦纹（图4.32，2），耳根部略粗，中部细弱。耳与腹壁中间有缝隙（图4.32，4），说明双耳分铸，而耳叠压在腹壁上（图4.32，3），说明双耳后铸。而早年的研究认为这件簋“应是分铸附件后再通体合铸”，其含义是双耳先铸，显然有误[①]。在耳与腹壁结合处，腹内壁都有三个排列成倒“品”字形、形状不太规则的饼状突起，形似铆头，位于口唇之下（图4.33，2、3）。这组铆头和簋耳一体，是附耳后铸为强化附耳与簋腹结合而设的特殊铸接结构。具体制作时先铸簋腹，在设耳处预铸三个工艺孔。制作耳的铸型时，腹内泥芯上有三个铆头的型腔，腹外由耳的一块

① 湖北省博物馆：《盘龙城商代二里冈期的青铜器》，《文物》1976年第2期。

1

2

图 4.31　簋的铸型

1、2. 李家嘴M1：5

1　2　3　4

图 4.32　簋的双耳结构

1～4. 李家嘴M1：5

迎面范、两块侧面范和一耳芯组成；组装铸型时，工艺孔在型腔中；浇注时，青铜流过工艺孔充满铆头的型腔、工艺孔和耳的型腔，凝固后，耳牢牢地铸接在腹壁。这种耳的后铸铸接和李家嘴M1：12斝鋬的铸接相当一致，同为铸铆式后铸，但簋更为精湛和典型。

胡家喜文讨论此簋耳的分铸，指出“其簋体的浇口设置仍在圈足上，而在簋体与簋耳相接处预留簋耳的三个浇口与气孔”，并给出了后铸簋耳的示意图（图4.33，1）。胡文的分析是正确的，但示意图表明后铸的双耳从簋腹内浇注则缺乏依据。鉴于簋腹内操作空间狭小，或许外边浇注更为方便。此外，此文所提及的“预留气孔”也不知所指。

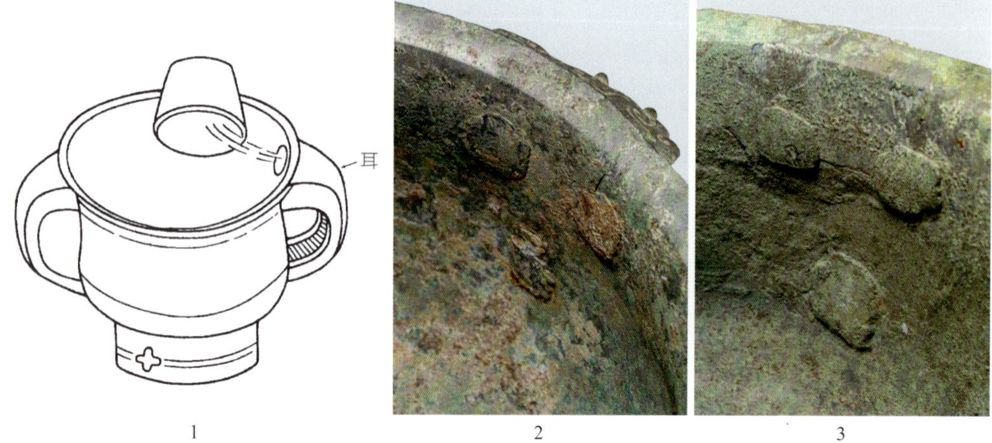

图 4.33　簋耳铆头浇注示意图

1～3. 李家嘴M1：5

华觉明等早就指出，该簋是当时所知“最早使用分铸法的青铜器件”“簋体先铸，簋耳后接，属于后铸法中薄壁件的铆接式铸接”，还进一步对比盘龙城李家嘴PLM2出土的无耳簋，指出后者较早，而分铸就发生在二者之间[①]。贝格立和其他学者也注意到这一点，并认为盘龙城簋双耳的分铸是最早的部分分铸实例[②]。这种铆头设计，即是为了强化后铸双耳与腹部的结合，铆头形状不规则，表面光素。

圜底下以圈足承器，圈足上部一周设三个均匀分布的十字形透孔，一周凸弦纹贯穿其中，孔内大外小，是由圈足芯自带泥芯撑形成（图4.34，1）。底部X射线显示其表面有使用垫片痕迹，但分布尚不清楚（图4.34，2）。

图 4.34　簋的底部

1、2. 李家嘴M1：5

① 华觉明、冯富根、王振江等：《妇好墓青铜器群铸造技术的研究》，《考古学集刊》第1集，第264页，中国社会科学出版社，1981年。

② Robert W Bagley. *Shang Ritual Bronzes in the Arthur M. Sackler Collections*. Harvard University Press. 1987: 42. 河南省博物馆：《河南三门峡市上村岭出土的几件战国铜器》，《文物》1976年第3期。但该文认为具体工艺是“器身和耳饰分开铸造，然后铆合成为一体”，分铸的认识是正确的，但铆合的看法不确，应是铸铆接式后铸结构。

三、壶（李家嘴M1：9壶）

此器也被称为卣，出土时下腹残破。截面圆形，有盖，有∩形提梁。盖以子母口与壶口结合，子口不甚平齐，厚度在1.5～2毫米。盖内平滑，盖面隆鼓，满布纹饰，中心设拱形纽，纽上有置芯的痕迹。环纽一周有三组纹饰组成的环形纹带，内外均以圆圈纹镶边，外侧圆圈排列较内侧齐整，但约1/6的圆圈不存（图4.35，1）。腹部有一补块，推测是浇注后形成了较大气孔而补铸的，在X射线中亦是如此（图4.36，3）。盖面纹饰完整流畅，没有铸造披缝痕迹。胡家喜等认为盖的铸型是一块盖面范、两块侧范与芯组成（图4.35，2）。

李家嘴M1：9壶腹部圆鼓，有长颈，颈部饰三周凸弦纹，弧肩根部对设两半圆环耳，位置不在分型面上，跨在肩部纹带上并打破圆圈纹，为提梁端环所环接（图4.37，3）。肩部饰一周由六组细线夔纹组成的纹带，上以圆圈纹镶边；纹带下有两周凸弦纹。在近披缝的上凸弦纹边可见两枚垫片痕迹（图4.37，3），另一侧未见，或许使用了更多垫片。

腹部一周饰三足兽面纹，兽面纹有窄矮而直的鼻，纹线宽而流畅。纹带上下各夹一周圆圈纹。壶正面的一组兽面纹两端为铸造披缝，位置对应镂孔。另一面两组兽面纹的交汇处也有一条披缝，对应另一个镂孔（图4.35，2）。披缝位于纹饰组的分界处并通过圆圈纹，圆圈纹在此为披缝让出空间（图4.37，3），但兽面纹的鼻则不影响圆圈纹（图4.37，8），说明不在此处分型，可见壶的腹部为三分外范。

圜底近平，下接圈足，圈足顶有一周均匀分布的三个透孔，位置与腹部纹饰组分界一致，即位于分型面上，但其四周却未见披缝痕迹（图4.36，1）。三透孔均是外小内大（图4.36，2），说明由圈足芯自带的泥芯撑成形。X射线显示其底部有四枚形状不规则的垫片，分布无序（图4.36，3），或许原设计垫片的布局为方框形，因浇注过程中发生漂移所致[①]。

1　　2

图4.35　壶的铸型

1、2. 李家嘴M1：9

一个中间为菱形、两端为环形的链节，在两端分别链接盖纽和提梁，三者均是链接关系（图4.37，2、4），以防壶盖遗失。链节为平板状，环的截面为梯形，上窄下宽，即环孔外大内小。说明其分型面在底侧，而孔芯由上面范自带（图4.37，7），型腔在上面范，底面范为平板状。在链节两端均可见切口，和盖纽一端所连部分横直（图4.37，6），而套在提梁一端为弧形（图4.37，

① 苏荣誉、胡东波：《商周铸吉金中垫片的使用和滥用》，《饶宗颐国学院院刊》创刊号，第131、132页，2014年。

1　　2　　3

图 4.36　壶底的结构

1～3. 李家嘴M1：9

1　　2　　3　　4　　5　　6　　7　　8

图 4.37　壶盖链节的结构

1～8. 李家嘴M1：9

7），两端均有垂直的披缝形突起（图4.37，7），胡家喜等认为是披缝。事实上，该链节是两次铸造完成的，首次铸造成两端呈叉口的透空片，再套合到盖纽中并制作铸型将切口铸封，铸接痕迹明显（图4.38）；然后套合到提梁上进行铸封。因此，链节上的垂直铸造披缝实际上是铸接痕迹。可以视为补铸环的切口，这是盘龙城青铜器又一铸接实例，它和补铸有密切的关系。

提梁为∩形绳状，两端为圆环，环端有如同链节一样的切口，与肩部半圆形环耳套合后铸接封闭实现环接（图4.39，2、4），胡家喜文已指出清楚的铸接痕迹。提梁粗细不匀，最大尺寸为101毫米×104毫米，最小尺寸为58毫米×84毫米，可见编结草的纹理（图4.39，

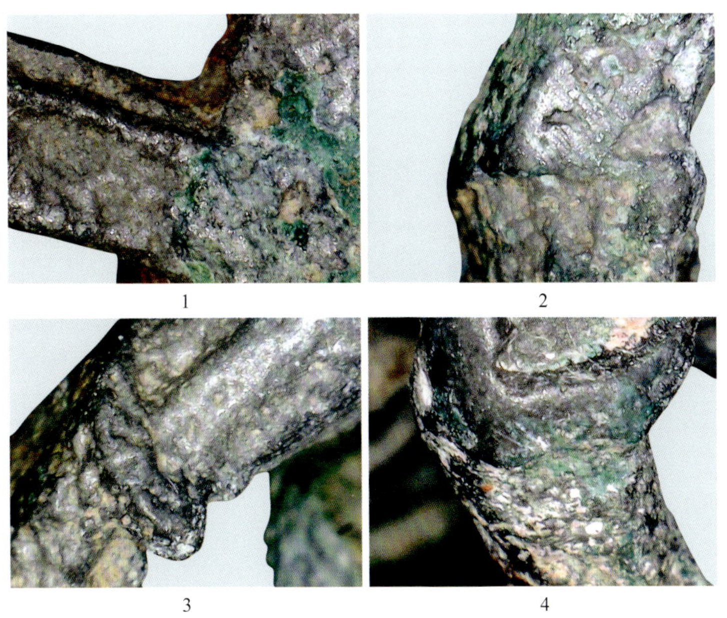

图 4.38　壶盖链节铸接微痕

（放大50倍）

1～4. 李家嘴M1：9

图 4.39　壶提梁的结构

1～4. 李家嘴M1：9

3），两侧面均有清晰披缝和些许错范痕迹（图4.39，1、3），其中一处磨错面较大，应当是铸造提梁浇道的孑遗。张昌平和李桃元曾指出，此器是中国古代青铜器中最早使用链接分铸的器物[①]。

万家保等在研究早年殷墟西北岗M2046出土的卣R1072时，指出“耳及提梁皆呈组索状，且其纹理与绳索无异，疑其模型即系绳索。提梁侧似有范线（按：即披缝）”，铸造之器的提梁“绳索纤维之纹理仿历历可见，梁之两侧还有范线，为两瓣范组成”[②]，谭德睿等在分析上海博物馆藏绳索状提梁戈鸮卣，发现提梁上仅在两端有垂直披缝而其他部位没有，指出没有披缝的部分提梁是焚失法而为，即以绳索为模，糊泥为范，范干燥后烧去绳索形成铸型，两端则对开分型，并成功地进行了复原试铸[③]。此壶提梁两侧的披缝贯通提梁，应是以绳索为模翻制二范组成的铸型，两端环的泥芯两范各自带一半。从纤维粗糙程度看，绳索应是草类搓成的，胡家喜等则认为是麻绳。

四、结语

铸接是泥范块范法铸造青铜器技术体系内的一大发明，这一工艺既克服了块范法铸型的局限，铸造复杂形状的器物，也可以突破熔炼、工装的限制，铸造大型器物。可以认为，分铸铸接的发明，提供了青铜器复杂化和大型化的工艺基础。二里头文化是中国青铜时代的开端阶段，已建立起了泥范块范法的技术体系和传统。不过，迄今尚未有该文化青铜器分铸铸接的报道。因此，探讨二里冈文化时期分铸铸接工艺的起源，盘龙城青铜器则应该是焦点。

巴纳教授提出，铸接源自补铸[④]。贝格立教授也认为铸工从补铸发明了后铸[⑤]。华觉明教授等指出，“分铸法是从器件的补铸发展而来，最早可能是在二里冈时期用铆接式的后铸法于薄壁的簋上加铸簋耳，又用多次铸接的方法连接卣的各个部件，如盘龙城李家嘴一号墓所出铜卣便采取了这种做法。稍后，在斝、爵柱纽的制作上，采用了榫卯式先铸法。到殷墟前期，在较为厚的器壁上铸接器鋬等附件，榫卯式的后铸法，得到了很大发展”[⑥]。

盘龙城这四件青铜器，属于中国古代青铜器中最早一批铸接的器物，不同的铸接背景可能不同。李家嘴M1：9壶的提梁、链节切口的铸封，应该是技术上的限制使其不能一次性完成铸件。李家嘴M1：12斝鋬的后铸是对失却鋬的一种补铸，很好地体现了分铸与补铸的关系。而李家嘴M1：13斝鋬的后铸，是在铸造前即设计的技术路线，是一种求新的创造和尝试。

---

① 张昌平、李桃元：《盘龙城出土的商代青铜容器类说》，《故宫文物月刊》（台湾）2002年第5期。

② 李济、万家保：《殷墟出土五十三件青铜容器之研究》（古器物研究专刊五），第37页，图版41，“中央研究院”历史语言研究所（台北），1972年。

③ 谭德睿、徐惠康、黄龙：《中国青铜时代陶范铸造技术研究》，《考古学报》1999年第2期。

④ Noel Barnard, Sato Tamotsu. *Metallurgical Remains of Ancient China*. Nichiōsha, 1975: 9.

⑤ Robert W Bagley. The Zhengzhou Phase (The Erligang Period). In Wen Fong edited. *The Great Bronze Age of China: An Exhibition from the People's Republic of China*. The Metropolitan Museum of Art, New York, 1980: 99.

⑥ 华觉明、冯富根、王振江等：《妇好墓青铜器群铸造技术的研究》，《考古学集刊》第1集，中国社会科学出版社，1981年；见《中国冶铸史论集》，第126页，文物出版社，1986年。

第三节 辅助技术

二里冈文化时期的青铜器铸造处于发展而尚未完全成熟的阶段，一些在成形、铸接之外的技术在这一时期显得非常突出，值得专门讨论。以下分述器表的处理、补铸和芯撑技术。

一、器表的处理

铸造是将铜液浇注到陶、石等质地的型腔中以形成铸件，因此往往会留下浇道茬口、合范毛边甚至浇不足等表面不甚光洁的问题。新石器时代末期的刀、锥等工具上，浇口处往往会被处理打磨。可见，铸后对于器表的清理和打磨，是铸工自来的传统。不过，对于青铜容器这样成形面积很大的铸件而言，获取完整、光洁的铸件不仅需要铸后打磨等处理，还需要铸前的技术准备。学者在通过对殷墟文化青铜器的试铸实验中注意到，陶范材料的配方能够改善铸造的充型性能，并可以避免铸件出现气孔、凹陷、纹饰不清等浇不足的现象[①]。换言之，金属熔化、铸型材料、合范方式等铸前的技术准备，都会直接影响铸件成形质量，甚至会形成严重浇不足的废品。

在青铜时代起始阶段，青铜容器的器表处理就有着很好的控制方法。二里头文化时期的容器都不见明显的浇铸不足或范缝毛边，显然是经过铸后的处理。不过这些青铜器的表面普遍比较粗糙（图4.40，1），与二里冈文化时期青铜容器光洁的表面有一望可知的差距（图

1

2

图 4.40　器表的处理

1. 二里头87VM1：1网格纹鼎　2. 李家嘴M1：2鼎

① 谭德睿、徐惠康、黄龙：《中国青铜时代陶范铸造技术研究》，《考古学报》1999年第2期。

1

2　3　4

图 4.41　器表的处理

1～4. 李家嘴M1：12斝

4.40，2；图4.41，1）。二里头文化绿松石青铜牌饰装饰复杂的兽面纹还暗示，此时期青铜容器纹饰简单或缺失，很可能是在铸造技术上难以完成复杂装饰的环节。

二里冈文化时期青铜容器器表不仅可以完成施加宽带纹饰这样技术要求较高的环节，器表的光洁程度也达到了一个全新的、具有普遍性的水平。这其中的一个技术环节，应该是铸工在铸前的合范环节，就是在为器表外观的整洁做准备。其中的一个具体做法是掩饰非纹饰区域的范缝。盘龙城青铜器中几乎所有非纹饰区域都不见范缝，这应该是在合范时对分型面进行了遮掩处理。例如斝类器在纹饰、三足等难以遮掩的区域范缝明显，而在开放的器壁则很光洁。李家嘴M1：12斝一足对应的腹壁光洁（图4.41，2），另一足对应的腹壁罕见地有较浅的范缝（图4.41，3）。这些范缝的形态还表明，遮掩范缝应该是在铸前合范环节完成的，而不是依靠铸后打磨处理。如此方式是这一时期青铜容器的一个普遍现象，说明该技术已经得到了推广和运用。

盘龙城大部分青铜容器造型规整，器体轮廓性很强，对器物普遍施加装饰，同时器表的外观光滑整洁，这些表明当时对于青铜器外在表现力的重视。李家嘴M1：7罍器形曲线的规整度、器表和纹饰的平整度（图4.42，1、2），表明其外观已基本摆脱了陶器的原形。这件罍（图4.42，3）和李家嘴M2：10+斝的宽带纹饰（图4.43，1），充满雕刻的力度。可以注意到，这些纹饰不只是凸起的表面光洁，纹饰凹入的底部也很平整。这种平整不可能依靠打磨获得，而应该是范型材料具有良好的铸后脱范性能。同时，这些青铜器上凸起的纹饰包括与光洁区域相连的弦纹，其上并没有打磨会涉及的迹象。此外，李家嘴M2：10+斝腹内壁不在同一平面，外底部分布有范缝，都不适合进行打磨。但这些区域都较规整，也都不应该依靠打磨形成。总而言之，盘龙城所在的二里冈文化时期青铜器光洁的器表并非完全依靠打磨获得，追求器表外张力已经成为一种普遍的文化现象。这也说明青铜器作为礼器外在的、社会性的特质开始被强调，或者说，二里冈文化时期青铜器作为礼器的性质已经成为当时社会的追求目标。

图 4.42 器表的处理

1～3. 李家嘴M1：7罍

图 4.43 器表的处理

1～3. 李家嘴M2：10+斝

二、补铸技术

二里冈文化时期，郑州商城、盘龙城等中心聚落，甚至西吴壁等生产性城市的较高等级墓葬普遍随葬青铜容器，说明当时贵族使用成套青铜容器已成为社会常态，青铜器生产产量较之二里头文化时期有大规模的增长。在此社会需求快速增长的背景下，生产技术也有明显的进步，其表现在能够生产繁多类别、形态复杂的器物，使用铸接技术来处理提梁、器耳等高难度附件，普遍施加装饰纹样等。不过，这一时期的技术缺陷也明显存在，铸件上频繁出现的补铸就是一大表现，这在盘龙城青铜器中尤其较为多见①。

一些看上去完整、成形的青铜器，实际上可能经过了不止一次的补铸。李家嘴M1：2鼎上腹饰兽面纹，是第二期青铜器中外观较为精致的容器。不过此鼎在口沿之下、底部多处补铸，三足中也有两足在不同位置补铸（图4.44）。这些补铸可能也有不同的性质，一是针对浇铸缺陷进行的补救性补铸，二是对使用后破损的修补性补铸。虽然很多时候很难分辨这些

① 补铸现象需要近距离观察或者通过透视检测。郑州商城青铜器缺乏类似的研究，不过相信补铸情况也不在少数。

图4.44 补铸

1~5. 李家嘴M1：2鼎

不同，不过像李家嘴M1：2鼎口沿下的补铸痕迹（图4.44，2），不应该和使用相关，而应该是补救性补铸。而像上节铸接部分涉及的李家嘴M1：13斝，器底有反复叠压的补铸，相信大部分属于使用后的修补。不少青铜器对垫片所在处进行补铸，这很难判断此处垫片是浇注时结合不好的脱落还是使用之后的脱落。

一些补铸明显是有针对性和设计性的。李家嘴M2：20盉器形复杂，如成形技术一节所述，该器各部件是浑铸而成（图4.45，4）。这样显然要求有很高的合范技术，同时也需要有对应的辅助性技术。X射线显示，盉底部有三个补铸（图4.45，2），补块周边有明显的缝隙，这是器体成形之后补铸容易产生的缺陷。补块在器内底也可清晰地观察到（图4.45，1），其大小约为2厘米。同时，X射线还显示，在盉的颈部与三足外侧对应处也各有一不规则形垫片（图4.45，3、5、6），长0.6厘米左右。此盉颈部的三处垫片和底部的三处补铸均呈等距、规则地分布，合乎盘龙城容器一周三垫片的分布形式。不过，盉底部的三处补铸孔洞远大于颈部垫片位置，该处在补铸之前应该不是设置垫片，而是泥芯撑。这说明垫片技术要求高于泥芯撑，也说明李家嘴M2所在的阶段垫片技术尚不成熟。

补铸实际上都是对不成熟技术所作的补救，盘龙城青铜器中也有不少类似的例子。李家嘴M2：55鼎，口径21.4、通高35.6厘米（图4.46，4），是二里冈文化时期的大型青铜鼎之一。此鼎除了腹部的补铸之外（图4.46，2），底部的两足以及三足之间的底部亦多次补铸（图4.46，1、3、5、6），特别是底部的三个补块都超过了5厘米，应该是原来存在较为严重的浇不足情况。此鼎腹壁无纹饰的区域范缝也很明显，说明当时对大型铸件的操作并非像普通青铜器那样有把控。

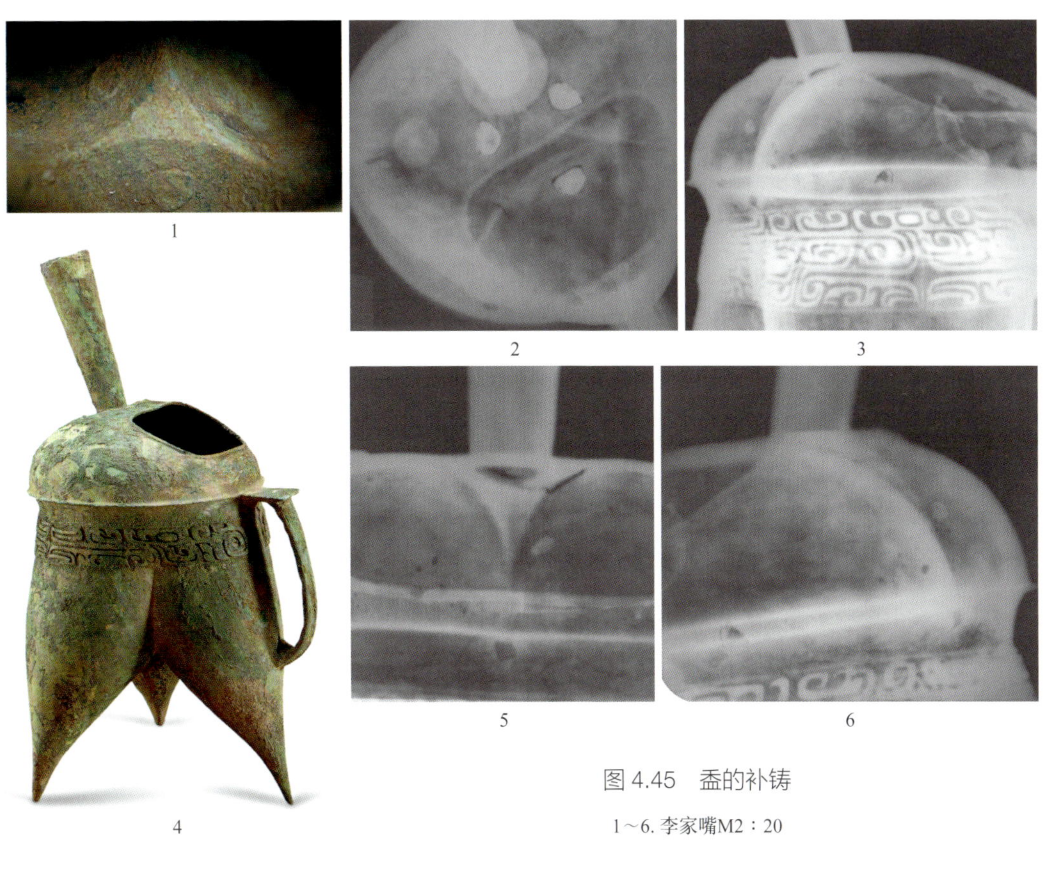

图 4.45　盉的补铸

1～6. 李家嘴M2：20

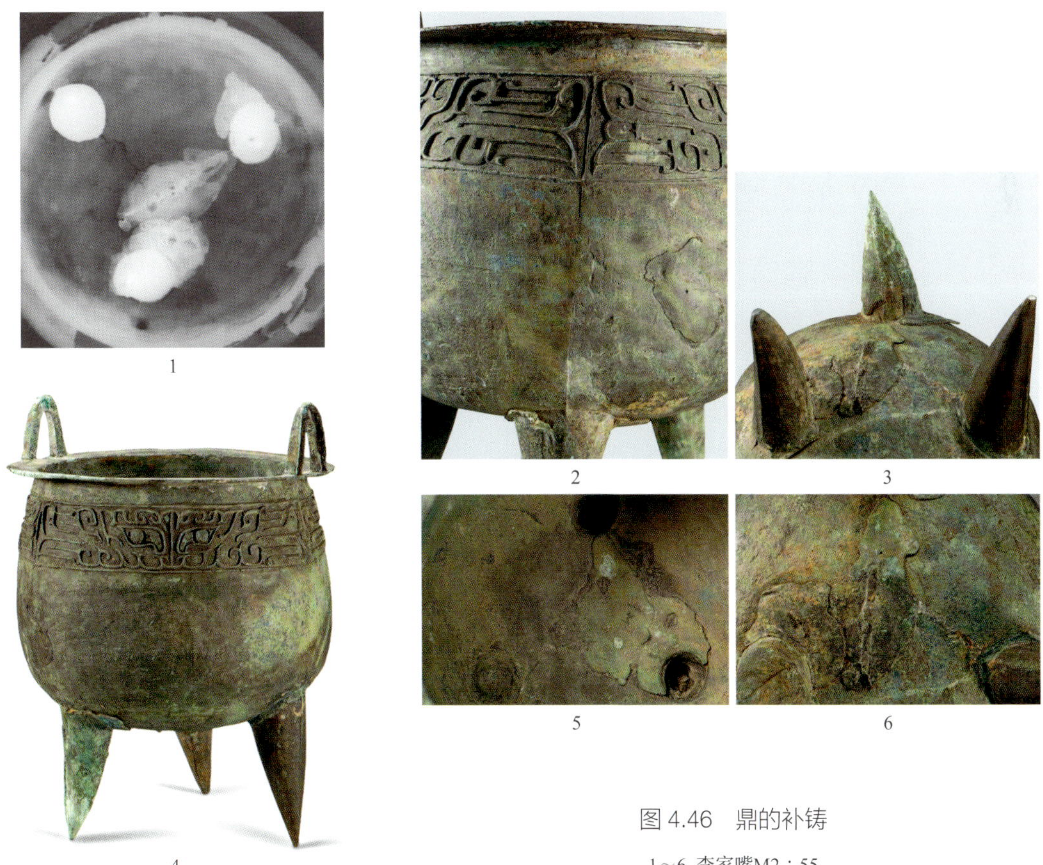

图 4.46　鼎的补铸

1～6. 李家嘴M2：55

大型、厚重的铸件要求更高的浇注技术，二里冈文化时期制作大型青铜器的技术高度显然还有欠缺。李家嘴M2：15钺，通高41.4、刃宽26.7厘米，重3.85千克，器形高大厚重，是商代前期最大的钺之一。此器外观完整，器表光滑，两面各饰三个夔纹，纹饰清晰有力度（图4.47，1、3），被视为二里冈文化时期兵器的代表作，也代表了器主作为盘龙城最高首领的社会地位。铸造上，钺为对开范型，而穿部设有泥芯（图4.47，5）。不过，X射线表明此钺下部有几处较大的孔洞（图4.47，2），内部有一条较为明显的分界线，分界线两侧明暗不同，显示内部可能经过铸接。实际上，肉眼观察内部，亦较为容易看见内部两侧的铸接痕迹（图4.47，4、6）。此钺应该是以内部为浇口，第一次浇注时在内部充型不足，而再次对内部进行补铸的。换一个角度，内部也可谓铸接而成，由此也可以理解过去学者认为铸接技术源自补铸的说法。

图4.47　钺的补铸

1～6. 李家嘴M2：15

1

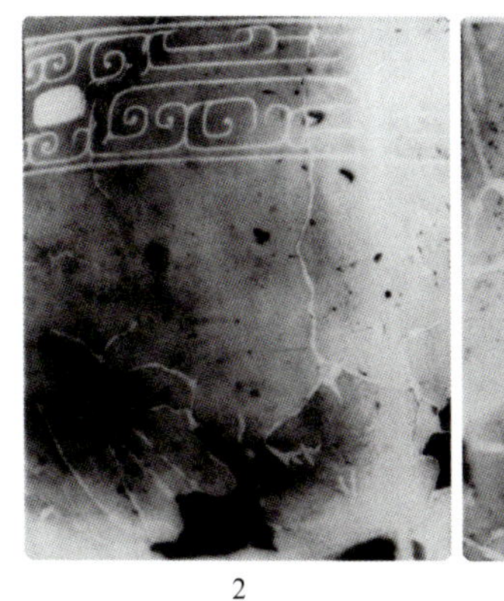

2

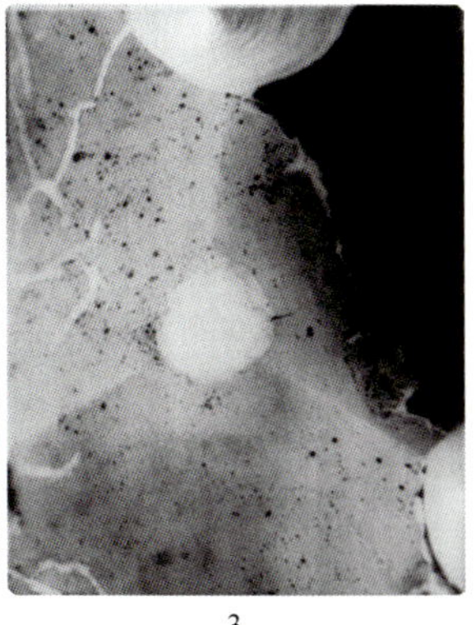

3

图 4.48　鼎的补铸与缺陷

1～3. 杨家湾M11：16

杨家湾M11：16鼎，口径55、复原高85厘米，被称为商代前期最大的鼎。不过此鼎出土时与尊一起呈碎片状堆放，鼎碎片计有17片[①]（图4.48，2、3），这与M11其他大部分青铜器比较完整的情况不同。根据负责修复的胡家喜描述，M11：16鼎的碎片状况是“保存下来的30余块残片中较大的仅有几块，其余全是小片”“残片大小不等，最大的一块有60厘米×50厘米，最小的一块只有3厘米×5厘米。所有的残片都是不规则的卷曲形态，口沿残片卷成麻花状，腹部残片的花纹有不少破裂痕迹，有的仅一丝相连，有的一端内翻卷折叠，有的残片卷成‘S’形，底部残片卷成长条直角状。这件铜鼎还缺少一耳，缺失三足”“考古学者推定有可能是人为打碎”[②]。实际上，此鼎出土状况与盘龙城所见碎器葬不同，鼎只剩若干碎片、碎片卷成麻花状更合乎浇铸失败的情况。X射线表明，此鼎底部中央有大型补块（图4.48，3），说明到盘龙城的最后阶段，大型铜鼎的垫片技术仍未成熟。盘龙城最大的鼎以及其他铸件的浇注失败，更可能是这一时期铸造技术的体现。当然，考虑到盘龙城发现铸铜作坊，像这样缺陷明显的铸件也可能为盘龙城本地的产品。

三、垫片技术

盘龙城青铜器较早进行垫片技术的观察，也是目前所知垫片技术发生最早阶段的铜器群。就合范技术而言，芯撑是保持外范和芯范形成空腔的重要途径，因此，泥芯撑和金属芯撑（垫片）都是技术演进过程中的重要发明。盘龙城青铜器垫片技术的情况，大体可从如下四个方面来反映。

1. 无垫片青铜器

年代最早的墓葬杨家湾M6出土青铜爵、斝和鬲各1件，前两件残缺严重。杨家湾M6：1

① 《盘龙城（1963～1994）》，第266页。

② 胡家喜：《采用加温矫形新工艺修复商代大铜鼎》，《奋发荆楚 探索文明——湖北省文物考古研究所论文集》，第269～272页，湖北科学技术出版社，2000年。

爵，平底，X射线检测发现底部没有设置垫片，同出的杨家湾M6：4斝底部也未见使用垫片，反映了盘龙城早期青铜器的基本态势。

盘龙城青铜器第二期的李家嘴M2已开始使用垫片，且有不少青铜器都有垫片，但也有若干没有采用。李家嘴M2：11爵、M2：21爵均没有使用垫片，李家嘴M1：21觚也未使用垫片。爵不使用垫片是盘龙城青铜器中的一个稳定现象。比如稍晚的李家嘴M1出土M1：15、M1：17爵，以及李家嘴M1：16独柱爵都没有使用垫片。最晚阶段的西城垣M1：1爵也未见垫片（图4.49，1、2）。

2. 使用垫片的青铜器

从第二期的李家嘴M2开始，若干件青铜器都是只在器底使用一枚垫片。垫片设置在器底中央，其功能在于支撑与腹芯相对的芯或范。对于鼎、鬲和斝类三足器而言，底部中央也正是三范的交汇点。李家嘴M2：10斝底部中央的垫片（图4.49，3、4）近三角形，边缘清晰。在盘龙城稍晚的青铜容器中，斝仍然只用一枚垫片，如李家嘴M1：11斝。和爵不使用垫片的稳定性相似，斝也都是在底部使用一枚垫片。

超过一枚垫片的例子也有不少。李家嘴墓M1：20觚虽然是细腰型，底的面积很小，但仍然设置了两枚垫片。较大的器物如李家嘴M2：1盘（图4.49，5、6），X射线显示底部有两枚垫片（呈灰色）和些许气孔（呈黑点），气孔集中处有一形状不规则的白色斑块，周围有明显缝隙，当是原设垫片脱落后经修补的。

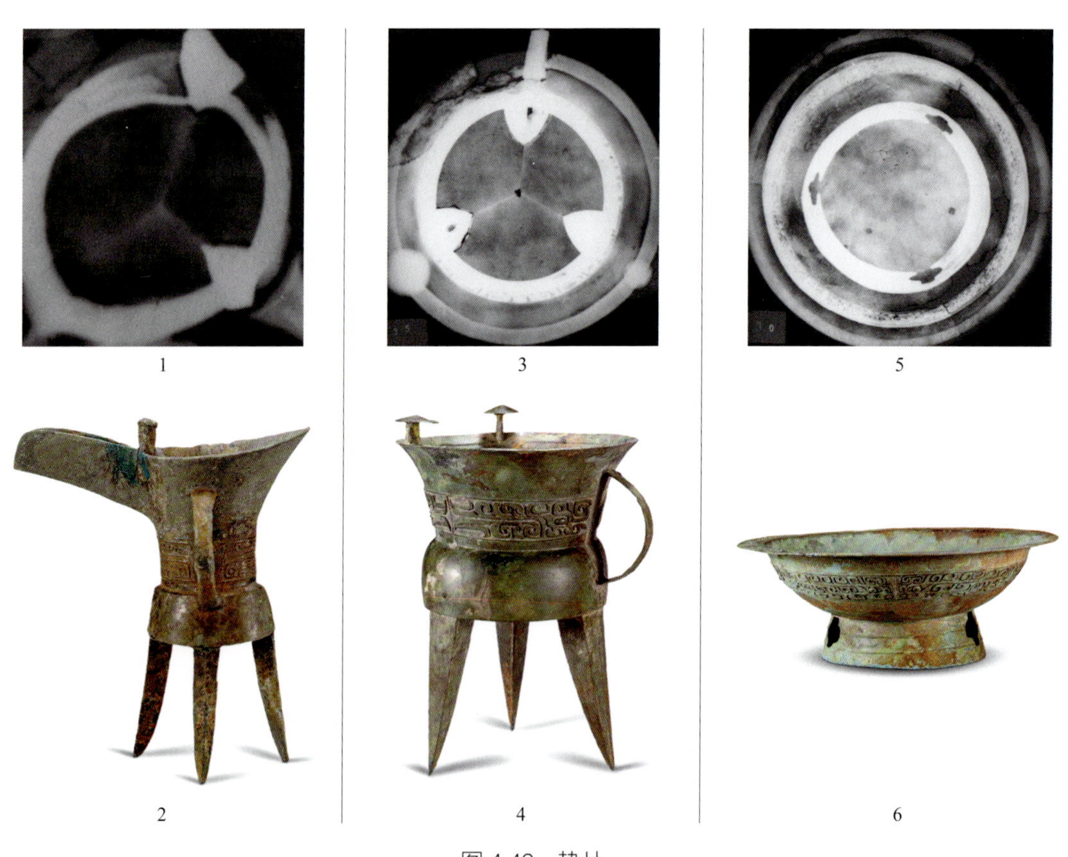

图4.49　垫片

1、2. 西城垣M1：1爵　3、4. 李家嘴M2：10斝　5、6. 李家嘴M2：1盘

3. 多垫片的青铜器

和器形相关，尊罍和鬲经常使用多垫片。李家嘴M2：75罍的X射线可见三枚垫片分布在左半边，推测另有一枚设置在左边。李家嘴M1：7罍底部的X射线，表现出至少有六枚垫片，形状不一，也不规则，且排列无序。李家嘴M1：8罍底部X射线表现出四枚垫片，呈方框形分布。王家嘴M1：2罍，底部设置了三枚垫片，大小不一，呈三角形分布。胡家喜文认为西城垣M1：7罍腹部有十二枚垫片，即每块范分布四枚，分别在肩下沿和下腹呈两周分布，底部另有三枚垫片，口沿和底部各有一处补块（图4.50）。很明显，这件罍使用的垫片数量远多于其他器，而且远超所需，即有滥用之嫌。对此，或者可以解释成为某铸工的个人行为。李家嘴M1：3鬲底部设置了六枚垫片（图4.51），每一袋足两侧各一，具有相当的对称性。因为鬲沿三足分型，分型面交汇于底部中央，腹芯上这样布局垫片，使范的下端两侧各有一垫片支撑，颇为稳固。当然，也可以像斝那样在中央设一枚垫片。之所以没有如彼，或是因为铸造鬲与斝的铸工有不同的分工，但对于鬲采用六枚垫片不能认为过多。李家嘴M1：3鬲垫片和披缝清楚，沿三足分型，实则X射线表现出底部七枚垫片，每足的披缝两侧各一枚，底部中央一枚。此外，该鬲下腹有一周垫片，X射线显现出在双线人字纹交叉的方向有一周垫片，具体数量不详，估计也在六枚之谱。然而，腹和底部有四枚垫片业已脱落形成孔洞，需要补铸。显然，这件鬲的垫片数量超出了铸造所需。

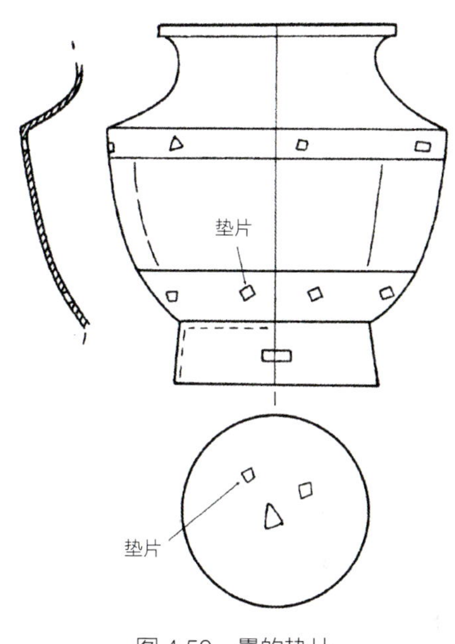

图 4.50　罍的垫片

（西城垣M1：7）

1

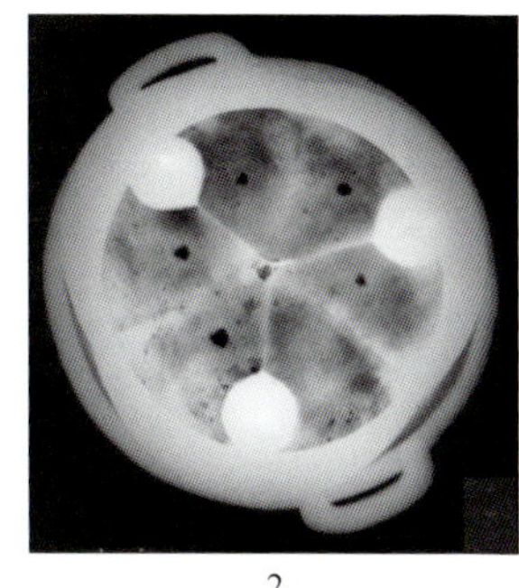

2

3

图 4.51　鬲的垫片

1～3. 李家嘴M1：3

4. 专门制作的垫片

盘龙城青铜器中，大多数垫片几乎都是使用旧器的碎片，但有若干特例。李家嘴M2∶2簋下腹设有三枚相当规整的长方形垫片，从器内壁知其突出器表，说明垫片是特意铸造成形，在铸型组合时将之插入簋腹芯少许（内壁突出高度）成就的。楼子湾M4∶3鬲，袋足突鼓处每足设置两枚垫片，除两枚脱落补铸外，其余四枚近乎长方形，边直角方，认为应是专门制作的，底部另有一枚不规则形垫片，则是废器碎片。两种形式的垫片共存，表明铸工原拟放足部六枚垫片，铸造了六枚，但组合铸型时认为底部中央另需一枚，便安置了一旧器碎块作为垫片。此鬲六枚铸造的垫片，不如李家嘴M2∶2簋的三枚垫片规整，可能较之略早。

第四节　技 术 特 性

中国青铜时代青铜器的制作技术，一直是以容器为核心来展开的。处于青铜器发展阶段的二里冈文化时期，制作技术包括一些配套技术和手段也处于形成和发展之中。这些技术的基本情况已如前三节所述。总结这些技术特性，可观察其在整个青铜时代的地位和作用。

包括盘龙城青铜器在内的二里冈文化时期青铜器，在发展上具有承前启后的阶段性。相对于二里头文化时期青铜器器类和产量少、技术尚未定型的起步阶段，以及相对于殷墟文化时期青铜器生产成为大规模产业并成为发展的高峰阶段，二里冈文化时期的阶段性特性非常明显。对这一阶段技术发展的研究，也有其重要意义。在很早的时候，就有学者对二里冈文化青铜器做出观察，提出了“过足包底铸法”“耳足四点配列式”等经典看法[①]。21世纪以来，青铜器技术研究吸引了众多学者，包括笔者在内的多人都对二里冈文化青铜器做出了专门研究[②]。不过，这样的研究包括对一些技术特征的解释，仍然有继续推进的空间。

一、技术特性

自二里头文化时期开始，块范法制作技术在青铜容器中全面而系统地运用，但分范技术尚未定型和成熟。盘龙城所在的二里冈文化时期，青铜器都是以器物底部特征为铸型设计基础，以器身形态来决定分范方式。一方面，对于三足器，都是以三块外范向内兜底，三范的分型面在足内侧及足外侧中央；对于圈足器，都在底部设立独立的底范。另一方面，圆体的器身多三分外

① 郭宝钧：《商周铜器群综合研究》，第4～9页，文物出版社，1981年。

② 常怀颖：《盘龙城铜器群与“二里岗风格”的确立》，《商周青铜器的陶范铸造技术研究》，第111～151页，文物出版社，2011年；苏荣誉、张昌平：《盘龙城青铜器的铸接工艺研究》，《盘龙城与长江文明国际学术研讨会论文集》，第118～137页，科学出版社，2016年；张昌平：《盘龙城商代青铜容器的初步考察》，《江汉考古》2003年第1期；张昌平、刘煜、岳占伟等：《二里冈文化至殷墟文化时期青铜器范型技术的发展》，《考古》2010年第8期。

范，扁体的爵与角两分外范，并在三分和二分范型之间设置水平分范，甚至还同样以两块外范应对直径很小的圆体的觚。这样系统而又灵活的分范方式，是有其基本逻辑的：以纵向的分切为基本分范原则，以适应器体为技术选择方向。不同器形稳定而系统地使用不同的合范方式，说明二里冈文化青铜器生产的合范技术已基本成熟。二里冈文化开始的以三分外范为基本范型，兼有适合不同器形的二分以及其他的分范方式，是包括殷墟文化的中国青铜时代青铜器合范技术系统的基础。这一技术系统也成为中国青铜时代青铜器的独特技术特征，并形成明确的技术传统。

与二里头文化时期青铜器器类受到局限不同，二里冈文化时期青铜器器类已经开始满足器用仪式的全部。这意味着合范技术形成之初，就因为需要铸造各类不同形制的器物而面临各种技术难题。例如，块范法如何解决那些突出于器表的足、耳、鋬、镂孔等附件？这些附件不仅包括鼎鬲等器的三足和器耳，还包括爵斝簋的器鋬和器耳。这其中器鋬和器耳因为突起方向与合范方向不同，尤其是范型技术的难题。不难注意到，自二里头文化时期以来，范型设计就将附件置于分型面之间作为解决问题的首选方式。盘龙城所代表的二里冈时期青铜器，三足器的三足都位于三分的底范之间，因此足的前后都分布有范缝；鼎鬲的双耳、爵斝的双柱都在外范和芯范之间；爵与斝的器鋬也采取不同的手段置于范型之中。这些青铜器的范型采取了更多的设计方式，尽可能浑铸成形，不将分铸和铸接作为技术选择方向。此后，浑铸成形成为青铜时代早期的突出特性，成为殷墟晚期至西周早期青铜时代高峰的突出成就，也是作为区别于青铜时代晚期青铜器分铸技术的重要方面。

一些技术局限也应该是二里冈文化青铜器的技术特性。如鼎、斝等的器足较粗，故不得不使用空足，一耳对一足的四点配列式形成不平衡的视觉效果，较多的补铸现象，如此等等，都是技术不足以支撑形制而不得不做出的选择。直至殷墟文化晚期，这些技术短板才得以完全弥补，青铜器发展迎来更高的发展阶段。

二、技术选择

二里冈文化时期属于铸造技术成熟之初，铸工在合范技术中需要处理器形与附件、附件与附件、器形与装饰、附件与装饰等方面的关系，并能在浇注中充型完善，得到规整的器物。这其中如何处理合范中足、耳、鋬、镂孔等附件的位置，以及附件与其他因素的关联，牵扯到多方面的技术选择。

先看鼎和鬲的足、耳关系。二里冈文化时期至殷墟文化第一期，其鼎和鬲有一个突出特征，是一耳与一足在俯视时多处于同一位置，这样，双耳与三足是在四个位置上。殷墟文化第一期之后，耳与足的位置关系才变为双耳与其中的两足平行。这两种附件关系被郭宝钧先生分别称为“耳足四点配列式”和“耳足五点配列式”[①]（图4.52）。四点配列式的鼎或鬲，无论从哪个角度观察，双耳与三足之间的关系都不能形成对称的效果。又因为器物的三足与三分外范一致，三足之间即为纹带的边界。如此，则双耳与三足、三组纹饰都不能得到

① 郭宝钧：《商周铜器群综合研究》，第5页，文物出版社，1981年。

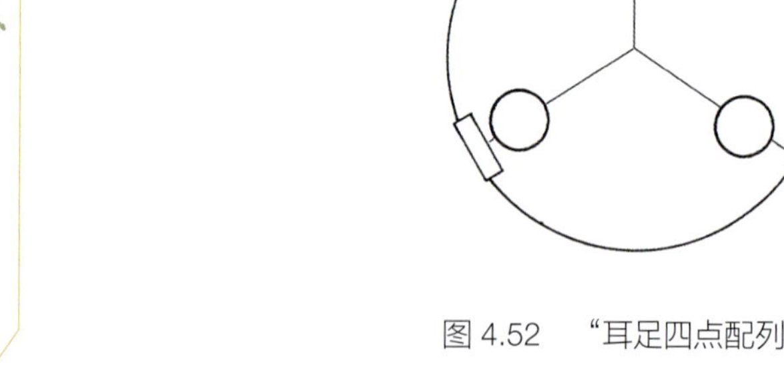
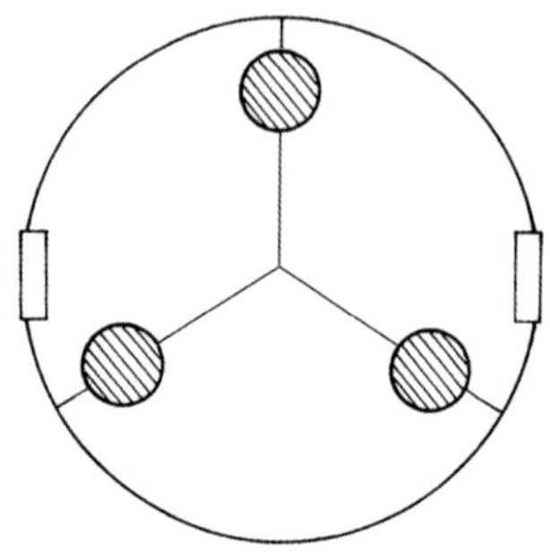

图 4.52 “耳足四点配列式”和“耳足五点配列式”范型示意图

图 4.53 李家嘴 M1：2 鼎足和耳的位置关系

视觉均匀的效果（图4.53）。这一现象自二里头文化以来一直流行，多为学者所不解[①]。

如前所述，合范技术中总是优先选择将器足、耳、鋬等附件置于分型面，如置于外范之间、外范与芯范之间。因此当出现三足与双耳同时存在时，将一耳安置在一足处，实际上可能是为了将其放置在外范的合范处。也就是说，鼎、鬲的三足置于合范处，是一个方便于合范技术的选择，同样为了方便于合范，也将一耳安置在合范处，并由此形成耳足的四点配列。

可以注意到，不仅仅是鼎和鬲将器耳与器足置于同一位置，在斝、爵、盉等器类中也都是将足、鋬等附件的位置安置在与范缝相对应的位置上，这些应该都是合范技术上的选择。比如，两块外范的爵类器中，鋬的位置与一足对应；斝、盉等器中，鋬的位置也总是与一足对应。这样，我们就可以理解，鼎耳与足相对应的“耳足四点配列式”，不是出于形制上的考虑需要将它们放在一起，而是因为技术上的一个选择。

类似鼎鬲附件位置安排的，还有觚的镂孔。盘龙城的觚类器范型技术上都是两块外范，相对应地，器体装饰一周两组纹饰。与此同时，觚的圈足会带有两个或三个镂孔。当觚带两个镂孔时，则镂孔都位于两个范缝处，或者说镂孔与纹饰平行（图4.54，1）。更多的时候，觚是带有三个镂孔，这时只有一个镂孔位于范缝处，其他两个镂孔位置都会在纹饰的一

① 李朝远：《吴地青铜器未受商文化影响论》，《青铜器学步集》，第212页，文物出版社，2007年。

侧，视觉上很不平衡（图4.54，2、3）。

尊罍的兽首位置变化，说明了附件位置关联的选择及其调整的方向。二里冈文化时期尊罍一般不带兽首，少数尊罍在肩部设置兽首。因为兽首是突起于器表的，对合范处理有类似柱、錾一样的要求。较早尊罍的兽首是与范缝—镂孔对应的，体现了附件优先安排的分型面的原则。但这样的位置跨骑于范缝中央的兽首，就会位于两组兽面纹之间，如郑州向阳回民食品厂尊（《全集》一，106）（图4.55，1）。稍晚的尊罍都将兽首位置调整到纹带的中央，如上海博物馆藏兽面纹牛首尊（《全集》一，112）（图4.55，2）。调整后兽首的位置对应于纹带的中央，在视觉上与纹带协调一致，也成为此后尊罍兽首位置的标配。尊罍兽首最初设置在范缝处也是在分型面，其后移动到纹带中央，暗示此时纹带中央也开始分范。因此，满足装饰的效果还是需要有技术的支持。

以上诸多例证说明，将附件安置在两块外范的结合处，是方便于合范所作的技术选择。不过，当一个铸件外范分范的数量与该铸件上的附件数量不一致，就会出现鼎鬲这种不协调

1

2

3

图 4.54　觚的附件与纹饰位置

1. 杨家湾H6：24　2. 杨家湾M4：6　3. 杨家湾M3：2

1

2

图 4.55　尊的附件与纹饰位置

1. 郑州向阳回民食品厂尊　2. 上海博物馆藏兽面纹牛首尊

的情况。因为在三个分型面上，如将一耳安置在范缝处，另一耳就无法对应于其他的任何一条范缝，否则双耳在器口的分布就不协调。也就是说，如果两个附件出现在三分外范的器物上，就可能出现不协调的情况。与此相反，当一个铸件只有两块外范而需要安置三个附件时，同样会出现这种不协调。上述二分范的觚若有三个镂孔，则只有一个镂孔与一条范缝位置重合，另外的镂孔则位于另一条范缝两侧。由于青铜器纹饰的分组总是与分范一致，这样上述关系在视觉上就表现为纹饰与耳及镂孔的关系，因而总给人以不平衡之感。至此，我们就能够理解何以出现“足耳四点配列式”，以及觚上镂孔偏向一侧的现象了。

附件位置彼此关联的底层技术背景，是在于此时期大部分青铜器都带有足、耳、鋬等突出于器壁的附件，而器壁的外范不能一并处理这些不同方向的凸起物，需要在外范之外另设芯、范，或采取其他方式如铸接等加以处理。同时，对足、耳以及鋬等附件的处理不仅会影响到一件器物的范型设计，更会增加范型技术的难度和工序。同时，足、耳以及鋬等附件突出器表，又往往成为独立的装饰单元。这样，在青铜礼器的制作中，技术、艺术以及社会需求就会形成因素互动，即足、耳等附件的处理可能会影响到合范技术，会导致不同的技术选择，又可能会形成不同的展示风格，如此等等。

三、技术演进

青铜器铸造技术的演进不及其器形、装饰的变化频率。不过，盘龙城青铜器仍然有不少关于技术层面的变化可供总结，这些主要表现在阶段性演进和单项技术变化上。

二里冈文化早晚两个阶段恰好是对应青铜器技术变化的两个阶段。二里冈文化早期阶段青铜器有鼎、鬲、觚、爵、斝，器类较少，器体轻薄，纹饰主要为细线兽面纹。这一阶段三分和二分外范技术基本定型，能够熟练浑铸处理器鋬、立耳等附件。二里冈文化晚期阶段器类大大增加，器体相对厚重而规整，器表光洁，纹饰以宽带的兽面纹为主，已出现半浮雕纹饰。此阶段的合范技术能够进一步处理更为复杂的器形和附件，脱范技术有了大的进步。附件的处理能力提高，能够在附件上进行装饰。辅助技术提高，能够熟练使用铸接技术，较多使用垫片技术。二里冈文化晚期，单个墓葬如李家嘴M1、M2青铜器，能以器物群的量度，给人以全新、装饰性很强的感受，反映了这一阶段青铜器技术的全面提高。

对簋耳的处理体现了这一时期单项技术的演进以及制作技术倾向。盘龙城出土3件簋，分别出自李家嘴M2、李家嘴M1、杨家湾M11。3件簋分别代表了从早到晚三个不同的年代，其技术变化逻辑颇为清晰。李家嘴M2：2簋是目前所见年代最早的簋，深腹无耳，上腹饰三组兽面纹（图4.56，1）。除芯范和底范之外，使用三块外范，外范范缝与三组纹饰边界对应，这样的范型是标准的圈足器作风。李家嘴M1：5簋双耳，腹稍浅如盆，也饰有三组兽面纹。器身三分外范，其方式和李家嘴M2：2簋相同，即范缝与纹饰分组对应（图4.56，2）。簋的双耳为后铸铸接的，铸接时簋耳的铜液透过器壁，形成榫卯结构以连接簋耳，因此在簋腹壁内侧各留下三个相应的乳钉。杨家湾M11：13簋深腹，双耳较小且饰兽面纹，上腹饰三组兽面纹，簋身范型以及纹饰关系与李家嘴M1簋相同。不过此簋双耳浑铸，双耳与三块外范的位置形成“五点配列式”关系（图4.56，3）。包括殷墟文化时期的较早阶段，簋在较早阶段带

图 4.56　盘龙城簋范型的演进

1. 李家嘴M2：2　2. 李家嘴M1：5　3. 杨家湾M11：13

耳者不多，如妇好墓中出土簋5件，其中无耳者就有4件[①]。直到西周早期，双耳簋才成为主流形态，其原因是制作双耳在技术上较为复杂。因此，从技术演进的角度看以上3件簋，无耳→铸接双耳→浑铸双耳是处理双耳能力提升的过程，代表了此阶段的技术发展水平。

以上簋类器的技术发展中一个有趣的现象是，当李家嘴M1：5簋铸接双耳时，双耳与三条范缝的位置形成的是“四点配列式”，而至杨家湾M11：13簋浑铸双耳，才调整到“五点配列式”。也就是说，李家嘴M1：5簋铸接双耳时并没有技术局限，但仍然选择视觉不平衡的“四点配列式”。因此，杨家湾M11：13簋以及较晚阶段将鼎鬲的双耳调整到与两足平行的做法，反倒是出于追求视觉效果的考虑、作出不便于铸造生产的调整了。

综上所述，鼎鬲耳足位置的四点配列，并不是早期青铜器中孤立的特殊现象，而是在当时技术背景之下的一个必然选择，这种选择至少在殷墟文化之前是居于主流技术位置的，这可能也是这种方式能够流传久远的原因。因为当某一文化现象成为社会主流时，其不合理之处能够暂时被忽视。如果说鼎鬲的耳足四点配列是出于技术的需要而不得不作出的选择，但一旦这种安排成为定式，那么它甚至会成为被模仿的对象。盘龙城李家嘴M1：5簋器口外设一对兽首形耳（图4.56，2），这对器耳是在器体铸成后再铸接而上，因此双耳在器侧上的位置是可以自由选择的。但当时的匠人并未选择双耳平行于范缝的位置，而是仍然将一耳安置在一条范缝处。这使簋腹部的兽面纹中轴偏向双耳的一侧，形成在我们今天看来不平衡的视觉效果。但从二里冈文化时期的观念意识上，该簋双耳的位置关系恐怕并没有我们今天所认为的不当之处。

① 中国社会科学院考古研究所：《殷墟妇好墓》，第49页，文物出版社，1980年。

第五章

装饰艺术

人类自从有了美感，就开始进行装饰和制作装饰品。伴随着社会的复杂化，装饰也在生产和使用上形成不同的层次和品级，这特别体现在早期文明阶段礼仪性的场景和礼器中。

装饰是礼器外张力的重要表现形式，也是增强礼器社会价值的重要方式。因此，随着礼器的发展，装饰自然会越来越受到重视。二里冈文化时期青铜器在生产和社会地位等方面的发展，在装饰上自然会有突出的表现。与此前二里头文化青铜器粗陋而少见装饰不同，二里冈文化时期青铜器首先是非常重视对器物表面的处理。这一时期的装饰内容既有兽面纹、夔纹等动物形纹样，也有云雷纹、弦纹、涡纹等几何形纹样，还有兽首等半浮雕装饰。青铜器器物表面都被处理得光洁平整，几乎所有的青铜容器都进行装饰。装饰从此开始成为青铜器生产设计中的重要内容，也成为体现青铜器级别的标志物。从这个层面来说，二里冈文化时期是理解中国青铜器及其装饰发展的关键阶段。

第一节　纹饰的类别与布局

一、纹饰的类别及其与装饰器类的关系

盘龙城青铜器纹饰可分动物形和几何形两大类。其中动物形纹饰有兽面纹、夔纹；几何形纹饰有云雷纹、涡纹、连珠纹、弦纹、斜向弦纹等（图5.1）。不同纹饰在不同器类中的使用情况有所不同（表5.1），这其中兽面纹最为重要，弦纹则明显居于陪衬地位。

1

2

3

图 5.1　纹饰与器类

1. 杨家湾M3：2觚（通高17、箍径约4.5厘米，弦纹+兽面纹+弦纹）
2. 杨家湾H6：17鬲（通高22.8、口径15.5厘米，云雷纹+斜向弦纹）
3. 西城垣M1：7罍（通高24.5、肩径约25厘米，弦纹+夔纹+兽面纹+夔纹）

表5.1　纹饰与器类关系登记表

	鼎	鬲	甗	簋	觚	爵	斝	尊罍	壶	盉	盘
兽面纹	√			√	√	√	√	√	√	√	√
夔纹						○	○	○	○		
云雷纹		√	√								
涡纹						○	○				
连珠纹	○							√○			
弦纹	√	√			○	√	√	○	○		√
斜向弦纹		√	√				√				

注：√表示为主题纹饰、○表示为非主题纹饰

1. 纹饰在器类上分布

不同纹饰在不同类别的青铜器上的位置、频次、是否为主题纹饰等方面都有所不同，以下按纹饰的类别分别阐述。

兽面纹在构图上是一个正面的兽面形以及向两侧展开的躯尾，这是最为常见的纹饰类别，出现在除鬲、甗之外的所有器类上，并在鼎、簋、觚、爵、斝、罍等常见器类上出现频次最高，可见兽面纹是二里冈文化时期最重要的纹样。同时，兽面纹一旦出现在器物上，都是作为主题纹饰的。这一现象不只是在盘龙城，在郑州商城也是如此。因此，兽面纹是二里冈文化时期具有压倒性优势的装饰纹样。

兽面纹在形态上有宽带和细线之分，前者出现较晚，但其后的使用频率明显高于后者。两种兽面纹一般都是分别装饰在不同的器物上，看不出有全然的选择性。不过，细线兽面纹较多装饰在大型鼎上，也较多见于觚等器类上。两种兽面纹也偶尔会同时在爵、斝等器类上，当同时出现在爵上时，细线的兽面纹（通常是两个夔纹相对的形态）会安置在靠鋬的一侧；当同时出现在斝上时，细线的纹饰会安置在靠下的位置。

夔纹构图上相当于半个兽面纹，均为单目。夔纹也往往与兽面纹搭配，并出现在两种纹饰搭配中：一是在爵、斝两类器物上，其正面装饰一组兽面纹，靠鋬的一侧为两个相对的夔纹；二是在尊（罍）和壶上，这些器物腹部装饰一周兽面纹，有的在肩部装饰一周夔纹。显然，夔纹也是较为重要的纹饰种类。

云雷纹是正反相对的卷曲线条，多在盘龙城鬲、甗上作为主题纹饰。一般将直角的卷曲称为雷纹，弧曲的卷曲称为云纹，三角形构图称为三角云纹。当然雷纹和云纹很多时候并没有明确的分别，所以经常被合称为云雷纹。盘龙城的鬲、甗多饰云雷纹，除杨家湾M4：2鬲、杨家湾H6：17鬲为雷纹外，其他如李家嘴M1：4鬲、楼子湾M4：3鬲、李家嘴M2：45甗均为三角云纹。三角云纹线条松散，暗示云雷纹所饰并非重要器类。

正如胡家喜文所指出，连珠纹是以竹管之类的工具在陶范上延续压印出来的圆圈形[①]。

① 胡家喜、李桃园：《盘龙城遗址青铜器铸造工艺探讨》，《盘龙城（1963～1994）》附录七，第576～598页。

连珠纹一般作为辅助性纹饰装饰在兽面纹或夔纹的一侧或上下两侧，多见于斝、尊罍，特别是年代较晚的相关器类上。西城垣M1：6鼎有连珠纹上下夹饰兽面纹，是少见的例子。连珠纹也有用作主题纹饰的，如杨家湾M11、杨家湾H6各有2件罍在颈、上腹饰两周连珠纹而无其他纹饰，这是装饰简化的做法。

弦纹由两条凸起的横向平行线组成，构成简单明快，装饰部位往往是颈部和圈足。弦纹出现在两种情形的装饰中，第一是作为主题纹饰，较多地出现在爵、斝上，较少地出现在鼎、鬲、盘上。这反映的是装饰的原始性，因此当出现在第二、三期青铜器上时，或者是装饰简化的结果，如杨家湾M11的几件爵与斝；或者是装饰的低级版，如李家嘴M2：37扁足鼎。第二是作为辅助纹饰，出现在多周纹饰的上部或下部，或者是上下两端。因此，弦纹是一种等级较低的纹饰。

斜向弦纹形如弦纹，斜向出现在器腹上。未形成交叉形态的，过去也常常称之为“人字形”纹，出现在鬲、甗以及个别斝上。斜向弦纹往往也是作为主题纹饰，其性质近似于弦纹。

综上，兽面纹等动物形纹饰在装饰中的核心地位明确，几何形纹饰多作为附属纹饰出现，但在不重要的器类或装饰场合也有作为主题纹饰的。几何形纹饰多有特定的组合和组合对象，如连珠纹多是附属并作为兽面纹的边栏出现等。同时，动物形和几何形纹饰结构形成多周纹饰的组合，是装饰的发展方向，也是殷墟文化时期青铜器装饰达到高峰的预演。概而言之，在装饰较为发达的背景下，纹饰所承担的社会功能较为明确。

2. 器类上纹饰的类别

前述不同纹饰在器类上也是有指向性的（图5.2），一些重要器类如鼎、簋、尊罍、爵、斝、觚多装饰兽面纹。这些器类中如出现非兽面纹装饰，则往往具有特别的背景。以下梳理不同器类上的纹饰。

鼎绝大多数在口下装饰一周兽面纹，个别体形小或扁足鼎装饰弦纹。

鬲多在口下装饰一周云雷纹，也有部分在腹部装饰斜线弦纹，但未见装饰兽面纹者。

甗只见1件，装饰云雷纹和斜线弦纹，可见其装饰特点与鬲相同。

簋均装饰兽面纹，多周装饰时加置弦纹。

爵多为一组兽面纹和两组夔纹的组合，偶见下腹装饰涡纹，简化的方式是装饰弦纹。较晚阶段装饰两周兽面纹，每周三组。

斝与爵的装饰有近似之处。单周纹饰也多是一组兽面纹和两组夔纹的组合，两周纹饰时下周偶见一周涡纹，较晚的阶段多为两周兽面纹，兽面纹上下夹有圆圈纹作为辅助性纹饰。斝的简化装饰方式是装饰弦纹。

觚均装饰一周两组兽面纹，多周纹饰时加饰弦纹，也偶有加饰镂空的云雷纹。

尊罍绝大部分装饰兽面纹，较晚向多周纹饰发展。多周纹饰是兽面纹之外加饰夔纹、弦纹。最为繁杂的装饰是西城垣M1：7罍，四周的装饰自上而下分别为弦纹+夔纹+兽面纹+夔纹，纹饰自颈部延续至圈足，这已接近殷墟文化时期满幅装饰的风格。

壶仅见1件，多周装饰，是盘龙城出土青铜器中装饰最为繁杂者，布局类似于尊罍。腹

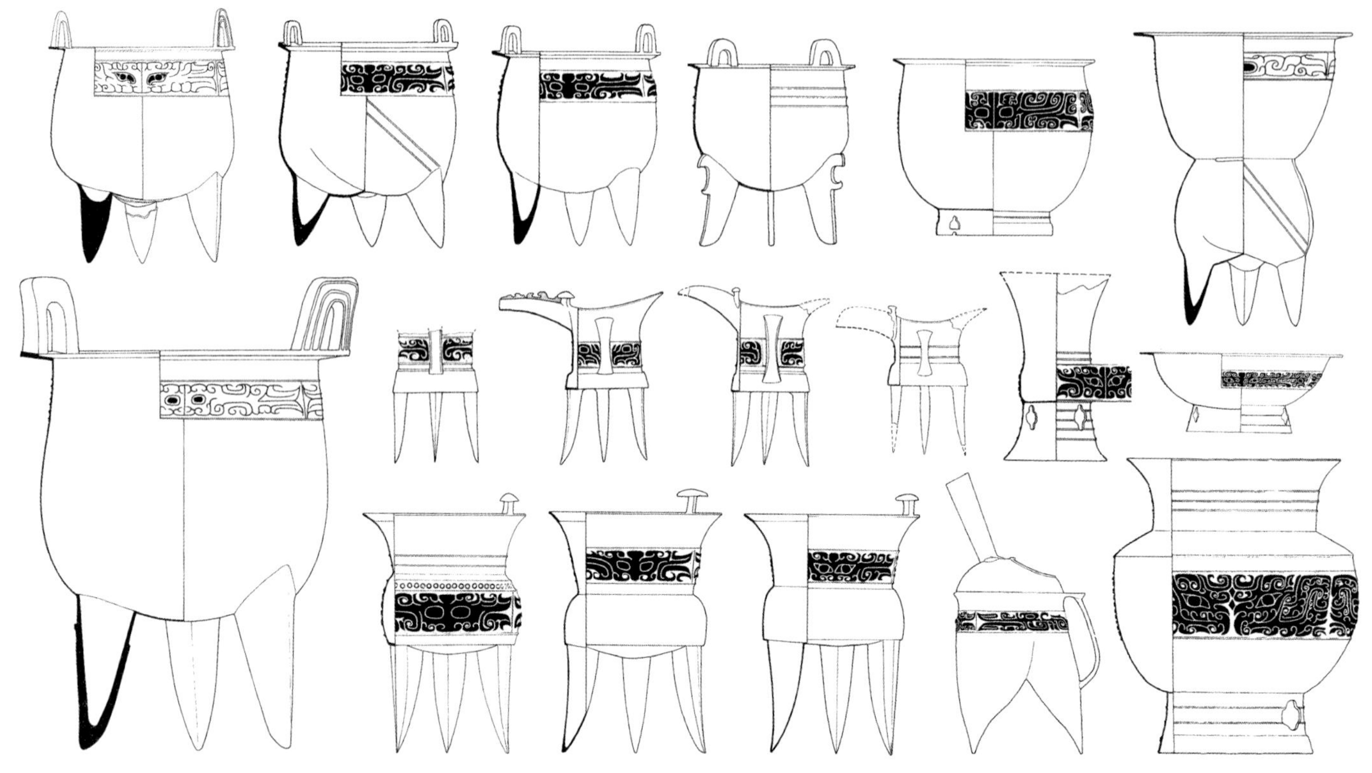

图 5.2　李家嘴 M2 青铜器纹饰

部最大幅面的是主题纹饰，为两周圆圈纹夹一周兽面纹，肩部是一周夔纹，其上带一周圆圈纹，颈部和圈足为弦纹。

盉仅见1件，腹部装饰兽面纹结合夔纹，盉顶部利用口、流装饰成兽面纹。

盘2件，单周装饰，分别为兽面纹和弦纹。

以上可见装饰与器类的关系密切。装饰首先会与器物功能相关，如鼎、鬲等炊器主要是在口沿下饰一周纹饰。盛器则向多周纹饰发展，这在尊罍上表现尤为突出。多周纹饰的发展，与加强其装饰性相关。装饰也与器类的地位相关，兽面纹使用在主要器类、主要位置，弦纹等几何形纹饰使用在次要器类、次要位置。这些都体现了青铜容器作为礼器的特性，装饰性自然就与礼仪性是协调一致的。

二、纹饰的布局

和二里冈文化时期其他青铜器一样，盘龙城青铜器的装饰种类多样，体现出很高的水准。在形式上，这些纹饰都是横向呈带状分布，并环绕器物一周，因此“周”是纹带出现的基本形式。每周纹带宽度一致，上下各有一条弦纹的边栏，这使得纹带显得规整而严格。一周纹饰往往又被分为相同的两到三组，“组”成为纹饰构成的基本单元。多数青铜器只有一周纹饰，但2～4周纹饰的器物也不在少数。显然，“组”“周”以及整件器物纹饰的呈现，是经过了有意识的布局和设计。下面以兽面纹为中心，来分析装饰不同视角的布局。

1. 单组纹饰

单组纹饰具有稳定的构图方式和基本结构。盘龙城青铜器兽面纹构图几乎相同：每幅纹饰都由目、躯、尾组成，并以鼻梁为中轴向两侧对称展开。多数兽面纹，特别是宽带兽面纹的兽面轮廓明晰，有长的躯体和分歧的尾部，这样近似的形式使不同的兽面纹有几乎相同的观感。兽面纹的变化只是局部和细节的，部分器官或有省益，有时兽面的双目也会被省略；有些细节表达可能稍有变化，如增加首尾之间的勾云纹等。但兽面纹的结构总是稳定的，其中，中部的兽面、两侧的躯尾会稳定地出现，左右对称作横向展开的原则也始终不变。纹饰布局总体上规整而严谨，这使兽面纹具有很高的辨识度，装饰中的象征性含义得到充分地发挥。

单组纹饰幅面的大小与器物装饰空间大小成正比，单组纹饰的复杂程度也与年代早晚成正比（图5.3）。盘龙城青铜容器体量差异较大，一件觚纹带位置的直径为4～7厘米，而一件尊罍纹带处的直径在20厘米左右（图5.3）。这样，不同纹饰单元的幅面会有很大的差异，各组纹饰单元就需要去适应这些不同空间。因此基本在相同时间内，不同器物的纹饰单元大小不一，较小的单元纹饰结构较为简单，较大单元的会相对复杂。在较大单元兽面纹的首、尾之间加饰立羽是常见做法，如图5.3的2件罍。另一方面，单组纹饰的年代早晚不同，纹饰也会繁化，其做法往往是增加兽面纹的层次，让兽面纹上部、下部甚至中部分层，如图5.3中的杨家湾H6：21罍。当然年代变化也有复杂的情况，如觚的装饰幅面很小，纹饰结构很难繁化，可对比图5.3李家嘴M2：5觚与杨家湾M11：5觚，2件器物单组纹饰结构几乎没有变化。

单组纹饰的复杂程度还会随着年代的变化而递增（图5.3）。其他器物中，较早阶段的兽面纹如李家嘴M2：21爵纹带略宽，椭方形目，鼻梁不明显；其后的变化如李家嘴M1：15爵在鼻梁两侧、在角与鼻梁之间出现立羽状纹，或者如杨家湾M4：4斝在目与鼻梁之间出现接近羽状的竖道。此后，兽面纹的目开始出现“臣”字形，宽带中加入阴线，每幅纹饰看上去似有上下两层，如杨家湾M11：31斝。型式更晚的兽面纹两角之间立羽增多，躯体轮廓明显，躯体两侧外出现单目的夔纹，每幅纹饰看似三层，如杨家湾H6：21。宽带阳纹的早晚变化在不同器类上有不同的反映，腹部深而周长较大的器类如尊罍、簋，每组兽面纹的幅度较宽较高，较晚特征的兽面纹较早地出现在这些器类上（如李家嘴M1、M2尊）。

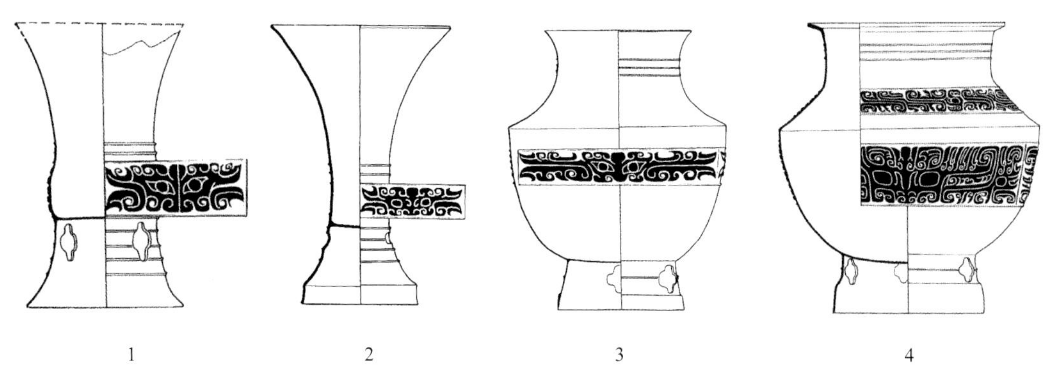

图 5.3　单组纹饰的变化

1. 李家嘴M2：5觚　2. 杨家湾M11：5觚　3. 杨家湾M4：1罍　4. 杨家湾H6：21罍

2. 单周纹饰

“周”是每件青铜容器完整的装饰形式，多数青铜器都只有一周纹饰，较晚时期的尊罍等盛器有多周纹饰。这意味着纹饰，特别是兽面纹的基本构成都是左右展开、横向环绕器体的。纹饰横向展开让观者横向阅览，可能是来自新石器时代彩陶装饰的传统。

强化单周纹饰装饰效果的方式之一，是加入辅助纹饰。这往往发生在主题纹饰兽面纹上，加饰的辅助纹饰一般为弦纹，以使兽面纹显得更加规整。也有不少再加饰圆圈纹的，如有的纹带在上或下加一周圆圈纹，也有的纹带在上下各加一周圆圈纹（图5.1，3）。西城垣M1：2斝的两周连珠纹夹兽面纹+夔纹；杨家湾M11：31斝的两周均为连珠纹夹兽面纹，是少见的情况。

每周纹饰被分为不同的单元，使单元纹饰变得规整、有序，合乎礼器装饰的仪式感。单元的数量及位置取决于青铜器铸造时腹部使用的外范块数。鼎等三足炊器、簋等圈足盛器使用三块外范，纹饰就是一周三个单元；觚为二分范，觚上的动物形纹饰也为两个单元（图5.4，1）；爵腹为扁体，使用两块外范，纹饰也是两个单元。外范都是等分的，因此一周的纹饰单元也同样是等分。每周各单元装饰的纹饰内容相同，这样重复的形式使纹饰看上去具有秩序感。又因为每周不同单元的装饰内容相同，使各单元纹饰高度一致——但细部并不完全相同（图5.4，2）。这说明每个单元纹饰都是各自独立制作的，一周中不同单元纹饰不会有完全相同的复制现象。如果总结这一时期单周纹饰的总体特征，可以说是纹饰横向分布、纹饰单元按范型划分、各单元纹样类似而不完全相同（图5.4）。

爵、斝等器物带鋬，鋬所在位置挤占装饰空间，会使所在单元装饰空间变小。当爵、斝装饰兽面纹时，器体外侧的两足之间装饰一组兽面纹，靠鋬一侧的两个单元因为空间较小，各饰一组幅面稍小的夔纹（图5.5，2）。当然，这两组夔纹也可以理解为以鋬为鼻梁，躯、尾结构齐备，左右对称的一组兽面纹（图5.5，4）。在较晚阶段，爵、斝靠鋬的一侧不再饰两个夔纹，而直接为兽面纹，如P：033采集爵以及杨家湾M11斝，形成每周三组兽面纹的布局。这一变化在其后的殷墟青铜器上被广泛沿用。

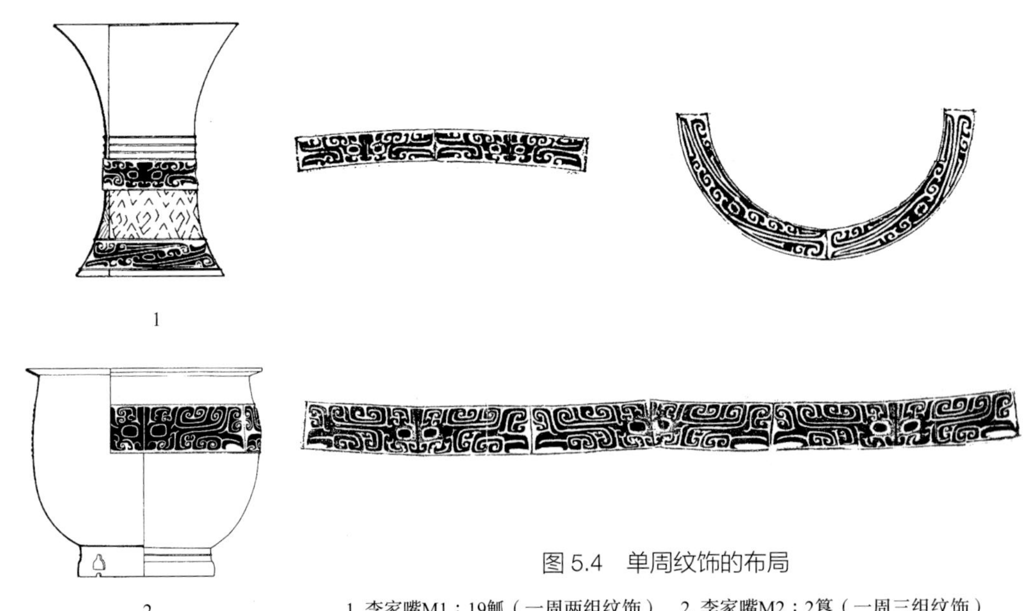

图 5.4　单周纹饰的布局

1. 李家嘴M1：19觚（一周两组纹饰）　2. 李家嘴M2：2簋（一周三组纹饰）

1

2

3

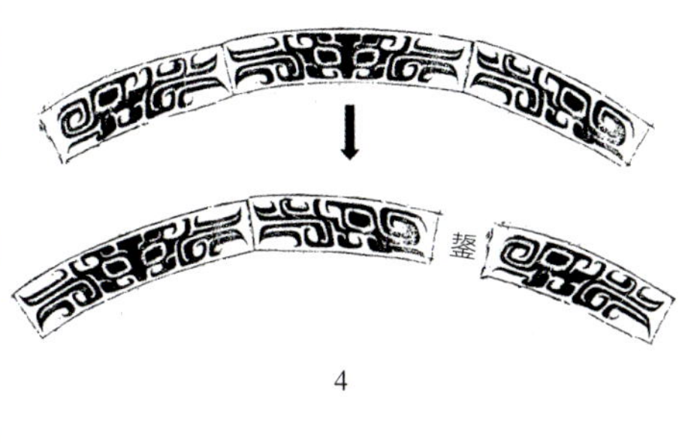

4

图 5.5　夔纹与兽面纹的关系

（李家嘴M2：19斝）

1. 斝　2. 鋬右侧纹饰　3. 正面纹饰　4. 一周纹饰的不同视角

少数爵的一周纹带会装饰不同的纹饰。如杨家湾M11：57爵外侧饰三段弦纹，而靠鋬的一侧在对应的位置并无弦纹延伸过来；P：032采集爵一周兽面纹在外侧为宽带状，而鋬一侧为线状。这样特殊的情况与纹饰制作技术背景相关，会在纹饰制作一节中讨论。

3. 多周纹饰

盘龙城青铜器较早阶段多为单周纹饰，多周纹饰常见于第二、三期青铜器，单周向多周发展，是装饰的一个趋向。多周纹饰还特别多见于簋、尊罍等盛器，形成更为规整、装饰性更强的效果。同时，多周且更为复杂的装饰，也是中国青铜时代早期容器装饰的共同趋向。

多周纹饰从口部到器足纵向分布，不同的幅面适应于容器不同部位尺寸的变化，也为其后时期青铜器满幅整器的装饰提供了布局的基础。

当多周纹饰汇集在同一器体之上，纹饰的构成是规律有序、主次分明的。首先，多周纹带不是堆砌在一个区域，而是分置在口下（或颈部）、腹部、圈足等器物上中下的不同部位，形成有序的布置。其次，多周纹饰的主题纹饰是突出的、显要的，这往往是兽面纹，其画幅较宽，结构更加复杂，纹带及其内容都更加显要。其三，多种纹饰中，纹带的主次顺序是从中部向上下两端逐次延伸，分别是兽面纹、夔纹、弦纹（图5.6）。即从纵向的分布

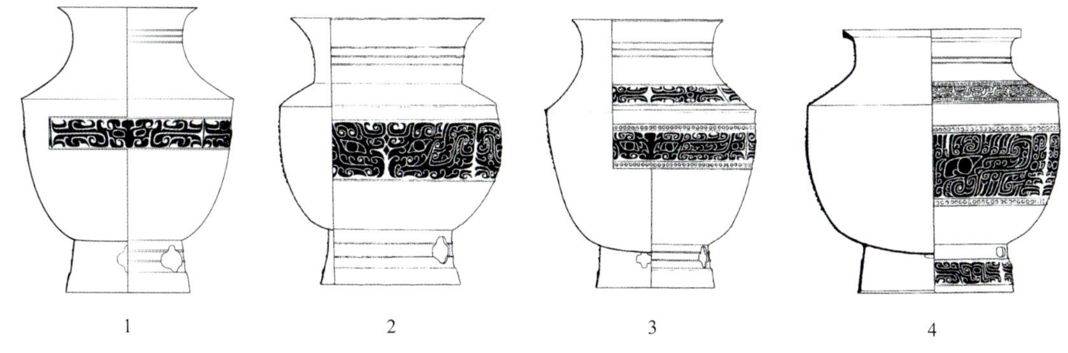
1　2　3　4

图 5.6　多周纹饰布局

1. 杨家嘴M26：5罍（弦纹+兽面纹）　2. 李家嘴M2：75罍（弦纹+兽面纹+弦纹）
3. 李家嘴M1：7罍（弦纹+夔纹+兽面纹+弦纹）　4. 西城垣M1：7罍（弦纹+夔纹+兽面纹+夔纹）

上，兽面纹在中央，夔纹在其侧，弦纹在外围，依次分布。

在盘龙城青铜器中，几乎每件器物都经过装饰。与此同时，各件器物的表面都很光洁，这使青铜器具有很强的外在表现力。特别是与二里头青铜器少装饰、表面不太平滑相比，盘龙城青铜器的装饰性有了很大的提升，多种纹饰主次分明、构图规整，形成了较为明确的装饰风格。在空间上，纹饰横向分组使每个单元由相同的长方形组成，这样规整的装饰幅面保证了纹样具有一致性的表现力，利用了横向的空间。多周纹饰则充分利用了纵向的空间，使装饰有了丰富性和层次感。纹饰的布局是制作技术、器物形制以及装饰需求共同作用的结果。单元纹饰的分组就是从属于分范范型的技术系统，规范的青铜器生产又为装饰表现力提供了可行性，扩展了青铜礼器的仪式感。另一方面，大部分器物纹样富有力度感，想象动物纹饰又具有神秘感。纹饰排列在规整的单元中，不同类别的纹饰主次搭配，极具层次感，装饰的发展赋予了青铜器更好的展示性，提升了青铜器作为礼器的功能。

第二节　纹饰的制作

制作技术是理解纹饰形态的重要路径。盘龙城青铜器纹饰即二里冈文化时期青铜器纹饰在形态上的一个重要特征是突起于器壁。这些突起的阳纹绝大多数为线性的平雕，偶见半浮雕。虽然几乎所有纹饰的制作都是先在陶范上完成而后通过铸造形成的，但是，是在模上制作完成后再翻印到陶范上（模作），还是直接在范上制作完成（范作），迄今仍然是个争议中的热点问题，或者说是纹饰制作研究的核心问题。纹饰制作方式之所以形成难解之局，正如贝格立分析的那样[①]，当需要制作类似兽面纹这样的青铜器纹饰时，可能是先画出纹饰的图样，如果纹饰为模作的话，则在模上剔掉图样空白部分，而后将模上纹饰翻印到陶范上；而若纹饰为范作，则在范上剔除图样部分而保留空白部分。前者模作是在模上获得正向的阳纹，后者范作是在范上获得反向的阳纹。

无论模作还是范作，铸出的纹饰从图案结构上来说是基本一致的，因此从纹饰形态上很难确定制作方式。不过，从纹饰在结构、布局乃至形态上的特征，应该可以观察到许多纹饰制作方面的信息，即便不能确定制作方式，但仍然有益于理解纹饰结构以及装饰效果。而从纹路，特别是纹饰细节上进行观察，相信也应该有所收获。

一、装饰与铸造技术的关联性

早在二里头文化时期之前，中国青铜器就呈现出范铸技术的倾向[②]。因此在二里头文化

① Robert W Bagley. Ornament, Representation, and Imaginary Animals in the Bronze Age China. *Arts Asiatiques*, tome.61, 2006: 17-29.

② 张昌平：《从三棱锥形器足看中国青铜时代块范法铸造技术特质的形成》，《考古》2022年第3期。

图 5.7　纹饰单元与范型

（李家嘴M2：35鼎）

时期以来块范法技术系统之下，纹饰的制作与铸造技术发生密切的关联，是必然的过程。二里冈文化时期青铜容器几乎都带有纹饰，青铜器纹饰无论是否通过陶模翻制到陶范，最终的制作工序还是会在陶范上完成。因此，纹饰的位置、单元的划分、幅面的大小等因素，都往往会和分范相关。装饰和铸造技术之间的关联性是显而易见的。虽然二里冈文化的青铜器容器在铸造时常常会掩盖铸造痕迹，但在纹饰处因为难以处理仍然会留有范缝。这样，纹饰和技术之间的关系是可以被清楚地观察到的。

盘龙城青铜器中，除了弦纹会在每周连续延伸之外，其他从兽面纹到圆圈纹等不同纹饰，基本都会在范缝处终止（图5.7）。也就是说，范缝基本是纹饰单元的休止处，也是纹饰单元的隔栏。无论是模作还是范作纹饰，纹饰单元的划分往往是按范型来设计的。由于分范都是等分的，因此每周纹饰也相应地被等分为不同的单元，这样使单元纹饰变得规整而有序。器物单元的数量及位置取决于腹部使用的外范块数：鼎鬲甗等三足炊器（图5.7）、簋尊罍等圈足盛器使用三块外范（图5.8），纹饰就是一周三个单元；觚为二分范，觚上的兽面纹为两个单元；爵腹为扁体，使用两块外范，纹饰也是两个单元。纹饰单元的划分与铸造器物的分范，是完全协调、一致的。

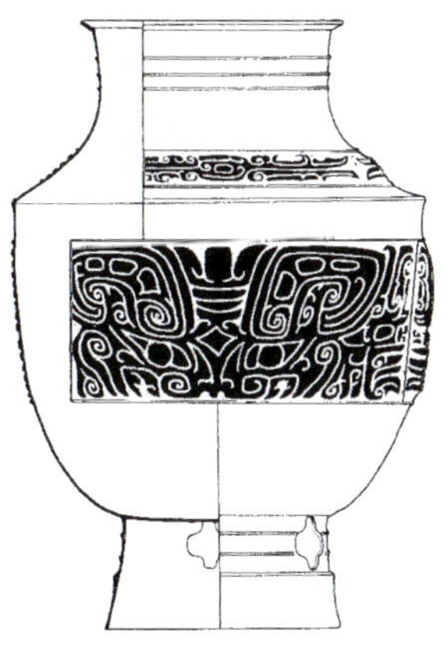

图 5.8　半浮雕兽面纹

（王家嘴M1：2罍）

块范法铸造技术系统，使纹饰得以在铸造之前就在范块上刻画、堆塑，无论是在精细还是复杂程度上，纹饰的装饰都有极大的伸缩性。相较于失蜡法或者锻制技术铸后在青铜器表面錾刻纹饰，块范法具有很大的纹饰制作优势。比如，铸造制作浮雕性纹饰，块范法只需在范上制作相应凹入的效果。这样的便利条件使半浮雕兽面纹装饰很早就得以出现（《全集》一，128）①。在盘龙城青

① 《全集》一。

铜器中，也有3件罍为半浮雕兽面纹，典型者如王家嘴M1：2罍（图5.8）。这些兽面纹在器表呈半浮雕状凸出，器内壁相应凹入。由于这一时期青铜器器壁较薄，如此凸凹式的处理，可避免原本较厚的半浮雕器壁因浇注冷却收缩时可能产生的铸造缺陷。在这类纹饰的制作中，纹饰的设计、范与芯的制作、器物的浇注等工序必须相互配合，方能确保纹饰最后的完成。半浮雕纹饰在殷墟文化较早阶段继续发展，并在殷墟文化晚期成为流行的装饰手段。因此，块范法铸造在技术上为中国青铜时代青铜器装饰的发展提供了极大的技术空间。

二、纹饰制作方式的双重性

二里冈文化时期青铜器纹饰，按纹样结构有兽面纹、夔纹、云雷纹、涡纹、连珠纹、弦纹等，按纹路形态则可分为宽带和细线两种。纹饰制作方式似乎与纹路形态关系更大，因为结构最为复杂的兽面纹也有宽带和细线两种。换言之，相同结构的纹饰有不同的纹路形态，这可能是技术上的选择。不过，不论宽带还是细线纹饰，似乎都有模作和范作的可能，其制作方式呈现出似是而非的双重性。

细线纹饰一般被认为是范作的，因为最早像二里头文化青铜器的装饰应该都是在陶范上直接刻画制作的。盘龙城青铜器的细线纹饰包括复杂的如兽面纹、夔纹，以及简单的如云雷纹、弦纹等，都有范作纹饰的迹象。例如杨家湾M3：1爵在腹部饰三道凸弦纹（图5.9，1），弦纹在靠鋬的一侧间距较小，而对面腹部弦纹间距明显较大。两块陶范上纹饰的不同，说明这类细线纹饰是在腹范、鋬侧范上分别刻划出来的，因此拼合时无法对齐。类似情况也见于杨家湾H6：20罍（图5.9，2），在范缝两侧的细线纹带上，上下部分的边栏对位整齐，但纹带中弦纹、兽面纹都有错位，错位部分也应该是在范上刻纹的结果。类似纹带在范缝两侧错位的现象在细线纹饰中颇为多见，尤其以觚类器为甚。杨家湾M11：18觚的弦纹和细线兽面纹在纹带下部较为整齐，但上部都出现了明显的错位，暗示这件觚上包括圆圈纹都是范作的（图5.10，1）。

不过，细线纹饰也可能为模作。一方面，并不是所有的细线纹饰都在范缝处不能对接，相反，更多的时候包括弦纹都是在范缝处丝滑过渡的，显示出很强的整体性，这暗示其在模上连贯旋出的制作背景。另一方面，如果在模上制作细线纹饰，翻范后凸起的阳线应该是平

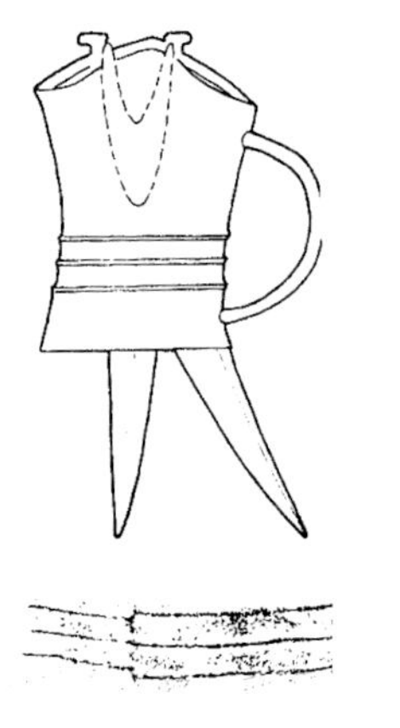

1

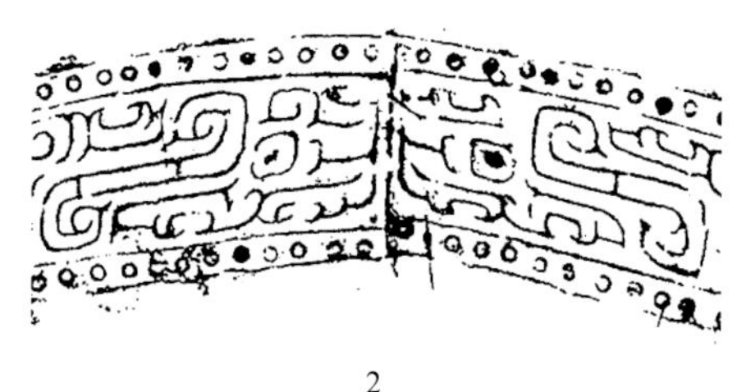

2

图 5.9　细线纹饰

1. 杨家湾M3：1爵　2. 杨家湾H6：20罍

图 5.10 细线纹饰

1. 杨家湾M11：18觚 2. 杨家湾M11：13簋 3. 杨家湾M7：6罍 4. 李家嘴M2：55鼎

直的，这是一个判断制作技术的方法。杨家湾M11：13簋在纹带上部的弦纹宽细不同，有明显的接头痕迹，或者说是范作纹饰的起始处（图5.10，2）。但此器兽面纹带之上的两条独立的弦纹却非常流畅，很可能是在模上一次性完成的一周纹饰。杨家湾M7：6罍边栏的弦纹也很流畅（图5.10，3），同时其细线兽面纹线条凸起较多，凸起的表面不像一般的弦纹那样圆凸，而是方直地凸起，表面平整。这样的形态显然不是刻划形成的，而很可能是模作纹饰剔去凹下的部分。李家嘴M2：55鼎细线兽面纹上的阳线也是方直凸起、表面平整，兽面的双目还有宽而平整的眼睑，这样的纹饰也很可能是模作的（图5.10，4）。细线纹饰在盘龙城青铜器中约占三分之一的比例，综观其制作特征，可能大部分为范作，但也应该有较少数量为模作，模作中又以独立的弦纹、纹带边栏的弦纹较多。

宽带纹饰多被认为是模作。这多是根据纹饰的纹路以及留白形态作出的判断，因为模作纹饰应该是在模上剔去留白部分，又因为范作纹饰与我们观察到的器物纹饰形态相反，而模作的是正相，因此器物看上去有雕塑感的纹饰多应该是模作的。例如，李家嘴M1：7罍范缝与兽面纹的尾端相连（图5.11，1），应该就是模制才会出现的情形。许多纹饰的纹路在收分时都有很长的拖遖，如李家嘴M1：7罍；或者兽面塑形时留白呈均匀地空隙，如李家嘴M2：2簋（图5.11，2）；以及纹路是围绕特定的图形形成，如李家嘴M1：10+斝（图5.11，3），这些都是在模上雕刻、塑形形成的特点。杨家湾M4：6觚甚至可以观察到凹下部分的凸凹不平，应是刀工剔地后未经修整形成的痕迹（图5.11，4）。这些纹饰往往纹路较深而边壁陡直，且表面平整，模作的特征较为明显。

宽带纹饰也不全然会是模作。一些宽带纹饰在范缝的两侧出现错位情形，看上去纹饰可能是分别在不同的外范上形成的，如西城垣M1：6鼎，纹饰错位明显（图5.12，1）。类似的情况也见于杨家湾M4：4斝，该斝饰有两周兽面纹，斝腹上部一周兽面纹在范缝两侧延续

图5.11　宽带纹饰（模作）

1. 李家嘴M1：7罍　2. 李家嘴M2：2簋
3. 李家嘴M1：10+斝　4. 杨家湾M4：6觚

图5.12　宽带纹饰（范作）

1. 西城垣M1：6鼎　2. 李家嘴M1：4鬲
3. 杨家湾M4：4斝　4. 杨家湾M4：2鬲

平齐完整，下腹纹饰则有不同范块拼合之感（图5.12，3）。有一些纹饰在分范处看不到纹饰延续的发展，也说明是在外范上各自设计的，如李家嘴M1：4鬲口下的三角云纹（图5.12，2）。杨家湾M4：2鬲口下雷纹情况类似，纹饰在范缝处不仅略有错位，且在右侧的雷纹较为短促，也应该是在外范上各自完成的（图5.12，4）。

不过，在各类纹饰中，圆圈纹属于范作方式是很明确的。胡家喜等认为圆圈纹是用珠管之类的工具在范上直接戳印而成①，这个看法无疑是正确的。可以注意到，圆圈纹虽然多排列不均匀，但都与外范的空间契合，且没有圆圈纹跨骑在范缝的位置。不少圆圈纹常常在范缝两侧分布得较为密集或者较为稀疏（图5.10，1；图5.12，3），这是在陶范边缘戳印时才会做出的位置调整。

明确了圆圈纹范作的方式，可以观察与之共存的纹饰类型及其制作方式。圆圈纹较多装饰在觚、爵、斝和尊罍器类中，共存纹饰多为细线兽面纹。这其中觚类器较多，盘龙城有6件细线兽面纹觚装饰圆圈纹，3件兽面纹上下均带圆圈纹。观察这些器物的兽面纹，均应为范作纹饰，如前述的杨家湾M11：18觚（图5.10，1）。爵类器细线兽面纹中有4件带圆圈纹，其中杨家湾M4：3爵上侧边栏饰圆圈纹、杨家湾M7：7爵上下边栏均饰圆圈纹，这2件器的细线兽面纹也是范作的。圆圈纹与宽带兽面纹共存的器物中也见范作者，如上下带连珠

① 胡家喜、李桃园：《盘龙城遗址青铜器铸造工艺探讨》，《盘龙城（1963～1994）》附录七，第576～598页。

1　　2

图 5.13　范作的圆圈纹

1. P：033爵　2. 李家嘴M1：9壶

纹的杨家湾M4：4斝（图5.12，3）、西城垣M1：6鼎（图5.12，1），上侧带圆圈纹的王家嘴M1：11爵，兽面纹应该都是范作的。也有一些带圆圈纹的器物，其共存纹饰制作方式不明，采集P：033爵兽面纹纹路较为细密，凸起的阳线与凹入部分大体相当，难说是否为范作（图5.13，1）。又如楼子湾M3：2觚饰有两周宽带纹饰，纹饰各两组、器足带4个镂孔，也很难判断是否为范作。相反的情况是，范作圆圈纹共存模作纹饰，也就是说，在完成模作纹饰和翻范之后，再在范上制作圆圈纹。李家嘴M1：8罍、李家嘴M1：9壶（图5.13，2）都是在模作的宽带兽面纹上下两侧装饰圆圈纹，这2件器物的兽面纹和圆圈纹的制作都很规整、细致，体现出较高的工艺水准。较为极端的情况如杨家湾M7：6罍（图5.10，3），在细线兽面纹上下边栏饰圆圈纹，除了圆圈纹之外，该器其他各周纹饰可能都是模作的。以上现象说明，圆圈纹是范作纹饰，且共存的纹饰多为范作，其中又以细线兽面纹为多，这合乎纹饰制作上技术选择的便利性。而对于李家嘴M1：8罍、李家嘴M1：9壶这样制作精美、装饰复杂的器物而言，在模作的宽带兽面纹的边栏再施以范作的圆圈纹，是以复杂的工序去追求装饰精细的制作效果。

从总体情况而言，宽带纹饰应该多为模作，线状纹饰多为范作。但两种纹饰的制作方式都各有交叉，宽带纹饰应该有少数为范作，而那些圆润平滑的弦纹以及那些纹路凸起陡直而表面平齐的线状纹饰，应该多是模作的。此外，当多周纹饰共存，特别是制作那些较为精细的器物时，模作和范作两种技术手段显然会被先后使用。当然，以上对于模作和范作纹饰的讨论，仍然是基于对纹饰表象的观察，结论未必确定。

三、细线兽面纹的适用性

在陶范上刻划凹入的线条，即可在铸后的器物表面得到相应凸起的阳线，因此范作细线纹饰在技术上颇为简易，细线的兽面纹也应该如此。早年间，戴维森通过观察一些商时期青铜器所饰窄细而凸起的细线纹饰，认识到这些纹饰应该是直接在陶范上刻划而成的[1]。戴维森的这个认识，又直接影响到其后罗越提出著名的兽面纹五型发展的观点：在陶范上直接制

① J LeRoy Davidson. Toward a Grouping of Early Chinese Bronzes. *Parnassus*, 1937(Ⅸ).

作的细线兽面纹被罗越列为最早的Ⅰ型，逻辑发展上早于宽带兽面纹的Ⅱ型[①]。

细线纹饰在陶范上直接刻划制作、在发展系列上较早的认识，应该是正确的。不难注意到，迄今发现年代较早的青铜器，其装饰纹饰者一般是线状纹饰。二里头文化时期青铜器的纹饰并不多，是在鼎、爵上装饰网格纹等细线纹饰，少数乳钉纹也应该是在陶范上戳印出来的。二里冈文化早期青铜器绝大部分也是装饰细线纹饰，盘龙城年代最早的杨家湾M6，出土3件青铜容器爵、斝、鬲，均饰细线兽面纹或弦纹（图5.14）。

但是，在二里冈文化时期青铜器的发展，宽带纹饰并没有取代细线纹饰，细线兽面纹甚至在二里冈文化晚期仍然大量存在，这在盘龙城青铜器中尤为明显。在盘龙城最晚阶段的代表性单位中，如杨家湾M11、H6，其细线纹饰特别是细线兽面纹的青铜器不在少数，看上去细线纹饰与宽带纹饰并没有早晚承袭的发展关系。

细线兽面纹在年代较晚的青铜容器上流行，一定有其特别的背景，技术背景当然是首先应该考虑的。要理解何以年代较晚的青铜器装饰逻辑发展关系较早的线状纹饰，需要考察那些线状纹饰青铜器的内聚特征。不难发现，细线兽面纹结构简化而抽象，有时甚至会省略兽面纹最常见的构件——双目。因其线条较细，细线兽面纹可以在较小的空间中展开。实际上，纹饰幅面较小的觚类器上，就常见细线兽面纹。

盘龙城遗址典型单位发表图像的觚类器中，有22件可辨识纹饰，其中装饰线状纹饰的觚有9件，这在盘龙城青铜器各器类中比例最高。其中属于盘龙城遗址年代最晚阶段的杨家湾M11出土的4件觚中，有3件是装饰细线兽面纹的（图5.15）。

细线兽面纹在觚上的装饰甚至还和觚的粗细相关，即粗腰觚较多装饰宽带兽面纹，而细腰觚较多装饰细线兽面纹。粗腰觚如李家嘴M2：5觚，口部残，腰径7.2厘米；李家嘴M1：19觚，底径10、腰径6.2、通高16.8厘米；杨家湾M4：6觚，口径11.6、腰径5.2、高16.6厘米；楼子湾M3：2觚，底径9、通高15.4厘米，这些觚均装饰宽带兽面纹。与之相反，细线兽面纹则往往装饰在细腰觚上，杨家湾M11：11觚，口径12.9、腰径4.2、通高18.2厘米；杨家湾M11：18觚，口径10.4、腰径3.4、通高17.2厘米；杨家湾M11：51觚，口径10.3、腰径3.6、通高16厘米。这些装饰细线兽面纹的觚，其腰径明显小于粗腰觚。

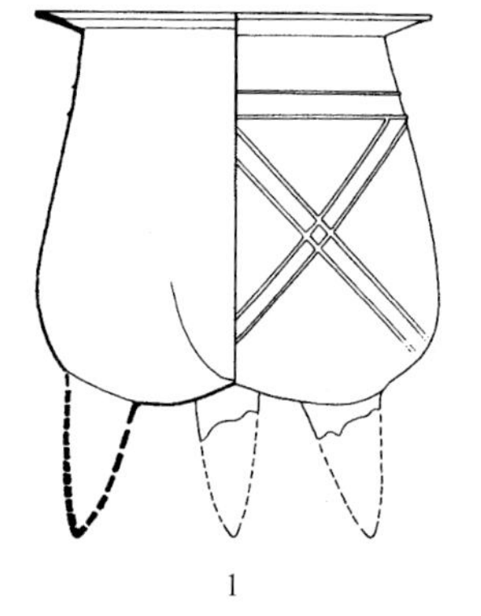
1

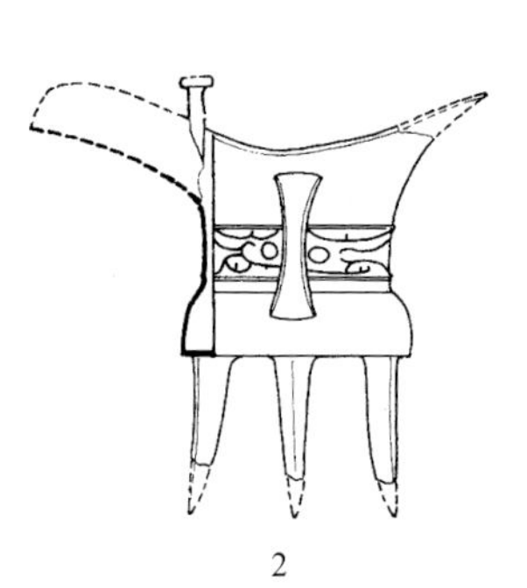
2

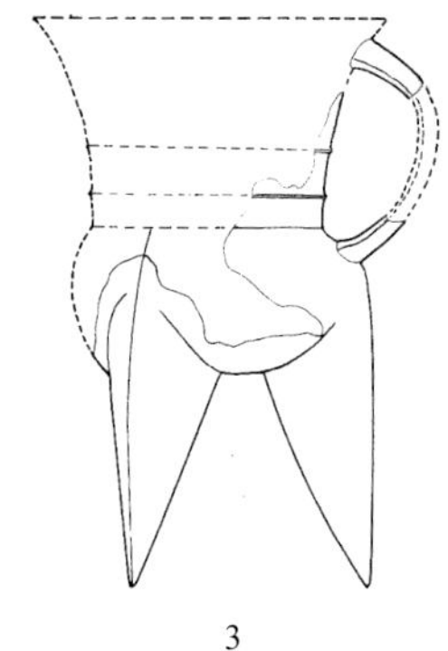
3

图 5.14　杨家湾 M6 青铜器纹饰

1. M6：2鬲　2. M6：1爵　3. M6：4斝

① Max Loehr. The Bronze Styles of the Anyang Period (1300-1028BC). *Archives of the Chinese Art Society of America*, 1953(7).

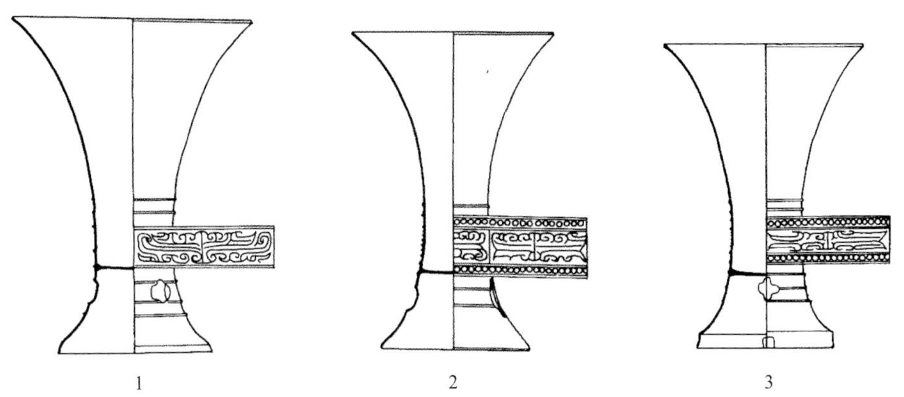

图 5.15 杨家湾 M11 细线兽面纹觚

1. M11：11 2. M11：18 3. M11：51

细腰觚装饰线状纹饰应该与纹饰的装饰幅面大小相关。二里冈文化时期还未出现像殷墟第二期文化青铜器那样的复杂分范的现象，觚的范型应该是使用两块外范。受合范方式的影响，觚的纹饰也是一周两组，纹饰的分界重合于合范的范缝。对于觚而言，由于直径很小，两组纹饰可供装饰的空间十分有限——在所有的青铜容器器类中，觚的装饰空间是最小的一类，且装饰在直径最小的腰部。当装饰主体为结构复杂的兽面纹时，意味着在较小的幅宽范围内需要展开纹样的兽面、躯尾等不同部件。对于细腰觚而言，以细线表达兽面纹的面部器官和展开的躯尾，无疑较纹路较宽的宽带纹饰方便得多。就器形而言，由于二里冈文化时期青铜觚的总体变化是腰部由粗及细，如此则细腰觚年代多较晚，细线纹饰的需求就较多。因此，二里冈文化时期细线纹饰，特别是细线兽面纹较多，并不是一个时代发展的必然现象，而是出于技术需求。

与装饰在幅面较小的器类上相反，细线兽面纹还出现在一些体形较大的器物上。二里冈文化时期体量最大的器类是鼎（包括圆鼎和方鼎），其器形高大者常常装饰细线兽面纹。大型鼎上的细线兽面纹往往是突出椭方形双眼，兽面、角、躯体抽象难辨，细线纹路与器形的高大、粗犷对比强烈。

盘龙城出土的鼎类器中，体量最大的4件都饰细线兽面纹（图5.16）。李家嘴M2：36鼎，口径31.6、通高55厘米；李家嘴M2：55鼎，口径21.4、通高35.6厘米；李家嘴M1：1鼎，口径28.5、通高45厘米；杨家湾M11：16鼎，残，口径约55厘米。盘龙城装饰宽带兽面纹或其他如弦纹的鼎，体量均明显小于上述诸鼎。

大型青铜鼎装饰线状兽面纹并非盘龙城一地的独特现象，在二里冈文化至中商文化时期的郑州商城及其他地区，大型鼎类器也多是细线兽面纹。如郑州商城迄今所见最大的圆鼎是郑州向阳回民食品厂窖藏H1：1，口径52、通高77.3厘米，口下饰一周细线兽面纹[①]（图5.17，1）。平陆前庄兽面纹鼎，口径47.5、通高73厘米，口下兽面纹也为细线[②]（图5.17，2）。不仅在圆鼎中，在大型方鼎中也多是如此，如郑州南顺城街H1的4件方鼎均饰细线兽面纹[③]。

细线兽面纹与大型铜鼎之间存在的内在联系，也是技术上的。由于大型鼎的范型会相对较大，如郑州向阳回民食品厂窖藏H1：1鼎作水平分范，但单块外范也会远大于普通口径不

① 河南省文物考古研究所：《郑州商城——1953～1985年考古发掘报告》下册，彩版17，文物出版社，2001年。

② 《全集》一，图版33。

③ 河南省文物考古研究所、郑州市文物考古研究所：《郑州商代铜器窖藏》，彩版二，科学出版社，1999年。

图 5.16　盘龙城装饰细线兽面纹的大鼎

1. 李家嘴M2：36　2. 李家嘴M2：55　3. 李家嘴M1：1　4. 杨家湾M11：16

图 5.17　盘龙城之外的细线兽面纹大鼎

1. 郑州向阳回民食品厂窖藏H1：1　2. 平陆前庄

足20厘米的鼎范。如果装饰宽带兽面纹，则很可能是模作方式的翻制纹饰。这对于较大的陶范而言，操作比较困难且易导致纹饰变形。上述大型鼎的细线兽面纹，很可能是直接的范作纹饰。如此范作会大大降低技术难度、增加制范工序环节的成品率。

四、细线和宽带纹饰共存的背景

除了纹饰和器类的关系之外，纹饰的组合情况也是观察制作技术的一个视角。此前已有学者注意到，在器物特别是爵类器的同一周纹饰中，有时会出现两组不同的纹饰，这种不同于绝大多数纹带风格一致的情况，被学者称为“一带双纹”现象[①]。

由于纹饰手工制作的先决条件，每周纹饰各个单元都会有细节的不同。我们这里所说的“一周双纹”，是构图明显不同乃至技术背景不同的情况。盘龙城最有代表性的“一带双纹”，是学者已经指出的、在多件爵上的装饰方式：在鋬的一侧饰细线兽面纹，而在腹侧饰宽带兽面纹。代表器如杨家嘴M2：5爵、采集P：032爵（图5.18）。

“一带双纹”既有一周兽面纹的细线、宽带两种纹路的方式，还有其他变相的例子。杨家湾M11：57爵在腹侧饰三道细线平行弦纹，而在鋬侧则是素面（图5.19，3）。这样的例子令人联系到二里头遗址的1975YLⅧKM7：1乳钉纹爵（《全集》一，图7），该爵也是在腹侧饰弦纹，鋬侧没有纹饰。另一个类似的形式是在斝上，王家嘴H7：1斝上腹一周两组斜向弦纹，其中鋬侧的一组是两道细线，而腹侧的一组是三道细线，并在其中夹圆点纹（图5.19，1）。王家嘴H7：1斝和一般的斝不同，是使用两块外范而不是一般斝的三块外范，因此纹饰相应的也是两组。

如此一来，“一带双纹”所呈现的规律性现象就比较明确：这类装饰绝大部分发生在爵类器上，爵使用两块外范，而斝上所见唯一的一例也是使用两块外范。正因如此，“一带双纹”即一周纹饰为两组，对应的是两块外范。进一步来说，“双纹”制作上在腹侧的一组纹饰总是较鋬侧的一组更为复杂，即宽带兽面纹比细线兽面纹复杂，细线弦纹较素面的复杂。这说明鋬侧应该是因为较难施加纹饰，从而选择简单的方式来处理。

细线与宽带纹饰除了在一周纹带上共存之外，还会在斝类器上以两周不同类型的纹饰共存。在二里冈文化较早阶段，斝一般在上腹饰一周纹饰，如李家嘴M2的斝多是如此。至李家嘴M1或更晚阶段，斝越来越多地饰有两周纹饰。两周纹饰的斝可能是两周宽带纹饰的组合，可能是两周兽面纹，也可能是一周兽面纹加一周涡纹，还可能是一周细线纹饰加一周宽带纹饰，若如此，则一定是下腹饰一周宽带兽面纹，上腹纹带或者是细线的弦纹，或者是细线的兽面纹。细线弦纹+宽带兽面纹的例子如李家嘴M2：22斝（图5.20，1）、楼子湾M7：1斝，细线兽面纹+宽带兽面纹的例子如杨家湾M11：31斝（图5.20，2）。后者的这种细线和宽带兽面纹在二里冈文化和中商文化阶段都颇为多见，上海博物馆就收藏有4件此类纹饰的斝[②]（图5.20，3）。

① 常怀颖：《二里岗铜容器的“一带双纹”现象》，《文物》2010年第6期。

② 陈佩芬：《夏商周青铜器研究·夏商卷》，第79页，上海古籍出版社，2004年。

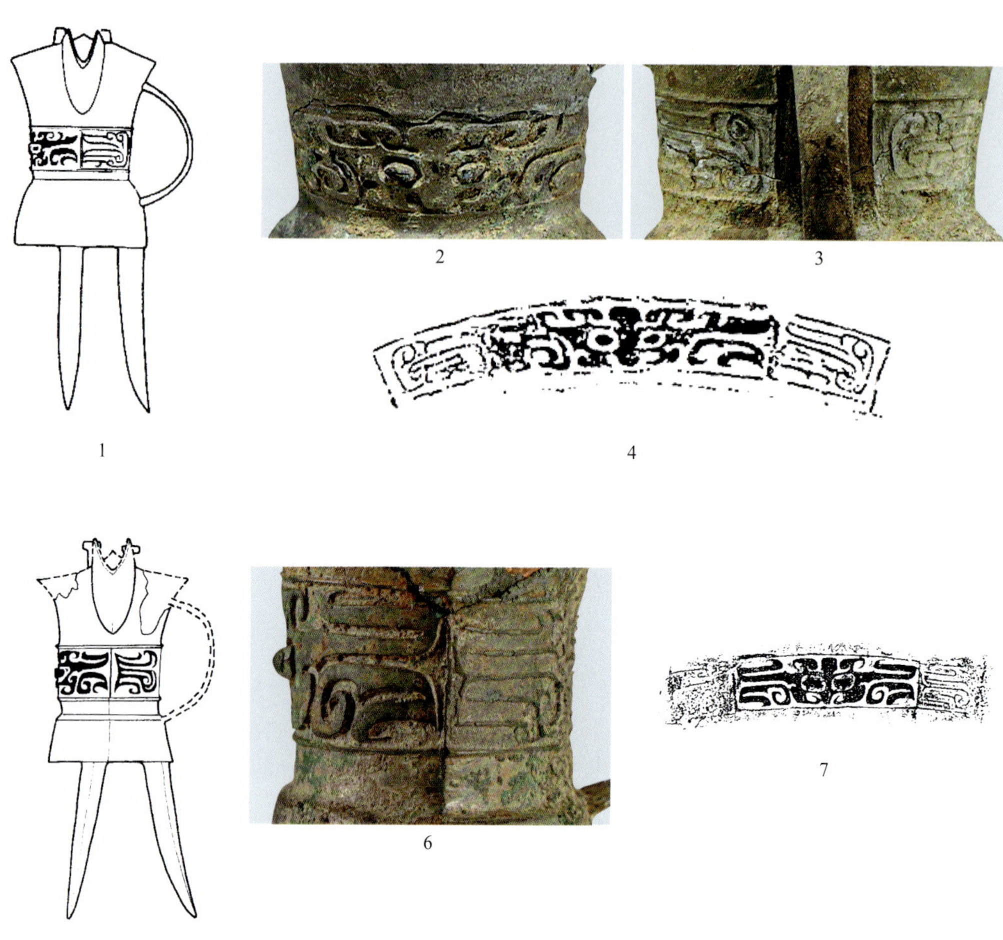

图 5.18　一带双纹（兽面纹）

1～4. 杨家嘴M2：5爵　5～7. 采集P：032爵

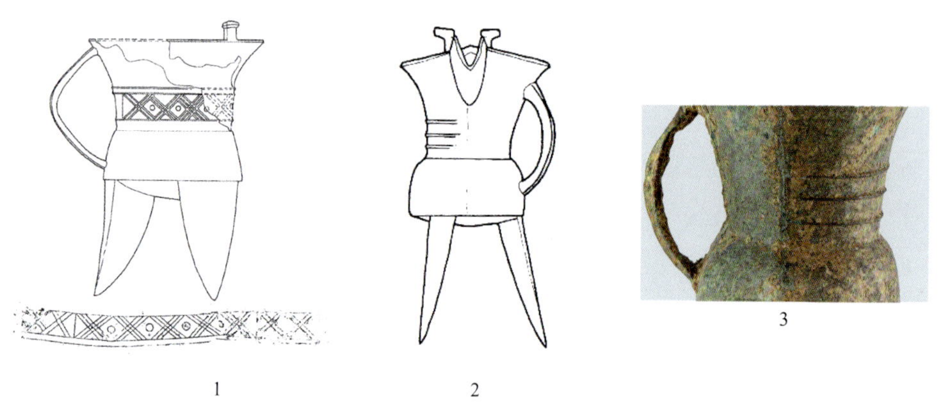

图 5.19　一带双纹（弦纹）

1. 王家嘴H7：1斝　2、3. 杨家湾M11：57爵

1

2

3

图 5.20　双周双纹

1. 李家嘴M2：22斝　2. 杨家湾M11：31斝　3. 上海博物馆藏斝

爵上也见类似斝类器的双周双纹现象。其中上腹细线兽面纹+下腹宽带涡纹的例子，如杨家湾M7：7爵、杨家湾H6：28爵。上腹细线弦纹+下腹宽带兽面纹的例子，则有王家嘴M1：11爵，这样爵装饰的共同处是细线纹饰的位置在靠上的一周。

双周双纹的例子见于斝、爵类器，其特点是细线的纹带一定在上腹的一周，同时，这类装饰都发生在带鋬的器类上。考虑到细线纹饰如同爵类器那样是因为制作技术背景而出现，那么一周双纹和双周双纹的共同点就是因为器鋬的因素。一周双纹中，纹饰制作简单的一面是在鋬侧，而双周双纹上腹也是在器鋬的位置，上腹纹饰选择简单的细线纹饰，同样是选择简单的技术方向。从这个角度来说，如果细线纹饰是因为简单的制作技术，则其对应的是范作纹饰，如此则宽带兽面纹应该对应为模作纹饰。宽带兽面纹和细线兽面纹的共存，暗示的是模作纹饰和范作纹饰的技术选择。

综上所述，细线纹饰多具有明显的倾向：或者出现在觚类器极小的画幅上，或者装饰在鼎类器很大的画幅上，或者选择两组纹饰中靠鋬的一侧，或者选择在双周纹饰中靠上在鋬的一周。这些细线纹饰的制作技术背景，都与较复杂困难的制作环境相关，或者说都与易于制作的技术选择相关。还有一些细线纹饰出现在一些不重要的器类如鬲、甗，或者地位较低的器类如小型鼎上，也是因其制作简单。从细线兽面纹简易的范作技术选择，反衬出宽带纹饰模作的背景。

二里冈文化时期多种制作技术背景对细线纹饰的需求，是细线纹饰特别是细线兽面纹得以继续流行的重要原因。同时，因为细线纹饰存在的热度，也使其在非技术需求背景下常常出现。一些青铜器如杨家湾M7：6罍和杨家湾H6：20罍，细线兽面纹制作得极其精细，就是这种背景下较为特殊的操作。

第三节　装饰的演进

二里冈文化的发展，经历了从公元前16世纪到公元前13世纪约300年的时间。这样长的时间段中，青铜器的变化主要是体现在二里冈文化早、晚两期。不过，相对于器形、技术乃至于器物组合的滞缓变化，装饰的演进则要明快一些。因为装饰变化可以是多源纹饰的变化，也可能是一周纹饰、一件器物多周纹饰的变化。

从二里头文化到殷墟文化青铜器装饰的两极特性，可以推知二里冈文化时期装饰发展变化的趋向是繁化，但这只是装饰演进的表现之一。另一方面，简陋之器也可能是特殊背景下的社会需求，因此简化也仍然是发展阶段青铜器会体现出来的特征。以下分别讨论繁化和简化这两个特征。

一、繁化

装饰的繁化既有单组纹饰结构的复杂化，也有一周纹饰各单元结合的复杂化，还包括单器纹饰组合的复杂化，且这些复杂化在不同器类中的表现有所不同。

单组纹饰的复杂程度还会随着年代的变化而递增，这在宽带兽面纹中表现较为明确（图5.21）。较早阶段兽面纹如李家嘴M2：21爵纹带略宽，椭方形目，鼻梁不明显；其后的变化如李家嘴M1：15爵在鼻梁两侧、角与鼻梁之间出现立羽状纹，或者如杨家湾M4：4斝在目与鼻梁之间出现接近羽状的竖道。此后，兽面纹的目开始出现“臣”字形，宽带中加入阴线，每幅纹饰看上去似有上下两层，如杨家湾M11：31斝。型式更晚的兽面纹两角之间立羽增多，躯体轮廓明显，躯体两侧外出现单目的夔纹，每幅纹饰看似三层，如杨家湾H6：21罍。

除了上述变化之外，单组纹饰的变化还受到装饰幅面的影响。装饰幅面最小的觚，兽面纹的结构早晚变化不大。由于觚总体趋细，因此较晚单位如杨家湾M11的觚多选择装饰细线兽面纹。宽带阳纹的早晚变化在不同器类上表现更明显，一些腹部深而周长较大的器类如尊罍、簋，每组兽面纹的幅度较宽较高，较晚特征的兽面纹较早地出现在这些器类上（如李家嘴M1、M2尊）。

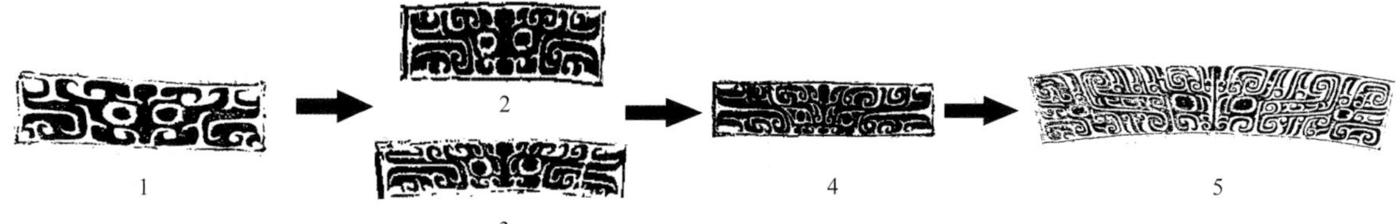

图5.21　宽带兽面纹的繁化

1. 李家嘴M2：21爵　2. 李家嘴M1：15爵　3. 杨家湾M4：4斝　4. 杨家湾M11：31斝　5. 杨家湾H6：21罍

在单周纹饰中，一般器类如觚、鼎、罍等器的各单元均相同，但爵、斝的情况较为复杂。如在纹饰的布局一节所讨论的内容，较早阶段包括李家嘴M1、M2出土的爵、斝，纹饰在靠鋬的一侧都是由两个相对的夔纹构成。在最晚如杨家湾M11阶段，这些靠鋬的纹饰几乎都变为独立的兽面纹。爵类器如杨家湾M7：7爵和采集P：033爵（图5.22，3、4），鋬侧都是左右对称的兽面纹。在斝类器中，杨家湾M4：4斝上周鋬侧纹饰还是夔纹，下周鋬侧就已是兽面纹；又如杨家湾M11：31斝（图5.22，7），鋬侧上下两周纹饰都是兽面纹。这些也说明了爵、斝纹饰构成上的繁化。

在一周纹饰中增加辅助的圆圈纹，也会加强装饰性。圆圈纹往往伴随兽面纹或夔纹，在年代较晚、装饰较精美的器物中。年代较晚者如西城垣M1斝、罍、鼎，其上每周兽面纹或夔纹都加饰圆圈纹。较为精致的器物如李家嘴M1壶以及2件罍，兽面纹侧都加饰圆圈纹，其中李家嘴M1壶在盖顶、肩部、腹部纹带都加饰有圆圈纹。李家嘴M1这件壶也是盘龙城青铜器中装饰最为精致、器形和工艺最为复杂的器物之一。

纹饰在不同器类中的繁化，还表现在纹饰周数的增加上（图5.22）。爵类器，特别是在斝、罍器类中，较晚阶段的纹饰周数增加。至最晚阶段，爵、斝常见两周纹饰，罍则多为四周纹饰。纹饰这样的繁化至殷墟文化时期的青铜器上就发展为通体满幅装饰了。

在高等级墓葬一些较为精致、高品质的器物中，也会相对较早地出现复杂或多周纹饰。这样的现象在李家嘴M1中较多出现，如M1：19觚、M1：9壶、M1：5簋的造型、装饰均较规整，特别是纹带的美感较强。

二里冈文化时期青铜器处于向上的发展阶段，也是装饰爆发式发展的时期。如前所述，装饰的发展体现在构图和布局上的繁化是总的趋势，也是合乎逻辑的过程。不难看到，属于二里冈文化早期的杨家湾M6的3件青铜器都有装饰，较之此前的二里头文化时期青铜器鲜有装饰是一个突出的进步。而二里冈文化晚期如李家嘴M2、李家嘴M1青铜器不仅普遍性地进行装饰，纹样特别是纹样的构图更是多样化，装饰还具有强烈的美感。因此，二里头文化—二里冈文化早期—二里冈文化晚期青铜器的装饰，繁化是发展的基本态势。

二、简化

相对于繁化，简化在二里冈文化时期则是特别的、不多见的情况，只出现在少数器物和墓葬中。

一些器物或器类装饰简单的纹饰，可能暗示其居于不重要的地位。例如爵、斝、觚一般装饰兽面纹，极少数简化地装饰弦纹，则其器体往往较小而轻薄，可能在组合中居于次要地位。这样的器物有李家嘴M2：23爵、杨家湾M11：2斝等，两器均只装饰弦纹，且均较小而轻薄。一些器类的装饰也较为简单，如只是一周云雷纹，或者只装饰两道弦纹甚至是素面，这些器物在一般的墓葬中多为食器。盘龙城出土其他鬲11件，除个别器物装饰兽面纹外，一般多为云雷纹或弦纹，唯一的1件甗（李家嘴M2：45）也装饰云雷纹。鼎类器虽然多装饰兽面纹，但体量极小者也只饰弦纹。鼎类器这种情况，类似于前述杨家湾M11中爵、斝多饰弦纹或素面的情况。青铜器较小的体量或简单的装饰，代表了较低的生产成本。这种类型的器

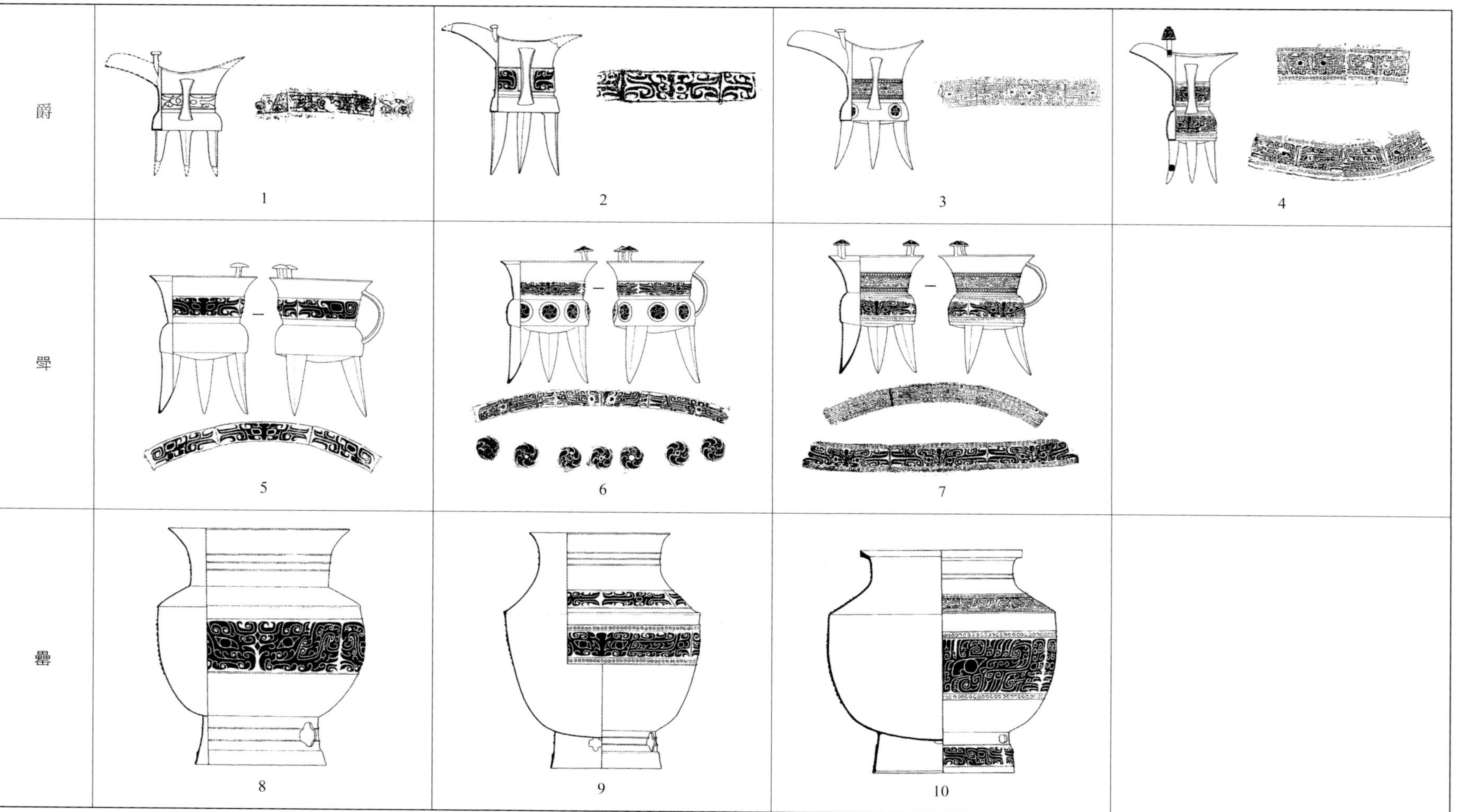

图 5.22 爵、斝、罍装饰的变化

1. 杨家湾M6：1爵 2. 李家嘴M2：11爵 3. 杨家湾M7：7爵 4. 采集P：033爵 5. 李家嘴M2：19斝 6. 杨家湾M7：3斝 7. 杨家湾M11：31斝 8. 李家嘴M2：75罍 9. 李家嘴M1：7罍 10. 西城垣M1：7罍

图 5.23 杨家湾 M11 装饰简化的青铜器

1. M11：18觚 2. M11：57爵 3. M11：2斝 4. M11：34罍

类和器物，可能在礼仪活动中居于辅助性地位。

装饰简化的情况集中地出现在墓葬中，只见于杨家湾M11。该墓发表的16件青铜容器图像中，可见饰细线纹饰的青铜器10件，宽带纹饰的青铜器6件[①]。细线纹饰的青铜器或者如3件罍只饰有两周圆圈纹，器形不甚规整（图5.23，4）。其他器物的细线纹饰均为弦纹，器类有觚、爵、斝，装饰显得较为简陋（图5.23，1～3）。

杨家湾M11青铜器的数量、组合以及大鼎都表明墓主应该为盘龙城最高首领。这座墓葬是属于盘龙城最晚阶段，青铜器除了装饰简化，不少器物较为轻薄简陋，大鼎则应该是一件铸造失败的产品（详见第一章墓葬的发掘与发现）。这些情况包括青铜器装饰的简化，反映的是盘龙城社会地位降低，行将被商王朝放弃的社会背景。

总结盘龙城青铜器纹饰的变化，三个阶段有如下一些特征。

第一阶段，以杨家湾M6为代表（图5.24）。除少数素面之外，大部分装饰纹饰。纹样

① 发表图像16件，其中1件素面无纹，1件同时装饰线状和带状纹饰。

有兽面纹、弦纹、圆圈纹等类别，绝大部分为细线纹饰，但宽带兽面纹开始出现[①]。纹带均为一周，纹路较为松散且不甚规整。

第二阶段，以李家嘴M1、M2为代表（图5.24）。装饰得到大发展，绝大部分器物都有纹饰。动物纹饰兽面纹、夔纹，几何形纹饰云雷纹、涡纹、连珠纹、弦纹、斜向弦纹等都已出现，其中兽面纹、夔纹大部分为宽带纹饰。纹饰结构趋于复杂，大部分纹饰规整、有力度。带錾器如斝、爵、盉的一周兽面纹上，靠錾的两侧往往为相对的两个夔纹。大部分器物为一周纹饰，部分觚、爵、斝开始饰两周纹饰，尊罍、壶等大型盛酒器为多周纹饰。装饰出现等级分化，一些低等级器物装饰简单，而一些高等级墓葬部分器物装饰规整而精细。

第三阶段，以杨家湾M4、杨家湾M11、西城垣M1为代表（图5.24）。基本特征如上一阶段，并在三个方面略有变化：其一是纹饰结构趋于复杂，在爵、斝等器类靠錾的纹饰为完整的兽面纹而非此前的夔纹，爵、斝器柱上多有涡纹等纹饰；其二是纹饰组合为两周或多周，尊罍肩部多出现夔纹；其三是一些墓葬如杨家湾M11纹饰趋于简化。

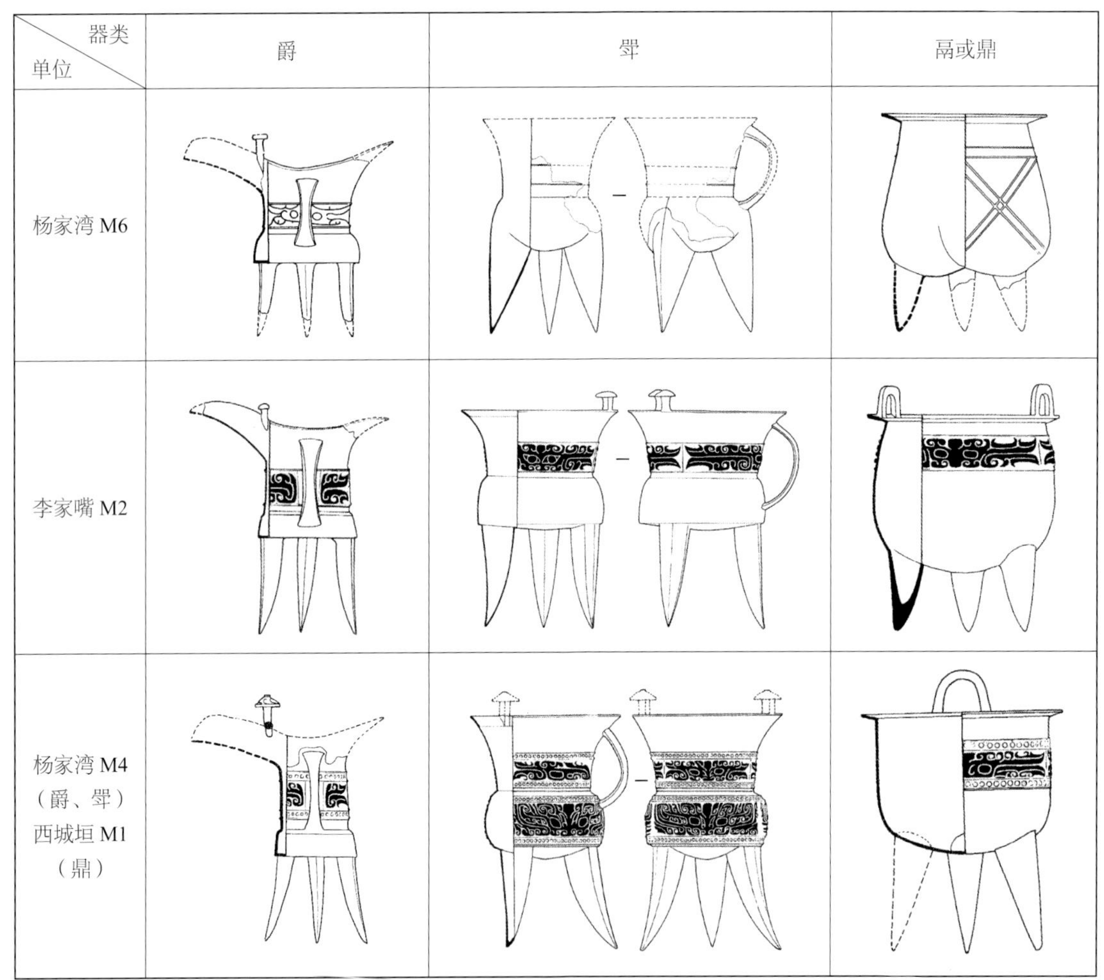

图 5.24　不同阶段墓葬青铜器装饰的变化

① 如西吴壁M16：4爵就是装饰宽带兽面纹。中国国家博物馆、山西省考古研究院、运城市文物保护中心：《山西绛县西吴壁遗址商代墓地2022年发掘简报》，《中国国家博物馆馆刊》2023年第6期。

第六章

成分与结构

目前已有多位学者对盘龙城青铜器和冶金遗物的成分与结构开展了系统地分析，并根据分析数据探讨了盘龙城是否存在本地铸铜活动、铸铜物料的来源、盘龙城与郑州青铜器间的共性与差异等问题，为研究二里冈期的青铜产业格局提供了重要信息。本章对目前已发表的盘龙城青铜器与冶金遗物分析数据进行汇总，结合其他遗址已发表的相关数据对盘龙城青铜冶金业的核心问题进行探讨。

第一节　冶金遗存分析结果

目前已有多位学者开展了盘龙城青铜器的合金成分、微量元素含量、铅同位素比值以及泥芯稀土元素含量分析，并对盘龙城出土坩埚、冶金渣进行了显微观察、化学成分分析以及铅同位素比值分析。20世纪70年代，湖北省博物馆对4件盘龙城青铜器的合金成分进行过分析[①]，中国社会科学院考古研究所也公布过4件盘龙城采集青铜器的成分数据[②]，金正耀等公布了部分盘龙城青铜器的铅同位素数据[③]。盘龙城青铜器分析数据的主体来自《盘龙城（1963～1994）》附录中的5篇分析报告，包括《盘龙城商代青铜器的检验与初步研究》[④]、《盘龙城青铜器合金成分分析》[⑤]、《盘龙城出土青铜器的铅同位素比测定报告》[⑥]、《盘龙城商代青铜器铅同位素示踪研究》[⑦]和《盘龙城遗址出土铜器的微量元素分析报告》[⑧]，全面分析了盘龙城青铜器的成分结构和物料产源特征。在盘龙城报告发表之后，南普恒等发表了盘龙城青铜器泥芯的微量元素分析结果，讨论盘龙城青铜器可能的铸造地点[⑨]，刘思然等发表了盘龙城小嘴遗址发现冶金遗存的分析结果，实证了盘龙城遗址存在本地青铜铸造活动[⑩]，并结合小嘴冶金渣的铅同位素比值和微量元素含量，进一步讨论了盘龙城的青铜物料来源问题[⑪]。以下分别从合金成分与金相组织、微量元素成分、铅同位素比值，以及冶金遗物成分与结构四个方面对盘龙城青铜器和冶金遗物的分析成果进行汇总。

---

① 湖北省博物馆：《盘龙城商代二里冈期的青铜器》，《文物》1976年第2期。

② 李敏生：《先秦用铅的历史概况》，《文物》1984年第10期。

③ 金正耀、Chase W T、平尾良光等：《江西新干大洋洲商墓青铜器的铅同位素比值研究》，《考古》1994年第8期。

④ 郝欣、孙淑云：《盘龙城商代青铜器的检验与初步研究》，《盘龙城（1963～1994）》附录一，第517～538页。

⑤ 何堂坤：《盘龙城青铜器合金成分分析》，《盘龙城（1963～1994）》附录二，第539～544页。

⑥ 孙淑云、韩汝玢、陈铁梅等：《盘龙城出土青铜器的铅同位素比测定报告》，《盘龙城（1963～1994）》附录三，第545～551页。

⑦ 彭子成、王兆荣、孙卫东等：《盘龙城商代青铜器铅同位素示踪研究》，《盘龙城（1963～1994）》附录四，第552～558页。

⑧ 陈建立、孙淑云、韩汝玢等：《盘龙城遗址出土铜器的微量元素分析报告》，《盘龙城（1963～1994）》附录五，第559～573页。

⑨ 南普恒、秦颖、李桃元等：《湖北盘龙城出土部分商代青铜器铸造地的分析》，《文物》2008年第8期。

⑩ 刘思然、邹秋实、路晋东等：《盘龙城遗址小嘴商代冶金遗物的分析与研究》，《江汉考古》2020年第6期。

⑪ 刘思然、邹秋实、路晋东等：《盘龙城遗址小嘴金属物料溯源研究》，《江汉考古》2023年第4期。

一、合金成分和金相组织

目前共46件盘龙城青铜器经过金相组织分析（表6.1），67件青铜器进行过主量元素成分分析，由于部分青铜器的主量元素成分经过多次测定，共获得主量元素数据125个（表6.2）。被测青铜器中具有明确年代信息的多属于盘龙城第五期至第七期，相当于中原商文化的二里冈上层阶段，被测样品主体为礼容器，共37件，大部分来自李家嘴M1（6件）、李家嘴M2（3件）、王家嘴M1（2件）、杨家湾M11（2件）、杨家湾M4（2件）等几座墓葬。另一大类为小嘴铸铜遗址出土的铜块，共12件。由于北京科技大学①和日本武藏工业大学②分别对完全相同的22件样品进行过分析，因此需要首先考察一下两组数据间是否具有系统差异，评估将多个实验室的分析数据进行比较的可行性。北京科技大学使用英国剑桥S-250MK3型扫描电子显微镜及Link AN 10000型能谱仪，加速电压为20kV，计数60s，采用无标样定量方法。日本武藏工业大学同样使用扫描电镜能谱仪对样品进行无标样定量分析，具体设备型号不详。对两组报告中样品的Sn、Pb含量进行比较分析（图6.1），如果两组数据完全对应，数据点应该落在1∶1斜线之上，数据点距离斜线越远，则两组数据的差异越大。由图可知，两组数据的Sn含量差异较为显著，但不具有明显的方向性，数据点均匀分布在1∶1斜线的两侧，部分样品的差异达5wt%以上。两组数据的Pb含量差异显著，北京科技大学数据的Pb含量系统性高于日本武藏工业大学数据，部分样品的差异可达10wt%以上。如此大的数据差异会对后续的多项讨论产生直接影响，但由于两组实验人员均未公布仪器数据质量评估结果，目前尚无法判断哪一组数据的准确度更高。考虑到已发表的研究文章多采用北京科技大学的成分数据进行讨论，本书在后续讨论涉及这22件器物时也仅使用北京科技大学数据。此外，北京科技大学和中国科学院自然科学史研究所分析的两组青铜器虽然不重叠，但两组分期接近器物的成分数据却具有系统性差异。图6.1，3显示北京科技大学数据的Sn、Pb含量系统性高于中国科学院自然科学史研究所数据。综上，使用不同实验室分析的成分数据进行对比分析时应格外谨慎，如果多组数据间存在系统性差异，则需要考虑实验室分析误差的影响。

此外，9件青铜器在不同部位进行了多次取样，用以观察一件青铜器内是否存在成分非均质现象。结果显示，大部来自同一件青铜器的样品具有相近的成分，但也有少数青铜器不同部位样本的成分差异较大。如杨家湾M4出土的铜尊（杨家湾M4∶1），足部Pb含量为20.5wt%，肩部Pb含量为15.8wt%；杨家湾M11出土的铜尊（杨家湾M11∶25），口沿、肩部和腹部Pb含量分别为14.8wt%、18wt%、21.3wt%。2件铜尊都出现了从上至下Pb含量逐渐增加的现象，可能与铅在青铜凝固过程中发生重量偏析有关。这一现象在为研究盘龙城青铜器的浇铸方式提供重要信息的同时，也说明在讨论体型较大青铜器的合金配比时需要考虑其成分的非均质性。

67件样品中仅有小嘴出土的1件铜块为红铜，Sn含量低于检出限（bdl），Pb含量仅

① 金正耀、Chase W T、平尾良光等：《江西新干大洋洲商墓青铜器的铅同位素比值研究》，《考古》1994年第8期。

② 彭子成、王兆荣、孙卫东等：《盘龙城商代青铜器铅同位素示踪研究》，《盘龙城（1963～1994）》附录四，第552～558页。

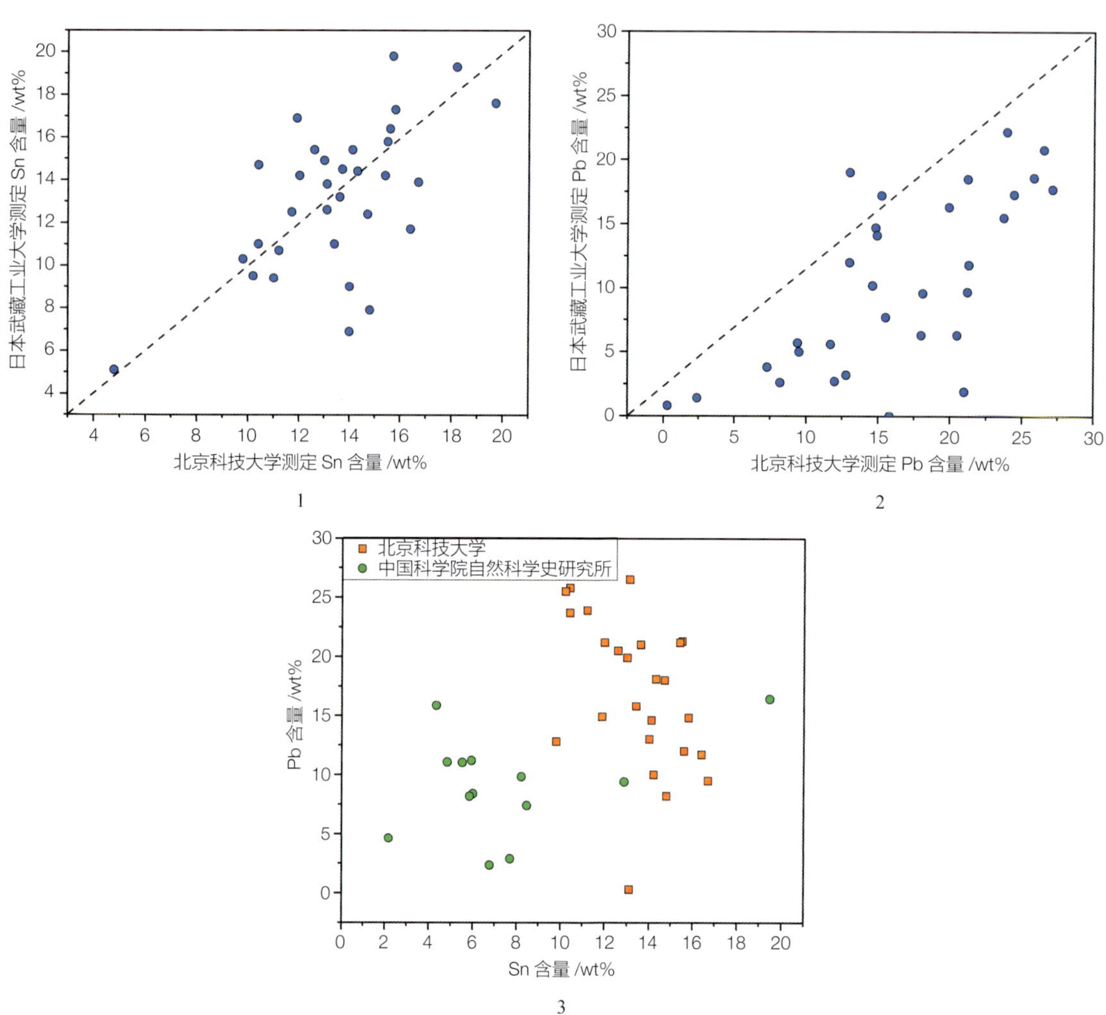

图 6.1　不同实验室分析盘龙城青铜器样品 Sn、Pb 含量比较

1. Sn含量　2. Pb含量　3. Sn、Pb含量

为0.5wt%。7件器物的Pb含量低于2wt%，为铜锡二元合金，包括李家嘴M1铜盘（李家嘴M1：6）、李家嘴M2铜鼎（李家嘴M2：55）、采集容器样品（采P：0224）、小嘴出土铜镞（T0116④：3）以及小嘴出土的不可辨识器形的铜块3件。这些器物Cu含量在79.7wt%～96.4wt%，Sn含量在2.3wt%～18.6wt%。2件小嘴出土铜块样品的Sn含量低于2wt%，Pb含量分别为18.2wt%和4wt%，为铜铅二元合金。其余57件器物均为铜锡铅三元合金。Cu含量在55.7wt%～88.7wt%，Sn含量在2.2wt%～19.7wt%，Pb含量在2.4wt%～46.8wt%（图6.2）。根据KDE曲线，Sn、Pb含量可进一步分为两组。低锡组的Sn含量于6wt%附近集中分布，高锡组的Sn含量于11wt%附近集中分布。低铅组的Pb含量于10wt%附近集中分布，高铅组的Pb含量于25wt%附近集中分布。考察两组间样品的期别和类型后发现，二者间没有明显区别，可能主要反映上述北京科技大学数据与中国科学院自然科学史研究所数据间的成分差异。从北京科技大学测定的数据看，四期青铜器具有较低的Sn含量和较高的Pb含量，从四期到七期，盘龙城青铜器的Sn含量逐渐升高，Pb含量逐渐降低（图6.3）。

金相分析显示盘龙城青铜器大部分为铸态组织，主要物相为α固溶体树枝晶，并多

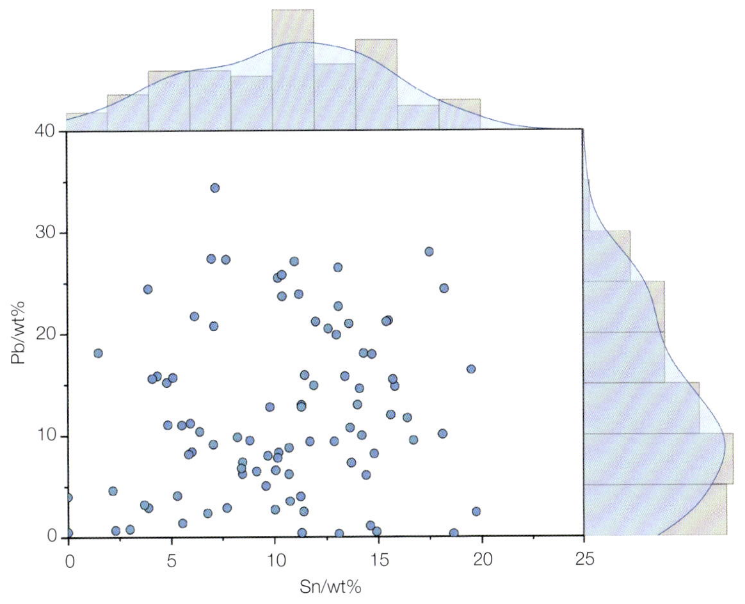

图 6.2　盘龙城青铜器主量成分分布

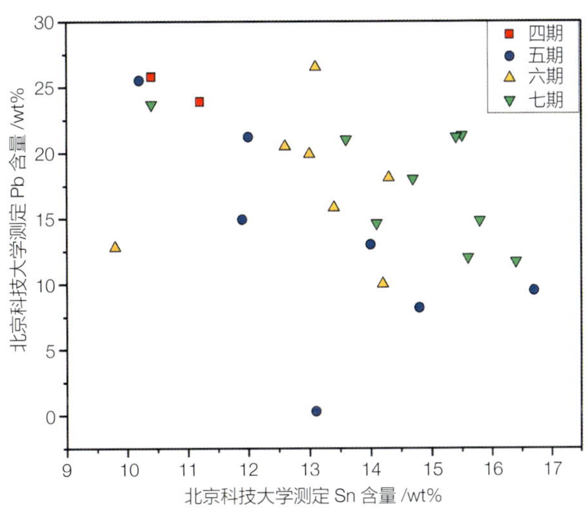

图 6.3　盘龙城青铜器不同时期的 Sn、Pb 含量

见（α+δ）共析组织（图6.4，1），Pb含量较高的样品还可见大量黑色铅颗粒（图6.4，2）。多件样品内可以观察到硫化物夹杂，说明冶铜原料中含有一定量的硫化矿物（图6.4，3）。2件青铜器显示铸造成形后再加工组织，王家嘴出土的1件铜镞残片（王家嘴：0201）的金相组织为α固溶体再结晶晶粒并出现少量孪晶，表明样品的局部可能经过热锻处理（图6.4，4）。楼子湾M3出土的青铜器残片组织中原铸造青铜树枝晶消失，出现α等轴晶晶粒，晶粒有拉长现象，并且晶内存在滑移线，表明此样品在铸造后经过热锻，继而又进行冷加工（图6.4，5）。除以上2件明显经过加工的样品外，杨家湾出土的凿（杨家湾：0116）（图6.4，6）、楼子湾M3出土的折腹斝鋬（楼子湾M3：3）、王家嘴出土的细腰觚残片

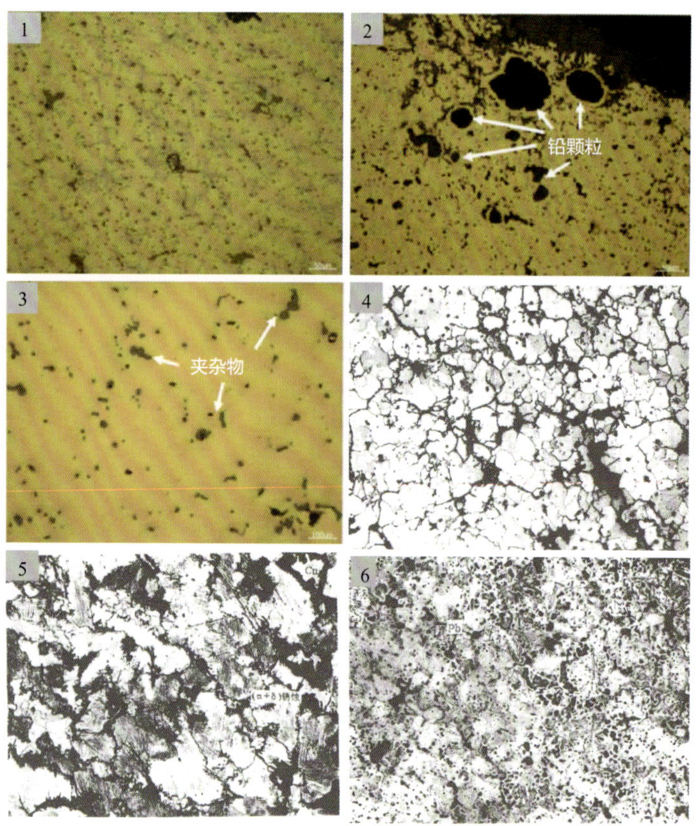

图 6.4　盘龙城金属小件金相照片

1. 小嘴T0116⑤：6铅锡青铜组织，（α+δ）共析体连接成网　2. 小嘴T2016G1：2铅锡青铜组织，含有大尺寸铅颗粒，Pb含量12.8wt%　3. 小嘴T0216⑤：11铅锡青铜组织中含有大量夹杂　4. 王家嘴：0201的金相组织，100×　5. 楼子湾M3的金相组织，100×　6. 杨家湾：0116的金相组织，100×，局部偶有滑移线（1～3的数据来源于《盘龙城遗址小嘴商代冶金遗物的分析与研究》；4～6的数据来源于《盘龙城商代青铜器的检验与初步研究》）

（王家嘴M1：5）、杨家湾M11出土的尊（杨家湾M11：25）和杨家湾出土的青铜器残片（杨家湾：0207），这5件青铜器局部偶见滑移线，可能在铸后发生过冷加工。江家湾M1采集的青铜器残片（江家湾M1）的样品中心部位组织呈现α固溶体树枝晶，晶内偏析明显，边部枝晶偏析现象没有心部明显，表明此器物在铸造后趁热进行了加工，加工量不大，仅边部枝晶偏析减少，其成分稍有均匀化迹象，但内部成分并未均匀化。

综上，盘龙城青铜器的合金特征和生产工艺均较为统一，以铸造铜锡铅三元合金为主。青铜器又可按铅锡含量的差异分为四组，分别为红铜、铜铅合金、铜锡合金、铜铅锡合金（表6.1、表6.2）。成分较为特殊的红铜和铜铅合金样品主要为小嘴铸铜遗址出土的铜块，它们可能是铸铜活动中的原料。

表6.1 盘龙城青铜器金相组织描述

序号	实验室编号	考古编号	器物名称	文献来源	金相组织描述	铸造	锻造	自由铜	硫化物	铅颗粒
1	1801	杨家湾 M3：7	斝残片	《江西新干大洋洲商墓青铜器的铅同位素比值研究》	α 树枝晶，（α+δ）共析组织呈多角花斑状，黑色颗粒为铅（Pb），灰色颗粒为铜的硫化物夹杂	√			√	√
2	1802	杨家嘴 M2：1	弧腹斝残片		α 树枝晶，（α+δ）共析组织	√				√
3	1804	杨家湾：0116	凿		局部有滑移线，仍存在 α 树枝晶，黑色铅颗粒	√			√	√
4	1805	楼子湾 M3：3	折腹斝鋬		α 树枝晶，（α+δ）共析组织细小，大量黑色铅颗粒，局部偶见滑移线	√			√	√
5	1806	王家嘴：0201	镞残片		α 固溶体再结晶晶粒，偶见孪晶	√	√	√	√	√
6	1807	王家嘴 T79②：1	青铜器残片		α 树枝晶，（α+δ）共析组织，黑色铅颗粒，灰色硫化物夹杂	√			√	√
7	1808	王家嘴 T61②：2	青铜器残片		α 树枝状晶不明显，似经加热，铅分布于晶界，但晶内偏析尚有存留	√			√	√
8	1809	王家嘴：0202	斝足残片		α 树枝晶，（α+δ）共析组织细小，大量黑色铅颗粒	√			√	√
9	1810	王家嘴：0203	觚残片		α 树枝晶，（α+δ）共析组织，黑色铅颗粒	√			√	√
10	1812	杨家嘴 T31④	细铜杆残片		α 细枝晶及（α+δ）共析组织，黑色铅颗粒细小	√				√
11	1813	杨家嘴：0204	镞残片		α 细枝晶和（α+δ）共析组织，细小黑色铅颗粒及灰色硫化物夹杂	√			√	√
12	1814	楼子湾 M3	青铜器残片		原铸造青铜树枝晶消失，出现 α 等轴晶粒，α 固溶体呈变形的晶粒状，晶粒有拉长现象，部分晶粒内有滑移线，晶界处分布有（α+δ）共析体，多数被锈，有自由铜	√	√	√	√	
13	1815	M1 采集	青铜器残片		铅及（α+δ）共析体分布在晶界处，硫化物弥散分布，块状自由铜可见，α 树枝晶仍存晶内偏析	√		√	√	√
14	1816	王家嘴 M1：5	细腰觚残片		α 树枝晶，（α+α）共析体，滑移线偶见，黑色铅颗粒	√			√	√
15	1817-1	杨家湾 M4：1	尊足		α 树枝晶，（α+δ）共析组织呈多角花斑状，黑色铅颗粒，部分已脱落	√			√	√
16	1817-2	杨家湾 M4：1	尊肩		α 树枝晶，（α+δ）共析组织呈多角花斑状，黑色铅颗粒，部分已脱落	√			√	√

续表

序号	实验室编号	考古编号	器物名称	文献来源	金相组织描述	铸造	锻造	自由铜	硫化物	铅颗粒
17	1818	杨家湾 M4：1	尊残片		α 树枝晶，（α+δ）共析组织细小，黑色铅颗粒	√			√	√
18	1819	杨家湾 M11：25	尊残片		α 树枝晶，（α+δ）共析组织	√		√	√	√
19	1820-1	杨家湾 M11：25	尊口沿		α 树枝晶，(α+δ)共析组织，灰色硫化物颗粒，组织较均匀，滑移线偶见，有自由铜	√		√	√	√
20	1820-2	杨家湾 M11：25	尊肩		α 树枝晶，（α+δ）共析组织中 α 相有聚集现象，铅多分布在晶界处，硫化物较多，有自由铜，滑移线偶见	√		√	√	√
21	1820-3	杨家湾 M11：25	尊腹		α 树枝状晶，（α+δ）共析体细小，滑移线偶见，灰色硫化物夹杂，黑色铅颗粒	√			√	√
22	1821	杨家湾：0205	斝残片		α 树枝晶，（α+δ）共析体，黑色铅颗粒	√			√	√
23	1822	李家嘴 M1：6	盘残片		α 树枝晶，（α+δ）共析组织，黑色铅颗粒很少，铸造缩孔中有自由铜沉积，很少灰色硫化物夹杂	√		√	√	√
24	1823	李家嘴 M1：1	锥足鼎残片	《江西新干大洋洲商墓青铜器的铅同位素比值研究》	三处组织相同，均为 α 树枝晶，（α+δ）共析组织，弥散分布的铅，亦有不规则和球状铅，硫化物细小，有的与铅一起，有的单独存在。A 处共析体比 B、C 处稍多，检验结果说明三处的材质基本相同	√			√	√
25	1825-1	李家嘴 M2：46	鼎足残片		α 树枝晶，（α+δ）共析组织细小，黑色铅颗粒，灰色硫化物夹杂	√			√	√
26	1825-2	李家嘴 M2：46	鼎残片		α 固溶体存在晶内偏析，黑色铅颗粒，灰色硫化物夹杂细小	√			√	√
27	1826	李家嘴：0206	爵残片		α 树枝晶，（α+δ）共析组织，黑色铅颗粒	√				√
28	1827-1	李家嘴 M1：18	爵口沿		α 树枝晶细小，（α+δ）共析组织，还析出一种比（α+δ）色深的相，其中心处有亮块。黑色铅颗粒	√			√	√
29	1827-2	李家嘴 M1：18	爵流		同 1827-1 的组织，有灰色硫化物夹杂和铅颗粒	√			√	√
30	1827-3	李家嘴 M1：18	爵腹		同 1827-2 的组织，但黑色铅颗粒较多	√			√	√
31	1827-4	李家嘴 M1：18	爵足		α 树枝状晶，（α+δ）共析组织，灰色硫化物夹杂，黑色铅的颗粒明显大于 1827-3	√			√	√

续表

序号	实验室编号	考古编号	器物名称	文献来源	金相组织描述	铸造	锻造	自由铜	硫化物	铅颗粒
32	1829	杨家湾：015	马面饰残片	《江西新干大洋洲商墓青铜器的铅同位素比值研究》	α 树枝状晶，（α+δ）共析组织细小，黑色铅颗粒，灰色硫化物夹杂	√			√	√
33	1830	杨家湾：0207	青铜器残片		α 树枝晶与（α+δ）共析组织，存在组织均匀化现象，局部出现滑移线，黑色铅颗粒，灰色硫化物夹杂	√			√	√
34	1831	杨家湾：0208	斝伞柱		α 树枝晶，（α+δ）共析组织细小，黑色铅颗粒及被腐蚀产物填充的铅	√			√	√
35	1832-1	采 P：0209	觚残片		α 树枝状晶，（α+δ）共析组织细小，黑色铅颗粒，灰色硫化物夹杂	√			√	√
36	1832-2	采 P：0209	觚残片		α 树枝状晶，（α+δ）共析组织较多，黑色铅颗粒，灰色硫化物夹杂	√			√	√
37	EP2	杨家湾 M4：1	铜尊	《盘龙城商代青铜器的检验与初步研究》	树枝状晶发展得较为充分，α 相树晶状、条块状物，多角形斑纹状物为（α+δ）共析体，深灰色长形块状物为富铅相	√				√
38	EP4	楼子湾 M6：3	残铜爵		树枝状晶不甚明显，多角形斑纹状物为（α+δ）相，部分浅色、深色的条块状物为 α 相，深灰色的圆形场面状物为富铅相；弧形浅色状物夹杂	√			√	√
39	EP5	采 P：0115	铜块		树枝状晶都发展得较为充分，α 相树晶状、条块状物，不见多角形块状物，深灰色花生状、条块状物为富铅相	√				√
40		小嘴 G13：2	铜块	《盘龙城遗址小嘴商代冶金遗物的分析与研究》	α 树枝晶，岛屿状（α+δ）共析体，铅颗粒和夹杂物弥散分布	√			√	√
41		小嘴 T0115G1：2	铜块		α 树枝晶，少量岛屿状（α+δ）共析体，大量铅颗粒，较大尺寸铅颗粒弥散分布，小铅颗粒沿晶粒间界分布，铅颗粒内部可见少量夹杂物	√			√	√
42		小嘴 T0116④：11	铜块		α 树枝晶，大量岛屿状（α+δ）共析体，少量铅颗粒弥散分布	√				√
43		小嘴 T0116④：3	铜箭镞		α 树枝晶，网状（α+δ）共析体，少量夹杂物弥散分布，样品内部共析体部分锈蚀	√			√	
44		小嘴 T0116⑤：2	铜块		α 等轴晶，晶间腐蚀，晶粒内部可见四方形氧化亚铜晶体	√				
45		小嘴 T0116⑤：6	青铜器残块		α 树枝晶，网状（α+δ）共析体，较大尺寸铅颗粒与夹杂物弥散分布	√			√	√
46		小嘴 T0214⑤：5	爵足残块		α 树枝晶，少量岛屿状（α+δ）共析体，铅颗粒与少量夹杂物弥散分布，共析体锈蚀严重	√			√	√

续表

序号	实验室编号	考古编号	器物名称	文献来源	金相组织描述	铸造	锻造	自由铜	硫化物	铅颗粒
47		小嘴 T0214⑤：6	铜块	《盘龙城遗址小嘴商代冶金遗物的分析与研究》	α 树枝晶，少量岛屿状（α+δ）共析体，少量铅颗粒与夹杂物弥散分布	√			√	√
48		小嘴 T0215⑤：2	铜块		α 等轴晶，大量铅颗粒沿晶界分布	√				√
49		小嘴 T0216⑤：5	铜块		α 树枝晶，晶间腐蚀严重	√				
50		小嘴 T0216⑤：11	铜块		α 树枝晶，少量岛屿状（α+δ）共析体，少量夹杂物弥散分布	√			√	
51		小嘴 T2015G1：8	铜刀残块		α 树枝晶，岛屿状（α+δ）共析体，少量铅颗粒和夹杂物弥散分布	√			√	√
52		小嘴 T2016G1：2	铜块		α 树枝晶，网状（α+δ）共析体，大量铅颗粒弥散分布，可见直径 50 μm 以上的大铅颗粒，锈蚀区域见自由铜沉积	√		√		√
53		小嘴 T0315③：1	爵足残块		α 树枝晶，少量岛屿状（α+δ）共析体，大量铅颗粒弥散分布，部分大尺寸铅颗粒脱落	√				√
54		小嘴 H16：1	铜块		α 树枝晶，网状（α+δ）共析体，铅颗粒和夹杂物弥散分布	√			√	√
55		小嘴 H16：2	铜块		α 树枝晶，岛屿状（α+δ）共析体，大量铅颗粒弥散分布，铅颗粒锈蚀严重	√				√
56		小嘴 H16：5	铜块		α 树枝晶，少量岛屿状铅颗粒	√				√

表6.2　盘龙城青铜器主量成分数据

序号	实验室编号	考古编号	器物名称	取样部位	出土地点	《盘龙城（1963～1994）》分期	分析方法	文献来源	O（%）	Cu（%）	Sn（%）	Pb（%）	S（%）	Zn（%）	Fe（%）	Ag（%）	Th（%）	Al（%）	Si（%）	P（%）
1	1801	杨家湾 M3：7	斝残片		杨家湾	六期	SEM-EDS	《江西新干大洋洲商墓青铜器的铅同位素比值研究》		64.7	13	19.9		0.7						
2	1801	杨家湾 M3：7	斝		杨家湾	六期	SEM-EDS	《盘龙城商代青铜器铅同位素示踪研究》		68.8	14.9	16.3								

续表

序号	实验室编号	考古编号	器物名称	取样部位	出土地点	《盘龙城（1963 ~ 1994）》分期	分析方法	文献来源	O（%）	Cu（%）	Sn（%）	Pb（%）	S（%）	Zn（%）	Fe（%）	Ag（%）	Th（%）	Al（%）	Si（%）	P（%）
3	1802	杨家嘴 M2：1	弧腹斝		杨家嘴	五期	SEM-EDS	《江西新干大洋洲商墓青铜器的铅同位素比值研究》		71.2	16.7	9.5		1.6						
4	1802	杨家嘴 M2：1	弧腹斝		杨家嘴	五期	SEM-EDS	《盘龙城商代青铜器铅同位素示踪研究》		81.1	13.9	5								
5	1804	杨家湾：0116	凿	柄部	杨家湾	六期	SEM-EDS	《江西新干大洋洲商墓青铜器的铅同位素比值研究》		75.8	9.8	12.8		1.1						
6	1804	杨家湾：0116	凿		杨家湾	六期	SEM-EDS	《盘龙城商代青铜器铅同位素示踪研究》		86.4	10.3	3.2								
7	1805	楼子湾 M3：3	折腹斝		楼子湾	五期	SEM-EDS	《江西新干大洋洲商墓青铜器的铅同位素比值研究》		65.3	12	21.2					0.6			
8	1805	楼子湾 M3：3	折腹斝		楼子湾	五期	SEM-EDS	《盘龙城商代青铜器铅同位素示踪研究》		67.2	14.2	18.5								
9	1806	王家嘴：0201	镞残片		王家嘴		SEM-EDS	《江西新干大洋洲商墓青铜器的铅同位素比值研究》		74.9	19.7	2.4	0.9	1.2		0.8				
10	1806	王家嘴：0201	镞残片		王家嘴		SEM-EDS	《盘龙城商代青铜器铅同位素示踪研究》		81	17.6	1.4								

续表

序号	实验室编号	考古编号	器物名称	取样部位	出土地点	《盘龙城（1963～1994）》分期	分析方法	文献来源	O（%）	Cu（%）	Sn（%）	Pb（%）	S（%）	Zn（%）	Fe（%）	Ag（%）	Th（%）	Al（%）	Si（%）	P（%）
11	1807	王家嘴T79②：1	青铜器残片		王家嘴		SEM-EDS	《江西新干大洋洲商墓青铜器的铅同位素比值研究》		76	13.7	7.3		0.6						
12	1807	王家嘴T79②：1	青铜器残片		王家嘴		SEM-EDS	《盘龙城商代青铜器铅同位素示踪研究》		81.7	14.5	3.8								
13	1808	王家嘴T61②：2	青铜器残片		王家嘴		SEM-EDS	《江西新干大洋洲商墓青铜器的铅同位素比值研究》		79.0	4.8	15.2								
14	1808	王家嘴T61②：2	青铜器残片		王家嘴		SEM-EDS	《盘龙城商代青铜器铅同位素示踪研究》		77.7	5.1	17.2								
15	1809	王家嘴：0202	斝足残片		王家嘴		SEM-EDS	《江西新干大洋洲商墓青铜器的铅同位素比值研究》		60.7	11	27.1								
16	1809	王家嘴：0202	斝足残片		王家嘴		SEM-EDS	《盘龙城商代青铜器铅同位素示踪研究》		72.9	9.4	17.7								
17	1810	王家嘴：0203	觚残片		王家嘴		SEM-EDS	《江西新干大洋洲商墓青铜器的铅同位素比值研究》		55.7	18.2	24.4		0.8						
18	1810	王家嘴：0203	觚残片		王家嘴		SEM-EDS	《盘龙城商代青铜器铅同位素示踪研究》		63.4	19.3	17.3								
19	1812	杨家嘴T31④	细铜杆残段	横断面	杨家嘴	六期	SEM-EDS	《江西新干大洋洲商墓青铜器的铅同位素比值研究》		71.4	14.2	10		0.6		2.25	0.8			
20	1813	杨家嘴：0204	镞残片		杨家嘴		SEM-EDS			78	11.7	9.4								

续表

序号	实验室编号	考古编号	器物名称	取样部位	出土地点	《盘龙城（1963～1994）》分期	分析方法	文献来源	O（%）	Cu（%）	Sn（%）	Pb（%）	S（%）	Zn（%）	Fe（%）	Ag（%）	Th（%）	Al（%）	Si（%）	P（%）
21	1813	杨家嘴：0204	镞残片		杨家嘴		SEM-EDS	《盘龙城商代青铜器铅同位素示踪研究》		81.8	12.5	5.7								
22	1815	楼子湾 M1	青铜器残片		楼子湾		SEM-EDS	《江西新干大洋洲商墓青铜器的铅同位素比值研究》		77.5	17.5	28				1.1				
23	1816	王家嘴 M1：5	细腰觚残片		王家嘴	六期	SEM-EDS			57.9	13.1	26.5	1.35							
24	1816	王家嘴 M1：5	细腰觚残片		王家嘴	六期	SEM-EDS	《盘龙城商代青铜器铅同位素示踪研究》		65.4	13.8	20.8								
25	1817-1	杨家湾 M4：1	尊	足	杨家湾	六期	SEM-EDS	《江西新干大洋洲商墓青铜器的铅同位素比值研究》		65.5	12.6	20.5		0.8						
26	1817-1	杨家湾 M4：1	尊足		杨家湾	六期	SEM-EDS	《盘龙城商代青铜器铅同位素示踪研究》		78.2	15.4	6.3								
27	1817-2	杨家湾 M4：1	尊	肩	杨家湾	六期	SEM-EDS	《江西新干大洋洲商墓青铜器的铅同位素比值研究》		66.9	13.4	15.8		0.7		0.5				
28	1817-2	杨家湾 M4：1	尊肩		杨家湾	六期	SEM-EDS	《盘龙城商代青铜器铅同位素示踪研究》		89	11	0								
29	1818	杨家湾 M4：1	尊残片		杨家湾	六期	SEM-EDS	《江西新干大洋洲商墓青铜器的铅同位素比值研究》		65.6	14.3	18.1		1.1						
30	1818	杨家湾 M4：1	尊残片		杨家湾	六期	SEM-EDS	《盘龙城商代青铜器铅同位素示踪研究》		76	14.4	9.6								

续表

序号	实验室编号	考古编号	器物名称	取样部位	出土地点	《盘龙城（1963～1994）》分期	分析方法	文献来源	O（%）	Cu（%）	Sn（%）	Pb（%）	S（%）	Zn（%）	Fe（%）	Ag（%）	Th（%）	Al（%）	Si（%）	P（%）
31	1819	杨家湾M11：25	尊残片		杨家湾	七期	SEM-EDS	《江西新干大洋洲商墓青铜器的铅同位素比值研究》		63.8	13.6	21	1.1							
32	1819	杨家湾M11：25	尊残片		杨家湾	七期	SEM-EDS	《盘龙城商代青铜器铅同位素示踪研究》		85	13.2	1.9								
33	1820-1	杨家湾M11：25	尊	口沿	杨家湾	七期	SEM-EDS	《江西新干大洋洲商墓青铜器的铅同位素比值研究》		66.9	15.8	14.8	1.2							
34	1820-1	杨家湾M11：25	尊口沿		杨家湾	七期	SEM-EDS	《盘龙城商代青铜器铅同位素示踪研究》		68.1	17.3	14.7								
35	1820-2	杨家湾M11：25	尊	肩	杨家湾	七期	SEM-EDS	《江西新干大洋洲商墓青铜器的铅同位素比值研究》		64.6	14.7	18	1.2				0.6			
36	1820-2	杨家湾M11：25	尊肩		杨家湾	七期	SEM-EDS	《盘龙城商代青铜器铅同位素示踪研究》		81.3	12.4	6.3								
37	1820-3	杨家湾M11：25	尊	腹	杨家湾	七期	SEM-EDS	《江西新干大洋洲商墓青铜器的铅同位素比值研究》		59.2	15.5	21.3	0.7	1.2		0.5				
38	1820-3	杨家湾M11：25	尊腹		杨家湾	七期	SEM-EDS	《盘龙城商代青铜器铅同位素示踪研究》		72.4	15.8	11.8								
39	1821	杨家湾：0205	斝残片		杨家湾		SEM-EDS	《江西新干大洋洲商墓青铜器的铅同位素比值研究》		67.1	15.7	15.5	0.5							

续表

序号	实验室编号	考古编号	器物名称	取样部位	出土地点	《盘龙城（1963～1994）》分期	分析方法	文献来源	O（%）	Cu（%）	Sn（%）	Pb（%）	S（%）	Zn（%）	Fe（%）	Ag（%）	Th（%）	Al（%）	Si（%）	P（%）
40	1821	杨家湾：0205	斝残片		杨家湾		SEM-EDS	《盘龙城商代青铜器铅同位素示踪研究》		72.6	19.8	7.7								
41	1822	李家嘴 M1：6	盘残片		李家嘴	五期	SEM-EDS	《江西新干大洋洲商墓青铜器的铅同位素比值研究》		84.3	13.1	0.3	0.15	0.5						
42	1822	李家嘴 M1：6	盘残片		李家嘴	五期	SEM-EDS	《盘龙城商代青铜器铅同位素示踪研究》		85.6	12.6	0.8								
43	1823	李家嘴 M1：1	锥足鼎残片		李家嘴	五期	SEM-EDS	《江西新干大洋洲商墓青铜器的铅同位素比值研究》		63	10.2	25.5		0.8						
44	1823	李家嘴 M1：1	锥足鼎残片		李家嘴	五期	SEM-EDS	《盘龙城商代青铜器铅同位素示踪研究》		52.8	9.5	37.7								
45	1825-1	李家嘴 M2：46	鼎足残片		李家嘴	四期	SEM-EDS	《江西新干大洋洲商墓青铜器的铅同位素比值研究》		62.8	11.2	23.9	0.5	0.6						
46	1825-1	李家嘴 M2：46	鼎足残片		李家嘴	四期	SEM-EDS	《盘龙城商代青铜器铅同位素示踪研究》		67.7	10.7	22.2								
47	1825-2	李家嘴 M2：46	鼎残片		李家嘴	四期	SEM-EDS	《江西新干大洋洲商墓青铜器的铅同位素比值研究》		62.1	10.4	25.8		0.7		0.5				
48	1825-2	李家嘴 M2：46	鼎足残片		李家嘴	四期	SEM-EDS	《盘龙城商代青铜器铅同位素示踪研究》		66.7	14.7	18.6								

续表

序号	实验室编号	考古编号	器物名称	取样部位	出土地点	《盘龙城（1963 ～ 1994）》分期	分析方法	文献来源	O（%）	Cu（%）	Sn（%）	Pb（%）	S（%）	Zn（%）	Fe（%）	Ag（%）	Th（%）	Al（%）	Si（%）	P（%）
49	1826	李家嘴：0206	爵残片		李家嘴		SEM-EDS	《江西新干大洋洲商墓青铜器的铅同位素比值研究》		70.3	18.1	10.1				0.7				
50	1827-1	李家嘴 M1：18	残爵	口沿	李家嘴	五期	SEM-EDS			69	14.8	8.2	0.9	0.7		5	0.7			
51	1827-1	李家嘴 M1：18	爵		李家嘴	五期	SEM-EDS	《盘龙城商代青铜器铅同位素示踪研究》		84.3	7.9	2.6								
52	1827-2	李家嘴 M1：18	残爵	流	李家嘴	五期	SEM-EDS	《江西新干大洋洲商墓青铜器的铅同位素比值研究》		66.3	11.9	14.9	1			4.8				
53	1827-2	李家嘴 M1：18	爵		李家嘴	五期	SEM-EDS	《盘龙城商代青铜器铅同位素示踪研究》		69	16.9	14.1								
54	1827-3	李家嘴 M1：18	残爵	腹	李家嘴	五期	SEM-EDS	《江西新干大洋洲商墓青铜器的铅同位素比值研究》		69.1	14	13	1.5			0.5	0.6			
55	1827-3	李家嘴 M1：18	爵		李家嘴	五期	SEM-EDS	《盘龙城商代青铜器铅同位素示踪研究》		78.6	9	12								
56	1827-4	李家嘴 M1：18	残爵	足	李家嘴	五期	SEM-EDS	《江西新干大洋洲商墓青铜器的铅同位素比值研究》		57.3	14	13		0.6						
57	1827-4	李家嘴 M1：18	爵		李家嘴	五期	SEM-EDS	《盘龙城商代青铜器铅同位素示踪研究》		72.7	6.9	19								

续表

序号	实验室编号	考古编号	器物名称	取样部位	出土地点	《盘龙城（1963～1994）》分期	分析方法	文献来源	O（%）	Cu（%）	Sn（%）	Pb（%）	S（%）	Zn（%）	Fe（%）	Ag（%）	Th（%）	Al（%）	Si（%）	P（%）
58	1829	杨家湾：015	马面饰残片		杨家湾	七期	SEM-EDS	《江西新干大洋洲商墓青铜器的铅同位素比值研究》		69.2	14.1	14.6		0.5		0.7				
59	1829	杨家湾：015	马面饰		杨家湾	七期	SEM-EDS	《盘龙城商代青铜器铅同位素示踪研究》		74.4	15.4	10.2								
60	1830	杨家湾：0207	青铜器残片		杨家湾	七期	SEM-EDS	《江西新干大洋洲商墓青铜器的铅同位素比值研究》		69.3	15.6	12		1.6						
61	1830	杨家湾：0207	刀		杨家湾	七期	SEM-EDS	《盘龙城商代青铜器铅同位素示踪研究》		80.9	16.4	2.7								
62	1831	杨家湾：0208	斝	伞柱	杨家湾	七期	SEM-EDS	《江西新干大洋洲商墓青铜器的铅同位素比值研究》		64.1	10.4	23.7	0.5			0.5				
63	1831	杨家湾：0208	斝		杨家湾	七期	SEM-EDS	《盘龙城商代青铜器铅同位素示踪研究》		73.5	11	15.5								
64	1832-1	采 P：0209	觚残片		采集	七期	SEM-EDS	《江西新干大洋洲商墓青铜器的铅同位素比值研究》		70	16.4	11.7	0.6			0.5				
65	1832-1	采 P：0209	觚		采集	七期	SEM-EDS	《盘龙城商代青铜器铅同位素示踪研究》		82.7	11.7	5.6								

续表

序号	实验室编号	考古编号	器物名称	取样部位	出土地点	《盘龙城（1963～1994）》分期	分析方法	文献来源	O（%）	Cu（%）	Sn（%）	Pb（%）	S（%）	Zn（%）	Fe（%）	Ag（%）	Th（%）	Al（%）	Si（%）	P（%）
66	1832-2	采 P：0209	觚残片		采集	七期	SEM-EDS	《江西新干大洋洲商墓青铜器的铅同位素比值研究》		61.4	15.4	21.2	0.5			1				
67	1832-2	采 P：0209	觚		采集	七期	SEM-EDS	《盘龙城商代青铜器铅同位素示踪研究》		76.1	14.2	9.7								
68	1887	采 P：0221	容器		采集		SEM-EDS			72.1	7.1	20.8								
69	1888-1	采 P：0222	容器口		采集		SEM-EDS			64.1	13.1	22.7								
70	1888-2	采 P：0222	容器足		采集		SEM-EDS			65.6	7	27.4								
71	1889-1	采 P：0223	容器		采集		SEM-EDS			65	7.7	27.3								
72	1889-2	采 P：0223	容器		采集		SEM-EDS			58.4	7.2	34.4								
73	1889-3	采 P：0223	容器		采集		SEM-EDS			36.5	16.6	46.8								
74	1890-1	采 P：0224	容器口		采集		SEM-EDS			81.2	18.6	0.3								
75	1890-2	采 P：0224	容器腹		采集		SEM-EDS			75.7	11.3	13								
76	1890-3	采 P：0224	容器底		采集		SEM-EDS			84.6	14.9	0.5								
77	Ep1	杨家嘴 T31 ③ A	斝残片	腿部	杨家嘴		SEM-EDS	《盘龙城商代青铜器的检验与初步研究》		80.48	10.71	8.8								
78	Ep1	杨家嘴 T31 ③ A	斝残片	腿部	杨家嘴		SEM-EDS			81.45	10.22	8.33								
79	Ep2	杨家湾 M4：1	尊残片	口沿	杨家湾	六期	SEM-EDS			77.72	12.88	9.4								
80	Ep3	王家嘴：0212	斝残片	束腰部	王家嘴		SEM-EDS			83.62	10.75	3.54			0.84			1.26		
81	Ep3	王家嘴：0212	斝残片	束腰部	王家嘴		SEM-EDS			85.3	10.04	2.68			0.95			1.03		
82	Ep4	楼子湾 M6：3	残铜爵	腿部	楼子湾	四期	SEM-EDS			59.365	19.474	16.428	2.684	1.493				0.418		

续表

序号	实验室编号	考古编号	器物名称	取样部位	出土地点	《盘龙城（1963～1994）》分期	分析方法	文献来源	O（%）	Cu（%）	Sn（%）	Pb（%）	S（%）	Zn（%）	Fe（%）	Ag（%）	Th（%）	Al（%）	Si（%）	P（%）
83	Ep5	采 P：0115	铜块		采集	六期	SEM-EDS	《盘龙城商代青铜器的检验与初步研究》		93.199	2.175	4.624								
84	Ep6-1	杨家湾 M11：16	锥足鼎		杨家湾	七期	SEM-EDS			79.98	5.94	11.2			0.9			1.99		
85	Ep6-1	杨家湾 M11：16	锥足鼎		杨家湾	七期	SEM-EDS			80.53	5.52	11.02			1.19			1.74		
86	Ep6-2	杨家湾 M11：16	锥足鼎		杨家湾	七期	SEM-EDS			82.65	6.01	8.4			0.58			2.73		
87	Ep6-2	杨家湾 M11：16	锥足鼎		杨家湾	七期	SEM-EDS			82.61	5.85	8.18			1.06			2.31		
88	Ep7	杨家湾 H6：18	弧腹斝残片		杨家湾	七期	SEM-EDS			78.46	8.22	9.83			1.25			1.91	0.34	0.01
89	Ep7	杨家湾 H6：18	弧腹斝残片		杨家湾	七期	SEM-EDS			81.06	8.47	7.4			1.24			1.63	0.14	0.06
90	Ep8	采 P：0213	青铜器残片	口沿	采集		SEM-EDS			78.9	8.83	9.51			0.84			1.92		
91	Ep8	采 P：0213	青铜器残片	口沿	采集		SEM-EDS			79.52	9.7	8.01			0.63			2.13		
92	Ep9	王家嘴：0214	青铜器残片	口沿	王家嘴		SEM-EDS			79.21	10.17	7.81			0.61			2.2		
93	Ep9	王家嘴：0214	青铜器残片	口沿	王家嘴		SEM-EDS			79.72	10.07	6.58			0.96			2.66		
94	Ep10	王家嘴：0215	青铜器残片	口沿	王家嘴		SEM-EDS			82.23	8.46	6.22			1.32			1.77		
95	Ep10	王家嘴：0215	青铜器残片	口沿	王家嘴		SEM-EDS			82.18	9.6	5.05			1.23			1.94		
96	Ep11	李家嘴 M1：8	尊	圈足部	李家嘴	五期	SEM-EDS			87.74	6.77	2.35			1.87			1.28		
97	Ep11	李家嘴 M1：8	尊	圈足部	李家嘴	五期	SEM-EDS			86.35	7.7	2.88			1.83			1.23		
98	Ep12	王家嘴 M1：2	尊	肩部	王家嘴	五期	SEM-EDS			81.33	4.84	11.06			1.31			1.46		

续表

序号	实验室编号	考古编号	器物名称	取样部位	出土地点	《盘龙城（1963～1994）》分期	分析方法	文献来源	O（%）	Cu（%）	Sn（%）	Pb（%）	S（%）	Zn（%）	Fe（%）	Ag（%）	Th（%）	Al（%）	Si（%）	P（%）
99	Ep12	王家嘴 M1：2	尊	肩部	王家嘴	五期	SEM-EDS	《盘龙城商代青铜器的检验与初步研究》		77.06	4.34	15.85			1.19			1.57		
100	Ep13	采 P：0216	青铜器残片		采集		SEM-EDS			80.28	7.05	9.13			1.41			2.13		
101		李家嘴 M2：19	斝	足	李家嘴			《盘龙城商代二里冈期的青铜器》		81.82	8.41	6.78								
102		李家嘴 M2：55	鼎	足	李家嘴					88.68	5.54	1.38								
103		李家嘴 M1：12	斝	足	李家嘴					71.59	3.92	24.45								
104		李家嘴 M1：8	罍	圈足	李家嘴					70.76	6.16	21.76								
105		采集	爵		采集			《先秦用铅的历史概况》		67.01	11.46	15.91								
106		采集	鬲	足	采集					78.81	9.15	6.48								
107		采集	锛		采集					80.18	11.25	4.01								
108		采集	鼎残片		采集					72.68	13.64	10.75								
109		小嘴 G13：2	铜块		小嘴	四、五期前后	SEM-EDS	《盘龙城遗址小嘴商代冶金遗物的分析与研究》	1.3	91.9	3.9	2.9								
110		小嘴 T0115G1：2	铜块		小嘴	四、五期前后	SEM-EDS		1.2	79.1	1.5	18.2								
111		小嘴 T0116④：11	铜块		小嘴	四、五期前后	SEM-EDS		1.2	89.6	5.3	4.1								
112		小嘴 T0116④：3	铜箭镞		小嘴	四、五期前后	SEM-EDS		0.5	83.7	14.6	1.1								
113		小嘴 T0116⑤：2	铜块		小嘴	四、五期前后	SEM-EDS		1.8	97.8	bdl	0.5								
114		小嘴 T0116⑤：6	青铜器残块		小嘴	四、五期前后	SEM-EDS		1	78.5	14.4	6.1								
115		小嘴 T0214⑤：5	爵足残块		小嘴	四、五期前后	SEM-EDS		0.9	78.3	5.1	15.7								

续表

序号	实验室编号	考古编号	器物名称	取样部位	出土地点	《盘龙城（1963～1994）》分期	分析方法	文献来源	O（%）	Cu（%）	Sn（%）	Pb（%）	S（%）	Zn（%）	Fe（%）	Ag（%）	Th（%）	Al（%）	Si（%）	P（%）
116		小嘴T0214⑤：6	铜块		小嘴	四、五期前后	SEM-EDS	《盘龙城遗址小嘴商代冶金遗物的分析与研究》	1.4	91.7	3.7	3.2								
117		小嘴T0215⑤：2	铜块		小嘴	四、五期前后	SEM-EDS		1.2	94.9	bdl	4								
118		小嘴T0216⑤：5	铜块		小嘴	四、五期前后	SEM-EDS		8.6	79.7	11.3	0.4								
119		小嘴T0216⑤：11	铜块		小嘴	四、五期前后	SEM-EDS		1.1	94.7	3	0.8								
120		小嘴T2015G1：8	铜刀残块		小嘴	四、五期前后	SEM-EDS		0.2	86	11.4	2.5								
121		小嘴T2016G1：2	铜块		小嘴	四、五期前后	SEM-EDS		1.1	74.2	11.3	12.8								
122		小嘴T0315③：1	爵足残块		小嘴	六、七期前后	SEM-EDS		1.5	81.6	6.4	10.4								
123		小嘴H16：1	铜块		小嘴	六、七期前后	SEM-EDS		1.3	81.8	10.7	6.2								
124		小嘴H16：2	铜块		小嘴	六、七期前后	SEM-EDS		2.1	78.7	4.1	15.6								
125		小嘴H16：5	铜块		小嘴	六、七期前后	SEM-EDS		0.6	96.4	2.3	0.7								

二、微量元素成分

共36件盘龙城青铜器进行过微量元素分析，获得58个数据（表6.3）。陈建立等在日本武藏工业大学使用中子活化法（NAA）分析了26件盘龙城青铜器的微量元素（共41个数据），在中国原子能研究所使用NAA分析了6件盘龙城青铜器的微量元素（共7个数据），均测定了Fe、Co、Ni、Zn、As、Ag、Sb、Au 8种元素（图6.5）。刘思然等使用ICP-AES方法分析了小嘴9件无法分辨器形的铜块样品和1件铜爵足残片的微量元素（共10个数据），测定了Co、Ni、As、Zn、Sb、Se、Te、Ag、Au、Bi、Sr、Cd 12种元素。

被测青铜器中具有明确年代信息的多属于盘龙城第五期至第七期，相当于中原商文化的二里冈上层阶段，被测样品中20件为礼容器，另有9件为小嘴铸铜遗址出土的铜块。中国原子能研究所分析的6件青铜器（7个样品）与日本武藏工业大学的一致，对照两组数据可知武藏工业大学数据中的Ag、Au、Ni和Sb等元素的测定结果较高，原子能研究院数据中的As和Co含量测定的结果较高，两组数据的Fe和Zn测定结果差异无明确规律（图6.5）。总体来讲，两组数据基本处于同一数量级内，对微量元素数据的讨论影响不大，后续将使用日本武藏工业大学分析的数据。

盘龙城青铜器大部分样品的Fe含量在230～700ppm、Co含量在7.6～100ppm，Ni含量在350～2400ppm，Zn含量在8.5～44ppm，As含量在77～6200ppm，Ag含量在180～12000ppm，Sb含量在7.8～240ppm，Au含量在6.4～28ppm。Ni含量、As含量、Ag含量存在较大的波动（图6.6）。有部分盘龙城青铜器的Ni含量和As含量高于1000ppm，而小嘴铜块的As含量和Ni含量显著低于盘龙城青铜器（图6.6，3、5）。Ag含量高于1000ppm的样品大部分为小嘴遗址出土的铜块，显示出其与盘龙城铜容器间的显著差异（图6.6，6）。

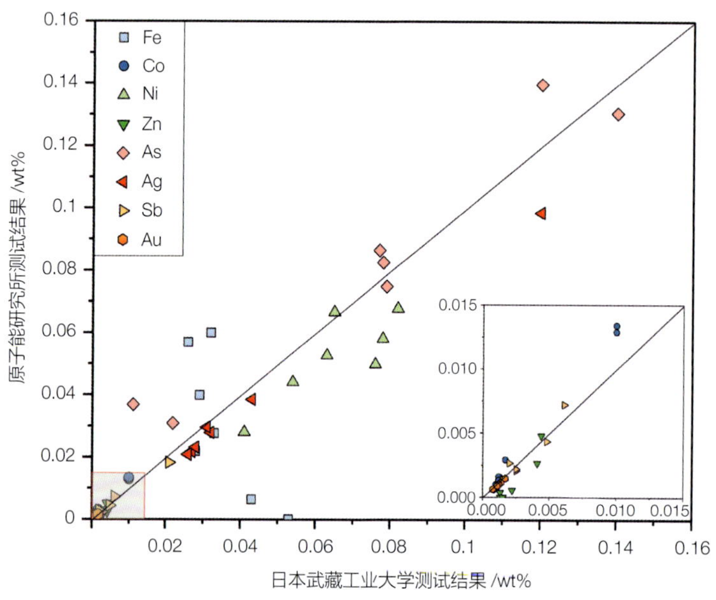

图6.5　不同实验室对盘龙城青铜器微量元素的测试结果比较

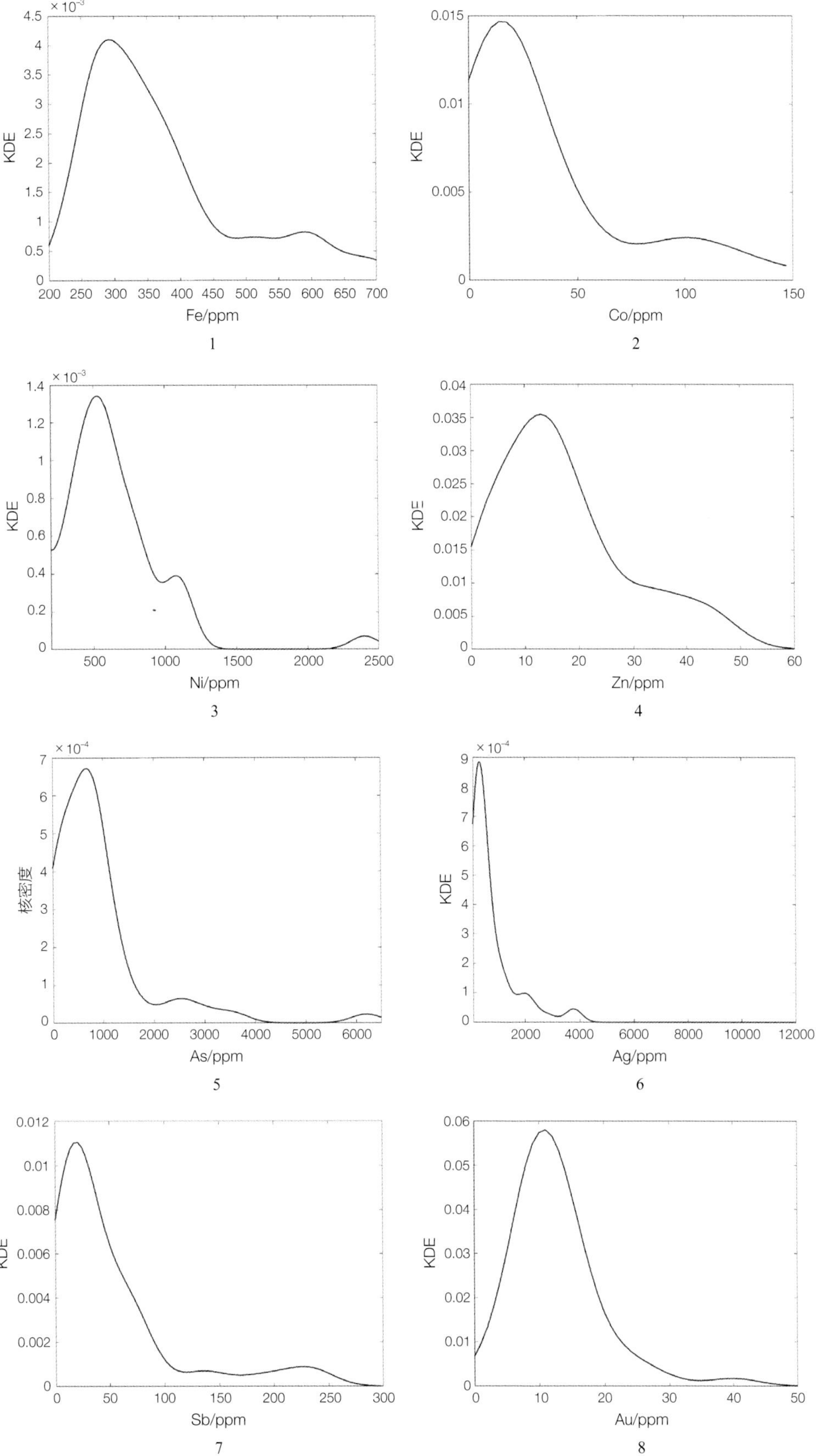

图 6.6　盘龙城青铜器微量元素的 KDE 曲线

1. Fe　2. Co　3. Ni　4. Zn　5. As　6. Ag　7. Sb　8. Au

表6.3　盘龙城青铜器微量元素数据汇总表

序号	实验室编号	考古编号	器物名称	分析方法	文献来源	测试单位	Fe	Co	Ni	Zn	As	Ag	Sb	Au	Bi	Se	Te	Cd	Sr
1	1801	杨家湾 M3：7	斝残片	NAA	《盘龙城商代青铜器铅同位素示踪研究》	日本武藏工业大学	380	8.3	600	16	330	550	10	28					
2	1802	杨家嘴 M2：1	弧腹斝残片	NAA		日本武藏工业大学	510	9	420	22	2500	1100	13	13					
3	1804	杨家湾：0116	凿	NAA		日本武藏工业大学	530	13	650	22	1200	1200	210	8.3					
4	1804	杨家湾：0116	凿	NAA		原子能研究所	0	15.6	666	5.74	1397	986	183	6.37					
5	1805	楼子湾 M3：3	斝鋬	NAA		日本武藏工业大学	260	12	410	11	110	320	61	7.7					
6	1805	楼子湾 M3：3	斝鋬	NAA		原子能研究所	569	16.1	281	7.27	368	279	72	6.59					
7	1806	王家嘴：0202	镞	NAA		日本武藏工业大学	270	15	560	12	430	190	18	8.2					
8	1807	王家嘴 T79②：1	青铜器残片	NAA		日本武藏工业大学	260	12	400	13	1000	280	73	9.5					
9	1808	王家嘴 T67：②	青铜器残片	NAA		日本武藏工业大学	290	9.7	540	13	770	430	48	14					
10	1808	王家嘴 T67：②	青铜器残片	NAA		原子能研究所	398	10	441	0	865	385	43.5	12					
11	1809	王家嘴：0202	斝足残片	NAA		日本武藏工业大学	320	45	820	14	720	240	12	8.2					
12	1810	王家嘴：0203	觚残片	NAA		日本武藏工业大学	310	18	560	13	500	510	20	14					
13	1813	王家嘴：0204	镞	NAA		日本武藏工业大学	230	12	530	11	77	180	21	14					
14	1816	王家嘴 M1：5	细腰觚残片	NAA		日本武藏工业大学	480	100	1100	35	1800	410	28	11					

续表

序号	实验室编号	考古编号	器物名称	分析方法	文献来源	测试单位	Fe	Co	Ni	Zn	As	Ag	Sb	Au	Bi	Se	Te	Cd	Sr
15	1817-1	杨家湾 M4：1	尊足	NAA	《盘龙城商代青铜器铅同位素示踪研究》	日本武藏工业大学	320	7.6	550	14	940	370	17	18					
16	1817-2	杨家湾 M4：1	尊肩	NAA		日本武藏工业大学	370	11	530	18	950	400	17	16					
17	1818	杨家湾 M4：1	尊残片	NAA		日本武藏工业大学	360	10	540	16	910	370	15	14					
18	1819	杨家湾 M11：25	尊	NAA		日本武藏工业大学	270	100	740	40	740	270	23	12					
19	1820-1	杨家湾 M11：25	尊口沿	NAA		日本武藏工业大学	320	100	760	41	780	270	25	12					
20	1820-1	杨家湾 M11：25	尊口沿	NAA		原子能研究所	599	129	499	26.6	826	218	20.8	10.6					
21	1820-2	杨家湾 M11：25	尊肩	NAA		日本武藏工业大学	430	100	780	44	790	280	25	12					
22	1820-2	杨家湾 M11：25	尊肩	NAA		原子能研究所	64	134	582	48	749	232	22.1	10.2					
23	1820-3	杨家湾 M11：25	尊腹	NAA		日本武藏工业大学	700	100	730	32	730	270	25	12					
24	1821	杨家湾：0205	斝残片	NAA		日本武藏工业大学	270	7.8	830	8.5	100	290	8.4	16					
25	1822	李家嘴 M1：6	盘残片	NAA		日本武藏工业大学	650	18	560	32	6200	710	240	13					
26	1823	李家嘴 M1：1	锥足鼎残片	NAA		日本武藏工业大学	280	12	630	13	220	310	20	11					
27	1823	李家嘴 M1：1	锥足鼎残片	NAA		原子能研究所	220	13.4	527	3.93	309	296	26.8	9.17					
28	1825-1	李家嘴 M2：46	鼎足	NAA		日本武藏工业大学	370	15	390	19	550	340	63	6.6					
29	1825-2	李家嘴 M2：46	鼎腹片	NAA		日本武藏工业大学	370	15	410	17	510	340	64	6.4					

续表

序号	实验室编号	考古编号	器物名称	分析方法	文献来源	测试单位	Fe	Co	Ni	Zn	As	Ag	Sb	Au	Bi	Se	Te	Cd	Sr
30	1827-1	李家嘴 M1：18	残爵口沿	NAA	《盘龙城商代青铜器铅同位素示踪研究》	日本武藏工业大学	2200	18	270	100	3100	20000	1700	7.6					
31	1827-2	李家嘴 M1：18	残爵流	NAA		日本武藏工业大学	2400	29	290	110	3600	24000	2000	9.5					
32	1827-3	李家嘴 M1：18	残爵腹	NAA		日本武藏工业大学	340	49	1100	13	590	270	7.8	12					
33	1827-4	李家嘴 M1：18	残爵足	NAA		日本武藏工业大学	340	68	1100	24	700	310	8.2	13					
34	1829	杨家湾：015	马面饰	NAA		日本武藏工业大学	290	28	2400	12	2300	260	20	9.1					
35	1830	杨家湾：0207	青铜器残片	NAA		日本武藏工业大学	270	13	350	22	1000	290	67	14					
36	1831	杨家湾：0208	斝伞柱	NAA		日本武藏工业大学	330	17	820	15	1400	260	15	17					
37	1831	杨家湾：0208	斝伞柱	NAA		原子能研究所	277	29.3	678	0	1305	209	13.6	15					
38	1832-1	采 P：0209	觚残片	NAA		日本武藏工业大学	830	51	440	44	790	3700	130	9.4					
39	1832-1	采 P：0209	觚残片	NAA		日本武藏工业大学	340	10	480	16	1000	390	16	23					
40	1887	采 P：0221	容器	NAA		日本武藏工业大学	400	11	280	12	630	410	74	10					
41	1888-1	采 P：0222	容器口	NAA		日本武藏工业大学	260	11	1100	10	680	300	16	8.9					
42	1888-2	采 P：0222	容器足	NAA		日本武藏工业大学	600	180	970	35	780	360	7.9	13					
43	1889-1	采 P：0223	容器	NAA		日本武藏工业大学	440	14	860	23	770	260	7.9	8.3					
44	1889-2	采 P：0223	容器	NAA		日本武藏工业大学	300	24	640	11	550	490	35	8.5					

续表

序号	实验室编号	考古编号	器物名称	分析方法	文献来源	测试单位	Fe	Co	Ni	Zn	As	Ag	Sb	Au	Bi	Se	Te	Cd	Sr
45	1889-3	采 P：0223	容器	NAA	《盘龙城商代青铜器铅同位素示踪研究》	日本武藏工业大学	400	19	1100	21	960	260	9.5	6.6					
46	1890-1	采 P：0224	容器口	NAA		日本武藏工业大学	310	8.7	26	16	140	1900	13	0.08					
47	1890-2	采 P：0224	容器腹	NAA		日本武藏工业大学	1100	30	82	32	2700	620	42	40					
48	1890-3	采 P：0224	容器底	NAA		日本武藏工业大学	900	23	390	19	720	1100	58	24					
49		小嘴 G13：2	铜块	ICP-AES	《盘龙城遗址小嘴金属物料溯源研究》	北京大学		bdl	35	15	31	2053	bdl	bdl	611	492	438	bdl	55
50		小嘴 H16：2	铜块	ICP-AES		北京大学		bdl	28	3	84	1138	bdl	bdl	457	86	352	bdl	4
51		小嘴 H16：5	铜块	ICP-AES		北京大学		7	62	6	12	953	bdl	bdl	548	255	351	bdl	5
52		小嘴 T0116④：11	铜块	ICP-AES		北京大学		bdl	32	6	169	1694	72	bdl	699	250	478	bdl	10
53		小嘴 T0116⑤：2	铜块	ICP-AES		北京大学		bdl	19	4	11	2290	bdl	bdl	727	157	389	bdl	10
54		小嘴 T0214⑤：6	铜块	ICP-AES		北京大学		bdl	25	2	71	3833	142	bdl	868	116	367	bdl	1
55		小嘴 T0215⑤：2	铜块	ICP-AES		北京大学		bdl	29	4	27	2072	77	bdl	688	154	377	bdl	4
56		小嘴 T2015G1：15	铜块	ICP-AES		北京大学		bdl	45	4	54	620	bdl	bdl	588	307	375	bdl	8
57		小嘴 T2016G1：2	铜块	ICP-AES		北京大学		bdl	89	2	180	2839	21	bdl	2545	136	268	bdl	2
58		小嘴 T0315③：1	铜爵足	ICP-AES		北京大学		bdl	20	4	123	1281	232	bdl	561	279	396	bdl	8

李家嘴M1出土残爵（李家嘴M1：18）样品较为特殊，其口沿和流的微量元素数据与其他样品存在系统差异，具有较高的Fe含量（2000ppm左右）、Zn含量（110ppm左右）、As含量（3000ppm左右）、Ag含量（2wt%左右）和Sb含量（2000ppm左右）。而其腹部、足与其他器物没有明显差异。这一现象可能显示爵的流和口沿存在分铸或铸后修补，或取样时将不同器物的残片误判为同一件器物①。

三、铅同位素比值

铅同位素是金属物料溯源最常用的方法，由于矿石的铅同位素组成在人工高温加工过程中不会发生显著的分馏②，因此可以通过铜合金中测试所得的铅同位素比值与地质矿石、冶炼遗址炉渣等进行直接比较，确定金属物料的来源。多位学者已对盘龙城出土50件青铜器物和冶金遗物进行了铅同位素分析，共获得61条数据（表6.4）。几批样品的测试结果分布范围与分布趋势相同（图6.7），因此可判断各批次的铅同位素数据不存在由于分析设备等原因导致的系统性误差。

由于制作青铜器所用的铜和铅可能具有不同的来源，首先需要明确铅同位素数据指示的是铅物料特征还是铜物料的产源特征。以往学界通常认为器物Pb含量在1wt%以下，铅同位素数据指示的是铜物料特征，反之则指示的是铅物料特征。然而，这一论断目前尚无理论支撑或经由模拟实验验证，先秦时期多处铜冶炼遗址出土炉渣的成分分析结果表明，炉渣平均成分和炉渣内铜颗粒成分均低于扫描电子显微镜能谱分析仪的检出限，冶铜炉渣的岩石微量测试结果也显示其Pb含量仅在几十到几百ppm之间③，因此即使青铜器铅含量低于1wt%，其铅同位素数据也可能反映铅物料特征。以Pb含量1wt%为界分组作图，同样观察到低铅与高铅青铜器的铅同位素比值之间并无明显差异（图6.8），因此可认为目前所分析盘龙城遗址青铜器及冶金遗物的铅同位素数据均指示的是铅物料特征。

对盘龙城所有铅同位素数据的整体分布趋势进行观察，可发现$^{206}Pb/^{204}Pb$与$^{207}Pb/^{204}Pb$，$^{206}Pb/^{204}Pb$与$^{208}Pb/^{204}Pb$之间呈强烈正相关关系。62件样品中共计36件样品的$^{206}Pb/^{204}Pb$值大于19，同时$^{207}Pb/^{204}Pb$值大于15.7，$^{208}Pb/^{204}Pb$值大于40.8，为商代二里冈期流行的高放射性成因铅特征。这类样品共占总样品数的58%。除高放铅样品外，其他样品的$^{206}Pb/^{204}Pb$值主要集中在16.5～17.5内，占总样品数的27.4%。值得注意的是，具有最低$^{206}Pb/^{204}Pb$值的样品（$^{206}Pb/^{204}Pb$值在16.5左右），大多数都来自于小嘴（4/5），明显低于其他地点的盘龙城青铜器数据（图6.9）。这几件样品中，T0315③：1铜爵足残片样品断口平整，可能为人为切断待重熔的物料，而浮渣G1JP1：17中存在大量菱形SnO_2晶体，为高温熔融过程中形成，说明盘龙城工匠曾利用含此类铅料的青铜进行熔铸活动。金正耀先生称这类特征物料为高比值铅，因其在用$^{207}Pb/^{206}Pb$作图时处于比值最高的一端（约0.92）。本书中均采用$^{206}Pb/^{204}Pb$为横轴作图，因此称其为“低比值组”。

---

① 金正耀、Chase W T、平尾良光等：《江西新干大洋洲商墓青铜器的铅同位素比值研究》，《考古》1994年第8期。

② Cui J, Wu X. An Experimental Investigation on Lead Isotopic Fractionation During Metallurgical Processes. *Archaeometry*, 2011, 53(1) : 205-214.

③ 邹桂森：《江西瑞昌铜岭遗址商代冶金考古综合性研究》，北京科技大学博士学位论文，2020年。

表6.4　盘龙城青铜器及浮渣样品铅同位素汇总表

序号	实验室编号	考古编号	器物名称	《盘龙城（1963～1994）》分期	文献来源	Pb/wt%	$^{206}Pb/^{204}Pb$	$^{207}Pb/^{204}Pb$	$^{208}Pb/^{204}Pb$
1	ZY-007	74HP 南 M1：2	尊	六期	《盘龙城遗址出土铜器的微量元素分析报告》		16.951	15.315	36.945
2	ZY-008	80HP.M7	斝	五期			16.744	15.306	36.862
3	ZY-009	63HP.M4	鼎	四期			23.086	16.213	43.639
4	ZY-010	75HP.F3 西	铜器残片	四期			20.206	15.791	40.59
5	ZY-011		戈				19.677	15.767	40.375
6	94176	89HPCYM1：7	罍	七期	《盘龙城出土青铜器的铅同位素比测定报告》		17.647	15.453	38.225
7	94177	89HPYM1：16	鼎	七期			22.787	16.152	43.407
8	94180	杨家嘴 T5（4）	渣	六期			19.605	15.721	39.9
9	94182	杨家湾 T24（4）	镞	六期			17.394	15.333	37.34
10	94184	李家嘴 M2：1	盘	四期			22.291	16.048	42.801
11	94185	李家嘴 M1：18	爵足	五期			22.398	16.079	42.549
12	94186	王家嘴 T79（5）	鼎残片	五期			21.978	15.983	42.393
13	94187	采 P：0211	斝足				19.825	15.733	40.185
14	94188	李家嘴 M2：46	鼎足	四期			18.519	15.55	38.77
15	1801	杨家湾 M3：7	斝残片	六期		19.9	17.438	15.488	37.831
16	1802	杨家嘴 M2：1	弧腹斝残片	五期	《盘龙城青铜器合金成分分析》	9.5	16.598	15.316	36.784
17	1804	杨家湾：0116	凿	六期		12.8	21.304	15.99	42.873
18	1805	楼子湾 M3：3	折腹斝鋬	五期		21.2	19.572	15.678	41.858
19	1806	王家嘴：0201	镞残片			2.4	17.38	15.387	37.488
20	1807	王家嘴 T79②：2	铜器残片			5.9	17.062	15.358	37.269

续表

序号	实验室编号	考古编号	器物名称	《盘龙城（1963 ~ 1994）》分期	文献来源	Pb/wt%	$^{206}Pb/^{204}Pb$	$^{207}Pb/^{204}Pb$	$^{208}Pb/^{204}Pb$
21	1808	王家嘴 T61 ②：2	铜器残片	四期	《盘龙城青铜器合金成分分析》	15.2	19.154	15.651	36.518
22	1809	王家嘴：0202	斝足残片			27.1	21.685	15.925	41.619
23	1810	王家嘴：0203	觚残片			24.4	17.434	15.486	38.241
24	1813	王家嘴：0204	镞残片			9.4	16.974	15.34	37.011
25	1816	王家嘴 M1：5	细腰觚残片	六期		26.5	19.354	15.67	39.657
26	1817-1	杨家湾 M4：1	尊足	六期		20.5	20.162	15.784	40.52
27	1817-2	杨家湾 M4：1	尊肩	六期		15.8	20.197	15.814	40.629
28	1818	杨家湾 M4：1	尊残片	六期		18.1	20.217	15.803	40.623
29	1819	杨家湾 M11：25	尊残片	七期		21	21.409	16.021	42.035
30	1820-1	杨家湾 M11：25	尊口	七期		14.8	21.449	15.977	41.946
31	1820-2	杨家湾 M11：25	尊肩	七期		18	21.43	15.97	41.912
32	1820-3	杨家湾 M11：25	尊腹	七期		21.3	21.413	15.96	41.872
33	1821	杨家湾：0205	斝残片			15.5	17.421	15.495	38.259
34	1822	李家嘴 M1：6	盘残片	五期		0.3	19.312	15.691	39.489
35	1823	李家嘴 M1：1	锥足鼎	五期		25.5	20.316	15.82	40.742
36	1825-1	李家嘴 M2：46	鼎足残片	四期		23.9	17.029	15.352	37.075
37	1825-2	李家嘴 M2：46	鼎足残片	四期		25.8	16.927	15.334	36.926
38	1827-1	李家嘴 M1：18	爵口沿	五期		8.2	19.818	15.742	40.224
39	1827-2	李家嘴 M1：18	爵流	五期		14.9	20.154	15.799	40.582
40	1827-3	李家嘴 M1：18	爵腹	五期		13	22.416	16.127	42.798

续表

序号	实验室编号	考古编号	器物名称	《盘龙城（1963 ~ 1994）》分期	文献来源	Pb/wt%	$^{206}Pb/^{204}Pb$	$^{207}Pb/^{204}Pb$	$^{208}Pb/^{204}Pb$
41	1827-4	李家嘴 M1：18	爵足	五期	《盘龙城青铜器合金成分分析》	31.1	22.401	16.125	42.681
42	1829	杨家湾：015	马面饰	七期		14.6	22.785	16.18	43.561
43	1830	杨家湾：0207	铜器残片			12	17.038	15.251	37.228
44	1831	杨家湾：0208	斝伞柱			23.7	20.767	15.889	41.305
45	1832-1	采 P：0209	觚残片			11.7	20.902	15.939	41.664
46	1832-2	采 P：0209	觚残片			21.2	20.216	15.815	40.635
47	1	小嘴 G13：2	铜块	四、五期前后	《盘龙城遗址小嘴金属物料溯源研究》	2.9	18.697	15.573	38.995
48	2	小嘴 H16：2	铜块	六、七期前后		15.6	22.123	16.056	42.599
49	3	小嘴 H16：5	铜块	六、七期前后		0.7	18.581	15.582	38.804
50	4	小嘴 T0115G1：2	铜块	四、五期前后		18.2	20.428	15.821	40.883
51	5	小嘴 T0116 ④：11	铜块	四、五期前后		4.1	17.432	15.682	38.063
52	6	小嘴 T0116 ⑤：2	铜块	四、五期前后		0.5	20.535	15.848	41.118
53	7	小嘴 T0214 ⑤：6	铜块	四、五期前后		3.2	16.558	15.27	36.665
54	8	小嘴 T0215 ⑤：2	铜块	四、五期前后		4	18.705	15.573	39.003
55	9	小嘴 T0216 ⑤：11	铜块	四、五期前后		0.8	16.698	15.311	36.733
56	10	小嘴 T2015G1：15	铜块	四、五期前后		—	16.491	15.248	36.699
57	11	小嘴 T2016G1：2	铜块	四、五期前后		12.8	20.868	15.927	41.68
58	12	小嘴 T0315 ③：1	爵足	六、七期前后		10.4	16.458	15.256	36.552
59	13	小嘴 G1JP1：17	浮渣	四、五期前后		0.7	16.479	15.251	36.678
60	14	小嘴 T0216 ⑤：10	浮渣	四、五期前后		0.5	16.801	15.302	36.932
61	15	小嘴 T1916G1：2	浮渣	四、五期前后		3.7	20.493	15.829	40.928

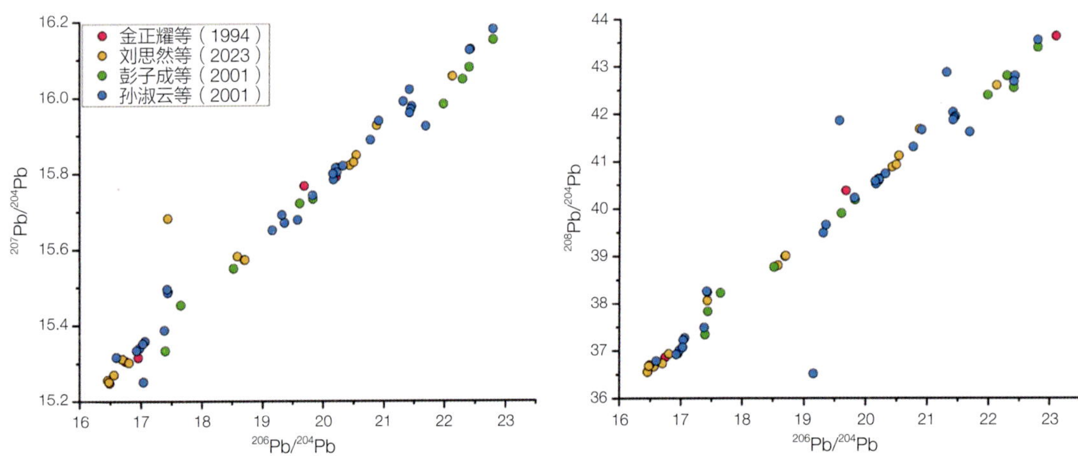

图 6.7　盘龙城青铜器及浮渣样品的铅同位素散点图

（以分析批次分组）

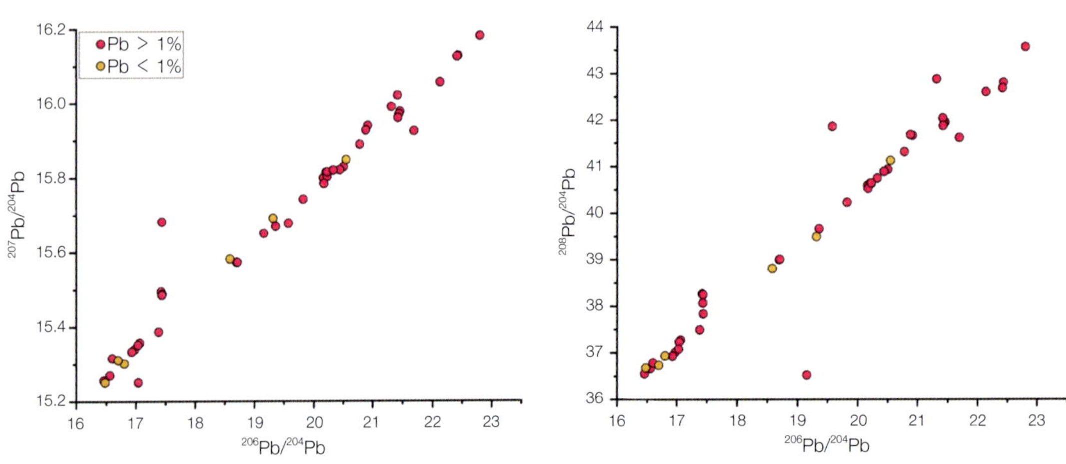

图 6.8　盘龙城青铜器及浮渣样品的铅同位素散点图

（以Pb含量分组）

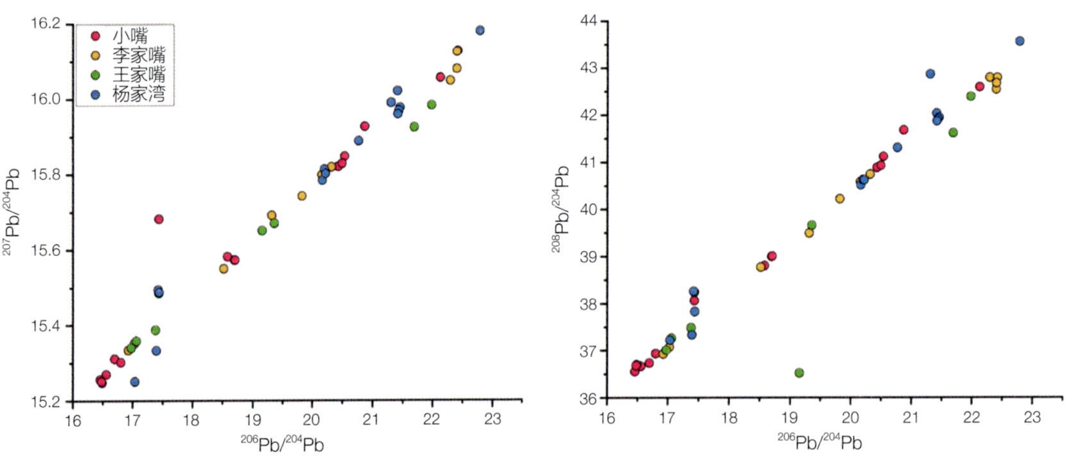

图 6.9　盘龙城青铜器及浮渣样品的铅同位素散点图

（以样品出土地点分组）

四、冶金遗物成分与结构

2015～2017年，武汉大学历史学院对盘龙城遗址小嘴地点进行发掘，出土了数量较多的陶范、坩埚和铜冶金渣等与青铜铸造活动直接相关的遗物①。刘思然等对盘龙城小嘴地点出土的铜冶金遗物，包括7件铜冶金渣，3件坩埚/炉壁样品，进行了系统的科技分析②。该批铜冶金遗物年代属于小嘴第二组，即盘龙城第四、五期前后，相当于二里冈上层一期偏晚阶段，另有1件冶金渣和1件坩埚/炉壁年代晚至小嘴第三组，即盘龙城六、七期前后，相当于二里冈上层二期偏晚阶段。具体的样品信息可见表6.5。

铜冶金渣样品宏观特征相似，直径均在2～5厘米，外表为黑色或青灰色，质地疏松多孔，密度较低，表面附着有灰绿色锈蚀物。3件坩埚/炉壁样品中，G1JP3：18残长10、残宽6、厚约3厘米，内壁附着一层厚度为1～5毫米的渣层，不见分层现象；渣层表面可见灰绿色锈蚀，显示其可能为青铜冶铸活动中用于熔化或盛放铜液的坩埚。本次发掘中出土了多件与其类似的坩埚残片，从截面观察，其内侧与铜液接触区域呈灰黑色，且有部分熔融现象，中间部分为黄色至浅红色，最外侧变为浅黄色，未见熔融现象。推测坩埚内侧受热温度较高，使用时为内加热。坩埚剖面的颜色变化说明其曾进行过预烧，外侧因经历高温而呈黄色，中间部分因未烧透仍呈红色；坩埚外侧绳纹装饰保存完好也支持坩埚经过预烧这一判断。

表6.5　盘龙城遗址小嘴铸铜遗物检测样品信息表

序号	考古编号	器物名称	出土单位年代	文献来源	描述
1	小嘴 H42：1	铜冶金渣	第二组	《盘龙城遗址小嘴商代冶金遗物的分析与研究》	长 1.6、宽 1.6 厘米，三角形状，表面青灰色，多孔
2	小嘴 H42：8	铜冶金渣	第二组		直径 0.6 厘米，颗粒状，多孔，表面有少量绿色铜锈
3	小嘴 T0216⑤：10	铜冶金渣	第二组		长 1.8、宽 1.4 厘米，不规则长圆状
4	小嘴 T2015G1：1	铜冶金渣	第二组		长 1.9、宽 1.2 厘米，不规则长方形状，表面呈黑色，多孔，附有少量绿色铜锈
5	小嘴 T1916G1：2	铜冶金渣	第二组		长 1.3、宽 1.2 厘米，不规则球状
6	小嘴 G1JP1：17	铜冶金渣	第二组		长 2.7、宽 1.6 厘米，不规则长圆状
7	小嘴 H16：6	铜冶金渣	第三组		长 1.2、宽 0.7 厘米，不规则长圆状
8	小嘴 G1JP3：18	坩埚	第二组		残长 7.4、宽 7.3 厘米，残片成三角形，内表面粘有渣层，外表面饰有绳纹，侦画呈弧形内凹
9	小嘴 T2015G1：2	坩埚 / 炉壁	第二组		长 1.7、宽 1.6 厘米，呈三角形，内表面粘有绿色渣层，外表面呈青灰色
10	小嘴 T0114③：1	坩埚 / 炉壁	第三组		长 2.3、宽 1.5 厘米，长方形，内表面粘有一颗带红色和绿色的铜渣，内侧陶质呈黑色，外侧青灰色

① 武汉大学历史学院、湖北省文物考古研究所、盘龙城遗址博物院：《武汉市盘龙城遗址小嘴2015～2017年发掘简报》，《考古》2019年第6期。

② 刘思然、邹秋实、路晋东等：《盘龙城遗址小嘴商代冶金遗物的分析与研究》，《江汉考古》2020年第6期。

T0114③：1整体呈青灰色，疏松多孔，断口处可见大量较大的石英颗粒，内侧呈灰黑色，附有绿色和暗红色渣层。T2015G1：2为灰色陶质残片，表面附一薄层灰绿色渣层。这2件样品可能为坩埚或熔炉内侧与铜液接触部分脱落的残块（图6.10）。

分析结果显示，7件铜冶金渣样品中的3件（T2015G1：1、H42：1、H42：8）以硅酸盐基质为主，其中SnO_2、PbO和CuO含量较高，炉渣中常见棒状及菱形二氧化锡晶体，四方形马来亚石以及氧化亚铜晶体，玻璃态基质中PbO含量较高。渣中常见青铜颗粒，但大部分青铜颗粒已经锈蚀，无法确定其化学成分。从锈蚀颗粒中残留的假晶组织可初步判断其锡含量波动很大，部分颗粒的锡含量较高（图6.11）。这类样品为先秦时期铸铜遗址中最为常见的冶金渣，可在熔铜和配制合金两种冶金过程中产生。另外4件样品（T0216⑤：10、H16：6、T1916G1：2、G1JP1：17）的截面有金属光泽，而显微分析显示其金属基体以及周围锈蚀层中含有大量菱形的二氧化锡晶体，与土壤埋藏环境中形成的二氧化锡锈蚀有显著差异，而与前述冶金渣样品相似（图6.12），其形成与高温氧化过程有关。青铜在熔融浇铸过程中会因坩埚或熔炉内气氛的波动而发生氧化，冷却后可在金属基体上观察到二氧化锡晶体。因此这几件样品可能为熔铜浇铸时铜液表层或飞溅的铜液滴与空气接触后形成的浮渣或流铜、溅铜。小嘴发现的冶金渣及浮渣、流铜确证了这一区域曾发生熔铜、铸造活动。

坩埚G1JP3：18渣层中SnO_2、PbO和CuO含量较高。渣基体中含有大量弥散分布的针状、棒状和菱形二氧化锡（SnO_2）晶体、菱形马来亚石（锡榍石）［CaSnO（SiO_4）］晶体和方形氧化亚铜（Cu_2O）晶体。渣玻璃基质中PbO含量较高（图6.13）。渣层中夹有许多金属颗粒，大部分铜颗粒锈蚀较为严重，多为纯铜或铅锡青铜。T2015G1：1渣层中含大量PbO和少量CuO，不含SnO_2。渣玻璃基体主要成分为SiO_2、PbO和CaO。T0114③：1渣层不均匀，PbO、CuO和SnO_2均有较大波动，部分区域可见高PbO玻璃中包含大量聚集的氧化亚铜晶体（图6.13），此外也可见含有大量二氧化锡晶体的青铜颗粒。3件样品的陶质部分均夹有大量磨圆度中等的石英颗粒，粒径大部分在300μm以上，较大者粒径可达0.5厘米左右

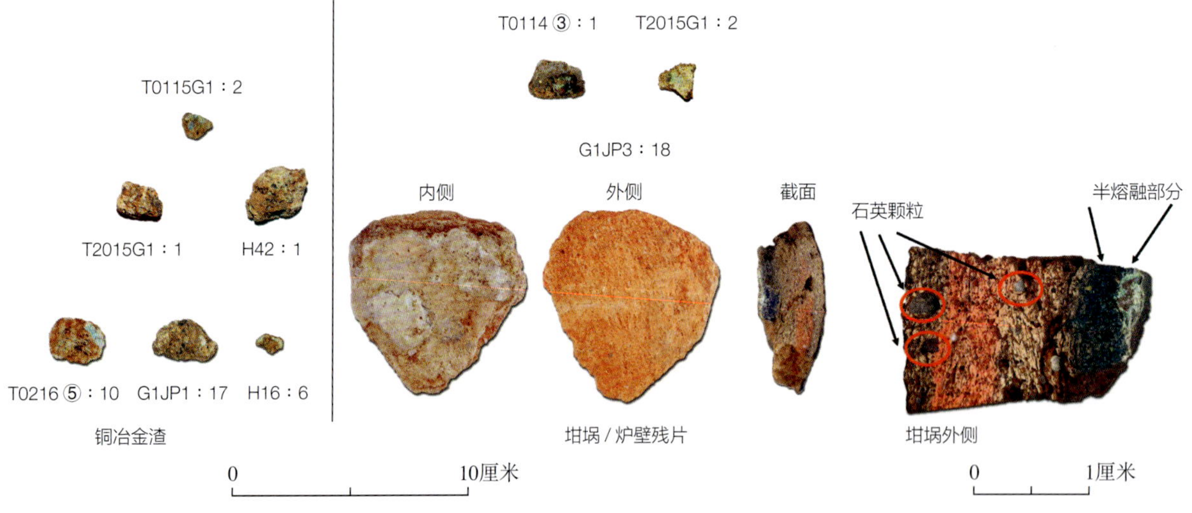

图6.10　小嘴出土铜冶金渣与坩埚／炉渣部分样品照片

（资料来源：刘思然、邹秋实、路晋东等：《盘龙城遗址小嘴商代冶金遗物的分析与研究》，《江汉考古》2020年第6期）

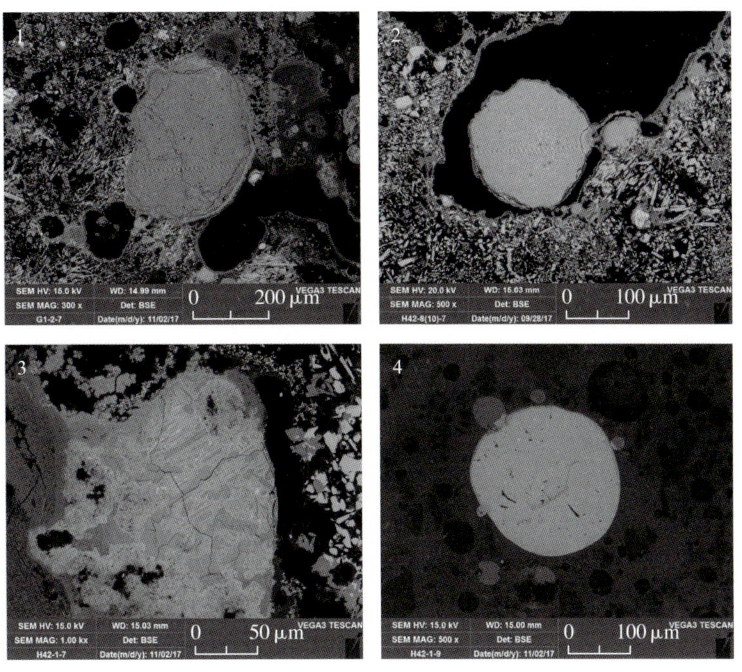

图 6.11 小嘴铜冶金渣中的部分铜颗粒

1. 完全锈蚀的锡青铜颗粒 2. 铅锡青铜颗粒 3. 完全锈蚀青铜颗粒，但从颗粒中残留的假晶可以判断其中含有大量δ相，锡含量可能达到20%～30% 4. 红铜颗粒

（资料来源：刘思然、邹秋实、路晋东等：《盘龙城遗址小嘴商代冶金遗物的分析与研究》，《江汉考古》2020年第6期）

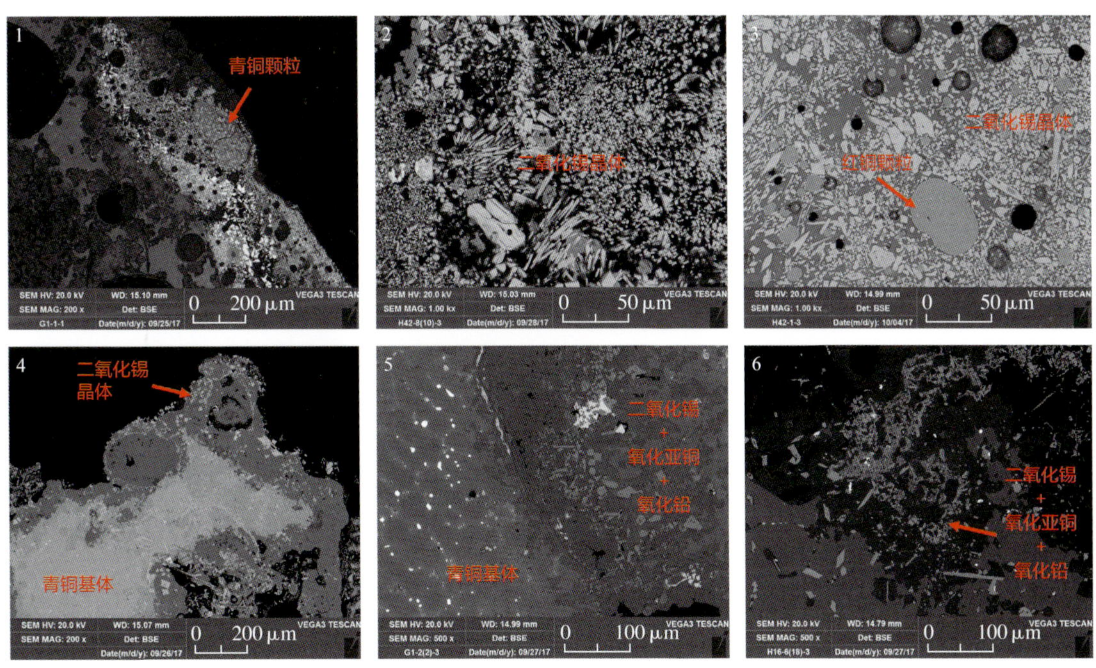

图 6.12 小嘴铜冶金渣及浮渣 / 流铜扫描电镜背散射电子照片

1. T2015G1：1渣中青铜颗粒 2. H42：8渣中二氧化锡晶体 3. H42：1渣中二氧化锡晶体及红铜颗粒

4. G1JP1：17浮渣中金属基体与渣相 5. T1916G1：2浮渣中金属基体与渣相 6. H16：6浮渣

（资料来源：刘思然、邹秋实、路晋东等：《盘龙城遗址小嘴商代冶金遗物的分析与研究》，《江汉考古》2020年第6期）

（图6.10），应为制陶过程中加入的羼和料。黏土基质本身较为纯净，可观察到氧化铁颗粒，化学分析显示黏土的FeO和Al_2O_3含量较高，成分与本地红土的化学成分接近，属易熔黏土。G1JP3：18坩埚黏土基质中FeO含量高于另外两样品，靠近渣层处烧结严重并受到渣层侵蚀（图6.13）。小嘴出土的坩埚样品与盘龙城发掘报告及以往研究文章中所讨论的陶缸类“熔铜坩埚”形制不同，为浅腹侈口容器，制作坩埚/炉壁的材料为掺入了大量粗石英颗粒的高铁易熔黏土，FeO和Al_2O_3较高而SiO_2含量偏低，与盘龙城遗址出土陶器和本地生土的化学成分相似。

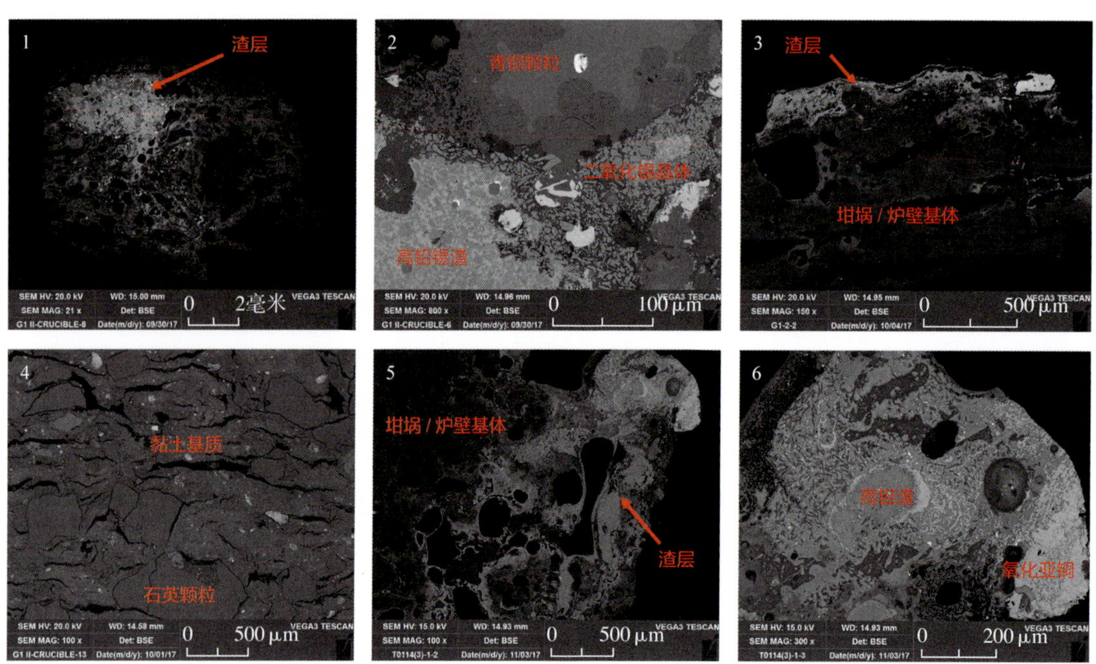

图 6.13　小嘴坩埚及炉壁残块的扫描电镜背散射电子照片

1. G1JP3：18坩埚渣层照片　2. G1JP3：18坩埚渣层中青铜颗粒　3. T2015G1：2渣层与陶质基体
4. G1JP3：18坩埚陶质基体照片　5. T0114③：1渣层与陶质基体照片　6. T0114③：1渣层照片
（资料来源：刘思然、邹秋实、路晋东等：《盘龙城遗址小嘴商代冶金遗物的分析与研究》，《江汉考古》2020年第6期）

第二节　合金工艺

金相分析表明，盘龙城青铜器基本为铸造成形，仅少量在铸后经过冷热加工，与郑州地区二里冈期青铜器制作工艺接近，体现了商代早期青铜器的主流加工工艺。现有资料显示锻造成形的礼容器仅偶见于殷墟时期[①]。盘龙城青铜器的合金成分较为特殊，整体呈现高铅高

① 刘煜、贾莹、成小林等：《M54出土青铜器的金相分析》，《安阳殷墟花园庄东地商代墓葬》，第278～280页，科学出版社，2007年。

锡特征，与郑州地区出土商代二里冈青铜器[①]近似，而与二里头时期[②]和商代晚期青铜器[③]形成了鲜明对比（图6.14）。利用这些数据可以大致勾勒中国青铜时代早期合金工艺的演进序列。二里头时期大量青铜器的Sn含量不足5wt%，Pb含量却有大幅度波动，显示了工匠对于合金配比的控制力不足，合金工艺可能仍较为初级。二里冈时期的盘龙城青铜器和郑州地区青铜器的Sn含量有了明显提升，大量青铜器的Sn含量在8wt%以上。目前尚未在二里冈时期的遗址发现纯锡器，因此无法判断这次进步是否与使用锡金属代替锡矿物作为合金原料有关，但青铜器Sn含量的上升可以证明这一时期合金工艺已有了明显进步。

二里冈时期青铜器的Pb含量相较二里头时期也发生了明显提升，平均值在10wt%以上，部分青铜器的Pb含量甚至达到20wt%以上。如将盘龙城青铜器按器物类型进行区分则可观察到，铜容器与工具兵器类等的平均Sn含量接近，为12wt%～15wt%，容器的平均Pb含量为15.2wt%，而其他器物为5.4%。盘龙城小嘴遗址近年来出土了相当数量的铜块，部分具有明显的切割痕迹，可能为铸铜活动的原料或回炉料，其Pb、Sn含量均明显低于青铜器（图6.15），Sn含量平均值仅为5.4wt%。几类样品合金成分的显著差异说明工匠在生产过程已可对合金配比进行控制，铜容器Pb含量偏高是一种人为选择的结果。青铜中的少量铅（约2wt%）可提升铜液的充型能力，减少器物的铸造缺陷，但当青铜的Pb含量高于5wt%时，青铜的抗拉强度明显下降，且容易在表面形成黑色斑点，影响其外观[④]。二里冈时期工匠为何选择生产高铅青铜器仍难以解释。近年在殷墟刘家庄北地贮藏坑中发现的大量铅锭具有分层结构，其中深灰色层含有10wt%～20wt%的Cu，而灰白层则接近纯铅[⑤]，不排除其冶炼原料为铜铅共生矿，并在后续利用熔点差异进行铜、铅分离。使用这样得到的金属铜料时，如果铜铅分离不完全，就可能向青铜器中引入较多铅。然而，考虑到殷墟铅锭与二里冈期青铜器的铅同位素比值具有明显差异，二者并非来自相同矿源，二里冈时期是否也曾使用过铜铅共生矿仍需进一步研究。到了商代晚期，青铜器可分为两组，妇好墓等高等级墓葬出

① 李敏生：《先秦用铅的历史概况》，《文物》1984年第10期；彭子成、王兆荣、孙卫东等：《盘龙城商代青铜器铅同位素示踪研究》，《盘龙城（1963～1994）》附录四，第552～558页；田建花：《郑州地区出土二里岗期铜器研究》，中国科学技术大学博士学位论文，2013年；杨育彬、于晓兴：《郑州新发现商代窖藏青铜器》，《文物》1983年第3期；何堂坤：《先秦青铜合金技术的初步探讨》，《自然科学史研究》1997年第3期；孙淑云：《郑州南顺街商代窖藏青铜器金相分析及成分分析测试报告》，《郑州商代铜器窖藏》，第125～129页，科学出版社，1999年。

② 赵春燕：《河南偃师二里头出土部分铜器的化学组成分析》，《文物保护与科技考古》，第34～36页，三秦出版社，2006年。

③ 中国社会科学院考古研究所实验室：《殷墟金属器物成分的测定报告（一）——妇好墓铜器测定》，《考古学集刊》第2集，中国社会科学出版社，1982年；李敏生、黄素英、季连琪：《殷墟金属器物成分的测定报告（二）——殷墟西区铜器和铅器测定》，《考古学集刊》第4集，中国社会科学出版社，1984年；季连琪：《河南安阳郭家庄160号墓出土铜器的成分分析研究》，《考古》1997年第2期；赵春燕：《安阳殷墟出土青铜器的化学成分分析与研究》，《考古学集刊》第15集，第243～268页，文物出版社，2004年；刘煜、何毓灵、徐广德：《殷墟花园庄54号墓出土青铜器的成分分析与研究》，《新时代的考古学——纪念王仲舒先生八十诞辰论文集》，第1027～1036页，科学出版社，2005年。

④ Chase W T, Ziebold T O. Ternary Representation of Ancient Chinese Bronzes Composition. Archaeological Chemistry-Ⅱ. *Advance in Chemistry Series*, 1978(171): 304.

⑤ 中国社会科学院考古研究所安阳工作队：《河南安阳市殷墟刘家庄北地铅锭贮藏坑发掘简报》，《考古》2018年第10期。

土的青铜器，合金技术显然又有进步，青铜器的Sn含量进一步提升而Pb含量明显降低，高锡低铅的合金配比使得器物的外观更加光洁，同时保障了金属液的充型能力。而中小型墓出土青铜器的Sn含量偏低，Pb含量偏高。由此可见，盘龙城青铜器可能代表了青铜时代合金工艺演进中的一个关键阶段，铸铜工匠可能在探索使用一些新型的物料和合金配置方法，为殷墟时期合金工艺的成熟奠定了基础。

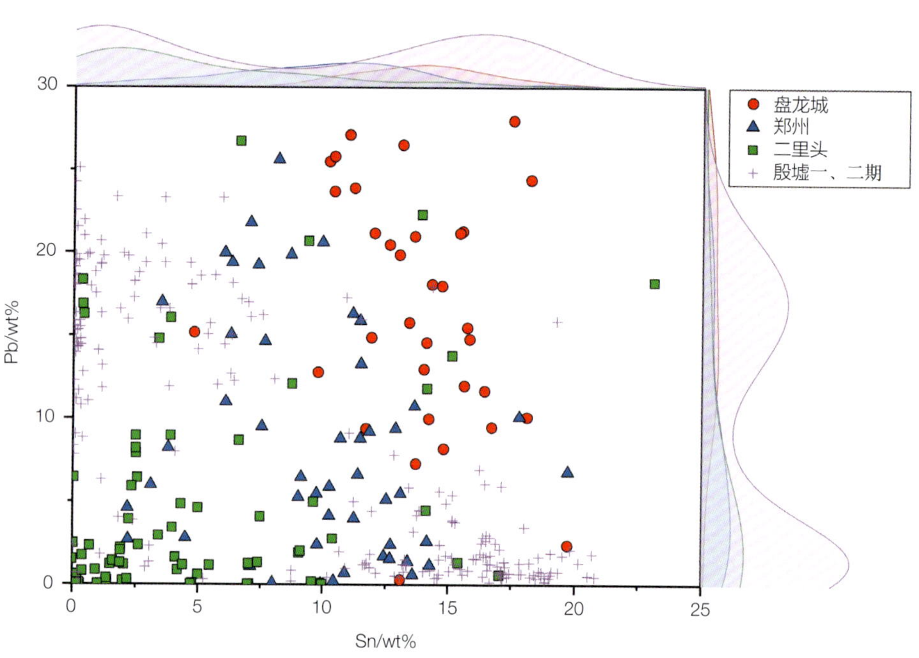

图 6.14 二里头遗址、盘龙城遗址、郑州地区和殷墟遗址一二期青铜器 Pb、Sn 含量对比图

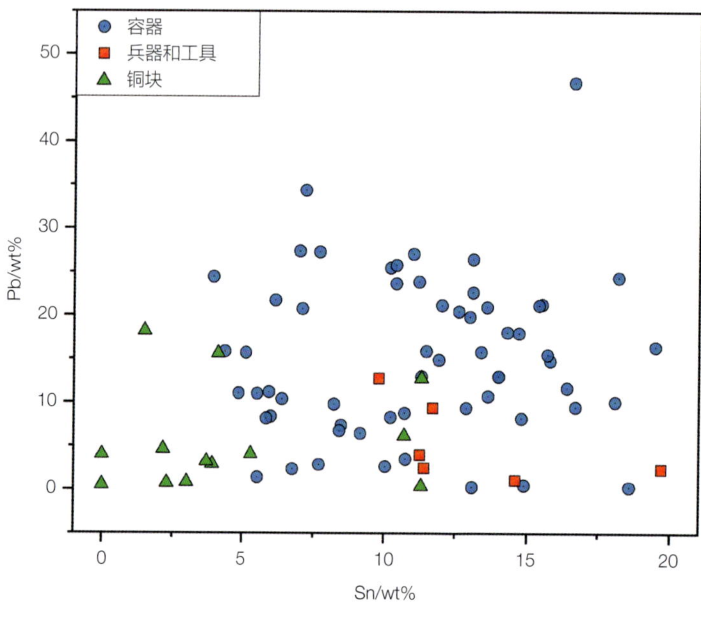

图 6.15 盘龙城不同种类青铜器主量成分对比图

盘龙城和郑州两地青铜器合金工艺的对比研究是学界关心的另一个重要议题。郝欣和孙淑云使用她们收集到的两地青铜器Pb、Sn含量制作了直方图，发现两地间的共性是无纯青铜器，三元合金数量多于二元合金，工具和兵器的Sn含量高于容器，而差异在于盘龙城高铅（Pb>10wt%）青铜器的数量多于郑州①。刘睿良等分别制作了盘龙城和郑州两地青铜器锡含量的累积概率密度曲线，通过对比发现盘龙城青铜器的Sn含量明显高于郑州青铜器，并通过K-S检验验证了这一差异的显著性②。他们认为盘龙城铜容器相对郑州青铜器更加富锡可能说明盘龙城距离锡料来源更近，暗示存在南方锡料经由盘龙城向中原地区输送的可能性。本书集合了目前已发表的几批郑州地区二里冈期青铜器合金成分数据③，将其与盘龙城青铜容器的Pb、Sn含量进行三点作图，并利用KDE曲线分别比较了二者间的差异（图6.16）。结果显示，盘龙城青铜器的Sn含量平均值为11.2wt%，但分布区间均较宽，郑州青铜器的Sn含量平均值为10.1wt%。盘龙城青铜容器的Pb含量平均值为15.2wt%，而郑州青铜器的Pb含量平均值为8wt%，二者间的差异较Pb含量更加显著。综上，郑州与盘龙城青铜器均具有二里冈青铜器高Pb、高Sn的特征。二者的Sn含量差异较小而Pb含量具有一定差异，

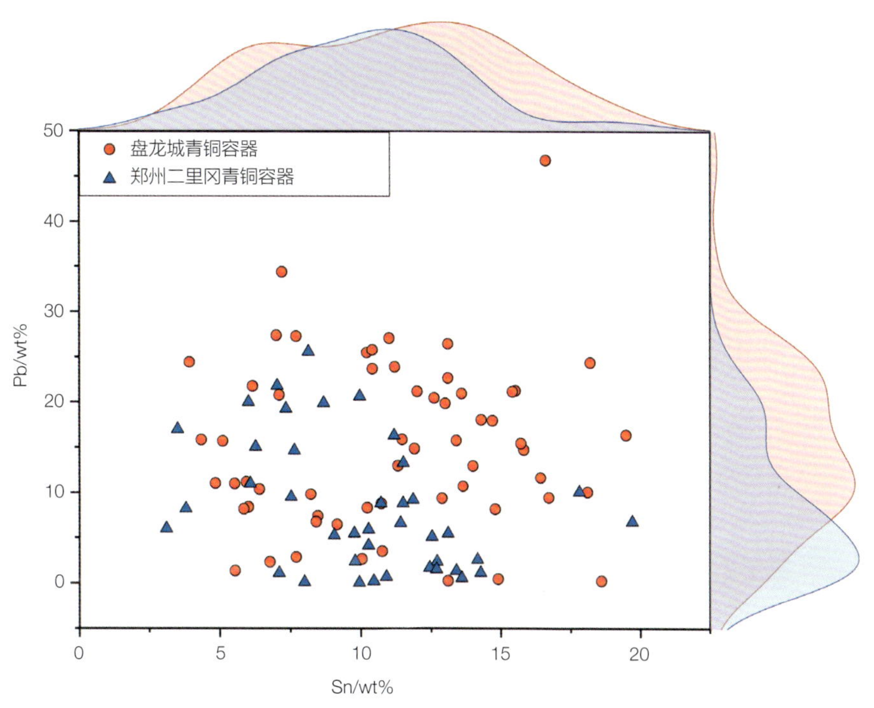

图 6.16　盘龙城和郑州二里冈青铜容器铅锡含量对比图

① 郝欣、孙淑云：《盘龙城商代青铜器的检验与初步研究》，《盘龙城（1963～1994）》附录一，第517～538页。

② 刘睿良、马克·波拉德、杰西卡·罗森等：《共性、差异与解读：运用牛津研究体系探究早商郑州与盘龙城之间的金属流通》，《江汉考古》2017年第3期。

③ 李敏生：《先秦用铅的历史概况》，《文物》1984年第10期；彭子成、王兆荣、孙卫东等：《盘龙城商代青铜器铅同位素示踪研究》，《盘龙城（1963～1994）》附录四，第552～558页；田建花：《郑州地区出土二里岗期铜器研究》，中国科学技术大学博士学位论文，2013年；杨育彬、于晓兴：《郑州新发现商代窖藏青铜器》，《文物》1983年第3期；何堂坤：《先秦青铜合金技术的初步探讨》，《自然科学史研究》1997年第3期；孙淑云：《郑州南顺街商代窖藏青铜器金相分析及成分分析测试报告》，《郑州商代铜器窖藏》，第125～129页，科学出版社，1999年。

但考虑到两地的多批数据是在多个实验室中完成的，还应该考虑实验室间误差的影响。林俊伶等使用10件青铜标准物质对16个实验室的9种分析设备的准确性进行了评估，结果显示不同实验室间数据的Pb含量具有较大的差异，排除2家误差极大的实验室后，其相对标准偏差仍可达30%以上[①]。考虑到前文所属盘龙城青铜器多组实验数据间的差异，是否可以认定两地间青铜器成分存在明显不同这一问题仍值得讨论。

第三节　聚落的青铜生产活动

盘龙城聚落是否存在本地铸铜活动，铸铜活动的规模和性质如何，一直是学界关注的热点问题。以往已有多位学者提出盘龙城可能存在铸铜活动遗存。盘龙城遗址出土有数量较多的大口缸，徐劲松等通过模拟实验证明该类器物可以用来熔炼青铜，认为其应该为熔铜用的坩埚[②]。邱诗萤认为盘龙城遗址杨家湾与杨家嘴地点发现的灰烬沟遗迹与石门皂市遗址熔铜炉、荆南寺遗址灰坑H216、郑州商城遗址南关外地点南区铸铜场地等遗迹的包含物特征相似，其功能应当与熔铜浇铸有关[③]。盘龙城遗址博物馆在小嘴地点东部滩地采集到6件石范残块并在附近发现灰坑遗迹，为盘龙城遗址首次发现的青铜铸造类遗存[④]。在科技分析方面，南普恒等对盘龙城出土青铜器的耳、足等空心部位残留的泥芯进行了化学成分分析，以探讨盘龙城青铜器的铸造地问题[⑤]。这一方法的基本假设是，青铜时代青铜器铸造活动中所使用的泥芯和陶范等技术，其陶瓷材料均使用的是当地黏土，而不同地域的黏土由于成壤过程中物理、化学、生物等风化作用的差异，在矿物组成和化学成分上存在较大不同。南普恒等通过主量、微量元素成分的对比，认为盘龙城青铜器泥芯与殷墟、侯马、李家及郑州的陶范及生土样品存在差异。盘龙城泥芯Ca、Mg元素含量小于1wt%，而其他遗址陶范则大于1wt%。另外，盘龙城泥芯稀土元素配分曲线向右倾斜较大，轻重稀土分馏强烈，与侯马陶范、李家陶范、郑州商代文化层下层生土存在区别（图6.17）。因此，认为盘龙城商代青铜器应该是本地铸造而非由郑州商城生产后分配至此的。

近年来随着小嘴铸铜遗址的发掘，盘龙城存在本地青铜器铸造活动已经可以确认。自2015年起，武汉大学历史学院等多家单位组成联合考古队，在小嘴地点东北部进行考古发掘，其中在灰沟G1、G2，灰坑H42和探方地层T0114③中出土了铸铜生产活动相关的遗迹遗物，包括陶范碎块、陶坩埚碎块和炉壁、少量孔雀石以及密集分布的青铜块等（图6.10）。灰沟G1与早年在盘龙城遗址杨家湾、杨家嘴等地点所发掘的“灰烬沟”遗迹具有一定的相

① Lin J, Wang Y, Liu S, Qian W. *Evaluating Accuracy and Inter-laboratory Reproducibility of the Compositional Analysis of Ancient Bronzes*. Advances in Archaeomaterials, 2023: 100027.

② 徐劲松、李桃元、胡莎可：《从模拟试验看商周时期大口陶缸的性质及用途》，《考古》2005年第7期。

③ 邱诗萤：《浅论盘龙城灰烬沟遗迹》，《南方文物》2016年第4期。

④ 韩用祥、余才山、梅笛：《盘龙城遗址首次发现铸造遗物及遗迹》，《江汉考古》2016年第2期。

⑤ 南普恒、秦颖、李桃元等：《湖北盘龙城出土部分商代青铜器铸造地的分析》，《文物》2008年第8期。

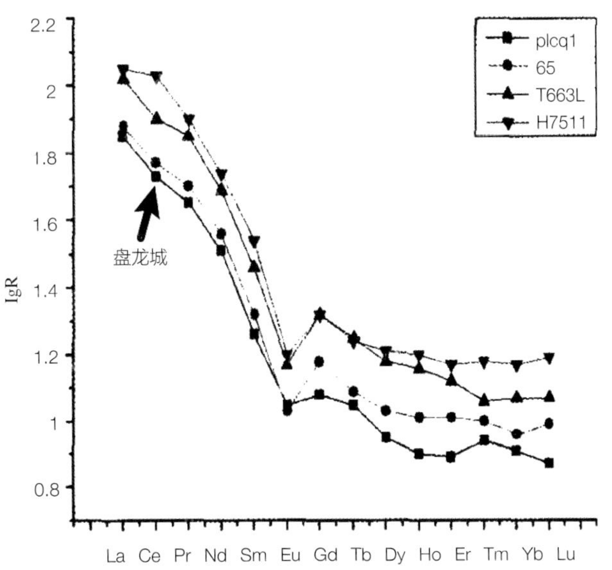

图6.17 盘龙城商代青铜器泥芯、侯马陶范、李家陶范及郑州商代文化层下生土稀土元素配分曲线

（资料来源：南普恒、秦颖、李桃元等：《湖北盘龙城出土部分商代青铜器铸造地的分析》，《文物》2008年第8期）

似性。青铜块经科技分析后可知共分为三类，第一类为青铜器残片，如刀、爵足、斝鋬等，第二类为铜冶金渣，化学成分和物相组成显示其为铸铜作坊常见的熔铜合金渣（图6.12），第三类因氧化严重而呈不规则颗粒状，可能为某种青铜器残片严重锈蚀后形成的。尽管小嘴地点出土有孔雀石颗粒，但数量稀少，且并未发现铜冶炼或精炼活动产生的炉渣或坩埚渣，因此目前认为小嘴地点并未发生冶炼和精炼活动，盘龙城小嘴地点主要的铜冶金生产活动为合金配置和熔铜浇铸。值得注意的是，T0315③：1铜爵足残片断口平整，可能为人为切断待重熔的物料，其地球化学特征也与北方中原更早期青铜物料特征相似（见下文），因此，小嘴地点应该还进行了早期青铜物料的回收重熔活动[①]。目前小嘴地点经发掘出土的铸铜生产活动相关遗物数量相对较少，难以评估其生产规模[②]。

灰沟G1出土的陶范碎块大多直径在1～3厘米，泥质，夹微量细砂，受浇铸活动影响，陶色由一侧向另一侧趋浅，呈浅灰色或灰黄色，硬度明显低于该地点出土的夹砂陶器。分布相对集中，在0.35立方米的区域内共出土34块。该批陶范碎块过于碎小，大多难以知晓其生产的青铜产品种类（图6.18，右）。仅陶范碎块G1JP1：20壁有三周弦纹，说明其生产的产品应当为青铜容器（图6.18，左）。根据该陶范弧度，可大致复原其对应的圆形器物直径为14～16厘米。盘龙城遗址出土青铜尊颈部及青铜鼎上腹部常见装饰有三周弦纹，因此推测对应产品可能为青铜尊或鼎类。这一陶范残块的出土说明盘龙城遗址小嘴地点应当具备生产青铜容器的功能[③]。

① 刘思然、邹秋实、路晋东等：《盘龙城遗址小嘴金属物料溯源研究》，《江汉考古》2023年第4期。

② 武汉大学历史学院、湖北省文物考古研究所、盘龙城遗址博物院：《武汉市盘龙城遗址小嘴2015～2017年发掘简报》，《考古》2019年第6期。

③ 武汉大学历史学院、湖北省文物考古研究所、盘龙城遗址博物院：《武汉市盘龙城遗址小嘴2015～2017年发掘简报》，《考古》2019年第6期。

图 6.18　盘龙城遗址小嘴地点出土陶范

（资料来源：武汉大学历史学院、湖北省文物考古研究所、盘龙城遗址博物院：《武汉市盘龙城遗址小嘴2015～2017年发掘简报》，《考古》2019年第6期）

刘思然等对小嘴地点出土的小件青铜器及铜块进行过化学成分分析，分析结果显示，铜容器（2件爵足残块）的Sn含量均在5wt%以上，Pb含量均在10wt%以上，为典型的高铅锡青铜。铜兵器和工具（1件铜刀和1件铜箭镞）Sn含量均在10wt%以上，Pb含量均在3wt%以下，合金配比与铜容器差别显著。12件铜块共有9件Sn含量在5wt%以下，平均含量为4.8wt%，共有9件Pb含量在5wt%以下，平均含量为5.8wt%，合金配比与已分析的铜容器、铜刀、铜箭镞相比均要更低，这一现象或可存在多种解读，该批铜块可能属于冶金生产过程中的原料或半成品，尚未完成合金配置，在铸造铅还需要向其中加入铅、锡料以调整其合金元素含量，另一可能是该批铜块所生产的产品与现有分析的不同[①]。

从坩埚制作技术角度，小嘴遗址的冶金活动相较于中原地区具备一定的地方特性。孙振飞等对郑州商城遗址南关外地点出土铜冶金坩埚进行了系统分析，共可分为三类，A类为泥质大口尊改制坩埚，内壁附有纯粉砂制衬层，功能为铜冶炼或精炼；B类坩埚质地为粉砂质黏土，渣层较厚，存在多次修补使用形成的多层结构，功能为配制合金；C类坩埚质地同样为粉砂制黏土，但是羼入有植物根茎，渣层极薄，无多次修补迹象，功能为熔铜浇铸[②]。中商时期的洹北商城[③]、阜南台家寺[④]，以及与盘龙城地理位置接近的瑞昌铜岭[⑤]和黄陂郭元咀遗址[⑥]也多见B类多层坩埚，可见这种较为特殊的坩埚制作工艺与使用方式是商代铸铜的一种技术传统。小嘴地点出土坩埚与郑州商城三类坩埚的制作工艺均不相同，为浅腹侈口的

① 金正耀、Chase W T、平尾良光等：《江西新干大洋洲商墓青铜器的铅同位素比值研究》，《考古》1994年第8期。

② Sun Z, Liu S, Yang S, et al. Trace Element Analysis Reveals Varied Functions of Copper Processing Crucibles from the Shang City at Zhengzhou. *Archaeological and Anthropological Sciences*, 2022, 14(7): 128.

③ 钟正权：《洹北商城出土冶铸遗物的材料和工艺研究》，中国社会科学院大学硕士学位论文（北京），2021年。

④ Liu S, He X, Chen J, et al. Micro-slag and "Invisible" Copper Processing Activities at a Middle-Shang Period (14th-13th century BC) Bronze Casting Workshop. *Journal of Archaeological Science*, 2020, 122: 105222.

⑤ 邹桂森：《江西瑞昌铜岭遗址商代冶金考古综合性研究》，北京科技大学博士学位论文，2020年。

⑥ 湖北省文物考古研究所、北京大学考古文博学院、武汉市黄陂区文物管理所等：《武汉市黄陂区鲁台山郭元咀遗址商代遗存》，《考古》2021年第7期。

碗状，黏土羼入石英质粗砂制成，无多次修补使用的痕迹（图6.10），坩埚基体的化学成分上，Al_2O_3含量显著高于郑州三类坩埚，而SiO_2含量显著更低[①]。由此可以推测，小嘴遗址的铸铜活动技术面貌与典型商文化遗址存在一定差异。

第四节　物料产源探讨

盘龙城遗址作为二里冈期中原地区商人南向扩张形成的重要据点，是汉水以东地区商文化的区域中心，同时也毗邻长江中游铜铁矿集区。一般认为，该遗址的出现可能与中原商人经略长江中游铜矿资源有关。因此，盘龙城青铜器的物料来源受到了学界的长期关注，引发了大量讨论。多位学者通过对盘龙城青铜器的铅同位素和微量元素进行分析，以此探讨其金属物料来源。金正耀等最早对盘龙城的5件青铜器进行了铅同位素分析，发现其中3件样品特征为高放射性成因铅，与郑州、殷墟、新干等多地出土的商代青铜器铅同位素特征一致，从而揭示了商代二里冈上层到殷墟三期存在一个基于高放射成因铅物料的广域资源网络[②]。彭子成等同样对盘龙城青铜器进行了铅同位素分析，发现铅同位素比值分布范围大，暗示该批青铜器可能具有多处来源。其中，少量具有普通铅特征的数据与江西瑞昌铜岭等长江中游铜矿石存在重叠，因此推断在盘龙城青铜器生产过程中，部分使用了本地长江中游的铜矿资源[③]。孙淑云等将盘龙城青铜器铅同位素与长江中下游铅锌矿进行对比，发现即使在高放射性成因铅范围之外，也基本不存在重叠。因此，盘龙城高铅青铜器的铅同位素数据难以用来探讨其铜物料来源问题[④]。

多位学者也使用微量元素方法来探讨铜料来源问题。刘睿良等通过青铜器的微量元素组合对其进行分组，发现含Ni物料多出现于盘龙城而少见于郑州商城，含Ag物料多出现于郑州商城而少见于盘龙城，纯铜（As、Sb、Ag、Ni四种微量元素均小于0.1wt%）和含As物料则在郑州商城和盘龙城两地均可见到。盘龙城青铜器还具有更高的Sn含量。因此，刘睿良等认为郑州商城和盘龙城两地之间存在一定的资源流通网络，但盘龙城同样使用了一部分具有本地特征的金属物料。盘龙城可能不仅仅作为向郑州商城输送金属物料的枢纽，长江中游和中原之间的资源流通可能是一个多向网络[⑤]。黎海超同样使用微量元素分组法对郑州商

① 武汉大学历史学院、湖北省文物考古研究所、盘龙城遗址博物院：《武汉市盘龙城遗址小嘴2015～2017年发掘简报》，《考古》2019年第6期。

② 金正耀：《中国铅同位素考古》，中国科学技术大学出版社，2008年。

③ 彭子成、王兆荣、孙卫东等：《盘龙城商代青铜器铅同位素示踪研究》，《盘龙城（1963～1994）》附录四，第552～558页。

④ 孙淑云、韩汝玢、陈铁梅等：《盘龙城出土青铜器的铅同位素比测定报告》，《盘龙城（1963～1994）》附录三，第545～551页。

⑤ 刘睿良、马克·波拉德、杰西卡·罗森等：《共性、差异与解读：运用牛津研究体系探究早商郑州与盘龙城之间的金属流通》，《江汉考古》2017年第3期；Liu R, Pollard A M, Rawson J, et al. Panlongcheng, Zhengzhou and the Movement of Metal in Early Bronze Age China. *Journal of World Prehistory*, 2019, 32(4): 393-428.

城、盘龙城两地出土青铜器进行研究，认为盘龙城青铜器与郑州商城青铜器之间的关系显然不能一概而论，推测两地约有半数的青铜器原料可能有相同的来源，另外各有约三分之一的青铜器来源不同。此外，黎海超同样发现含Ag物料多出于郑州商城而少见于盘龙城，且经过对应青铜器的类型学分析，认为该类物料主要在二里冈下层时期使用①。刘思然等对小嘴地点出土的青铜器残片及浮渣进行了微量元素分析，结果显示多数样品的Ag、Bi含量存在线性关系，而Ag、Bi与Cu、Sn、Pb三个主量元素并无显著相关性。将盘龙城青铜器、小嘴样品以及郑州地区二里冈期青铜器的Ag、Bi、Ni含量进行对比，小嘴样品与盘龙城其他地点样品的微量元素特征存在系统差异。小嘴样品的Ag含量显著高于过往分析的盘龙城青铜器，大部分高于1000ppm，最高可达3833ppm。小嘴样品的Ni含量、As含量则显著低于盘龙城青铜器，Ni含量最高仅为89ppm，As含量最高仅为180ppm（图6.19）。

如将小嘴样品和过往盘龙城青铜器数据合并，则郑盘两地青铜器的微量元素分布差异不显著（图6.20）。小嘴样品与盘龙城过往青铜器的微量元素特征则存在系统差异，可能说明小嘴样品代表了一个相对集中批次的物料，而以往分析的青铜器样品较为分散，未能充分反映这一物料的微量元素特征。另一种可能则是小嘴铸铜遗址所生产器物的主体类型并非过往研究中较为关注的青铜容器，因此二者的微量元素特征存在差异②。

盘龙城青铜器的铅同位素比值特征相比较于其他遗址出土的二里冈上层时期青铜器具有显著不同。盘龙城青铜器铅同位素两个端元分别处于“高放射成因铅”和“低比值铅”的范围（图6.19）。这两个端元的铅同位素特征处于目前中国已知考古样品数据（包括金属器和含铅釉陶）的最高端和最低端，因此可认为其受到物料混熔的影响应较小，代表了商人曾经使用的两类含铅物料的同位素特征。对于“低比值组”含铅物料的产地，学者们也多进行了讨论，金正耀等认为这类样品与燕齐战国货币③及山东益都出土的2件岳石文化青铜器具有近似的铅同位素比值，因此其矿料来源可能在山东半岛④。刘思然等通过铅构造模型分析及与地质铅矿进行对比，发现3件小嘴样品的$^{206}Pb/^{204}Pb$比值整体仍低于燕齐货币，仅与华北地区铜铅矿石重合。这些矿石主要来自于华北，特别是太行山东麓北段以及山西、河北北部太行山与大兴安岭交界地区的成矿带，盘龙城所处的长江中下游成矿带则未见类似矿料。目前已分析的瑞昌铜岭遗址炉渣、矿石及九瑞成矿带矿石样品的$^{206}Pb/^{204}Pb$比值均在17.5以上（图6.21、图6.22）。考虑地质成矿背景及此类青铜器的主要发现区域，该类金属物料的产地应在中国北方地区⑤。

对于高放射性成因铅的地质成因及产地，学界也已经进行了多年的探索。这类铅料的铅同位素特征为$^{206}Pb/^{204}Pb$高于19，同时$^{207}Pb/^{204}Pb$大于15.7，$^{208}Pb/^{204}Pb$大于40，其最早出现在商代二里冈期青铜器中，至殷墟三期后基本在中原地区消失，但在成都平原以及湖南宁乡

① 黎海超：《试论盘龙城遗址的区域特征》，《南方文物》2016年第1期。

② 刘思然、邹秋实、路晋东等：《盘龙城遗址小嘴金属物料溯源研究》，《江汉考古》2023年第4期。

③ 金正耀、Chase W T、马渊久夫等：《战国古币的铅同位素比值研究——兼说同时期广东岭南之铅》，《文物》1993年第8期。

④ 金正耀：《二里头青铜器的自然科学研究与夏文明探索》，《文物》2000年第1期。

⑤ 刘思然、邹秋实、路晋东等：《盘龙城遗址小嘴金属物料溯源研究》，《江汉考古》2023年第4期。

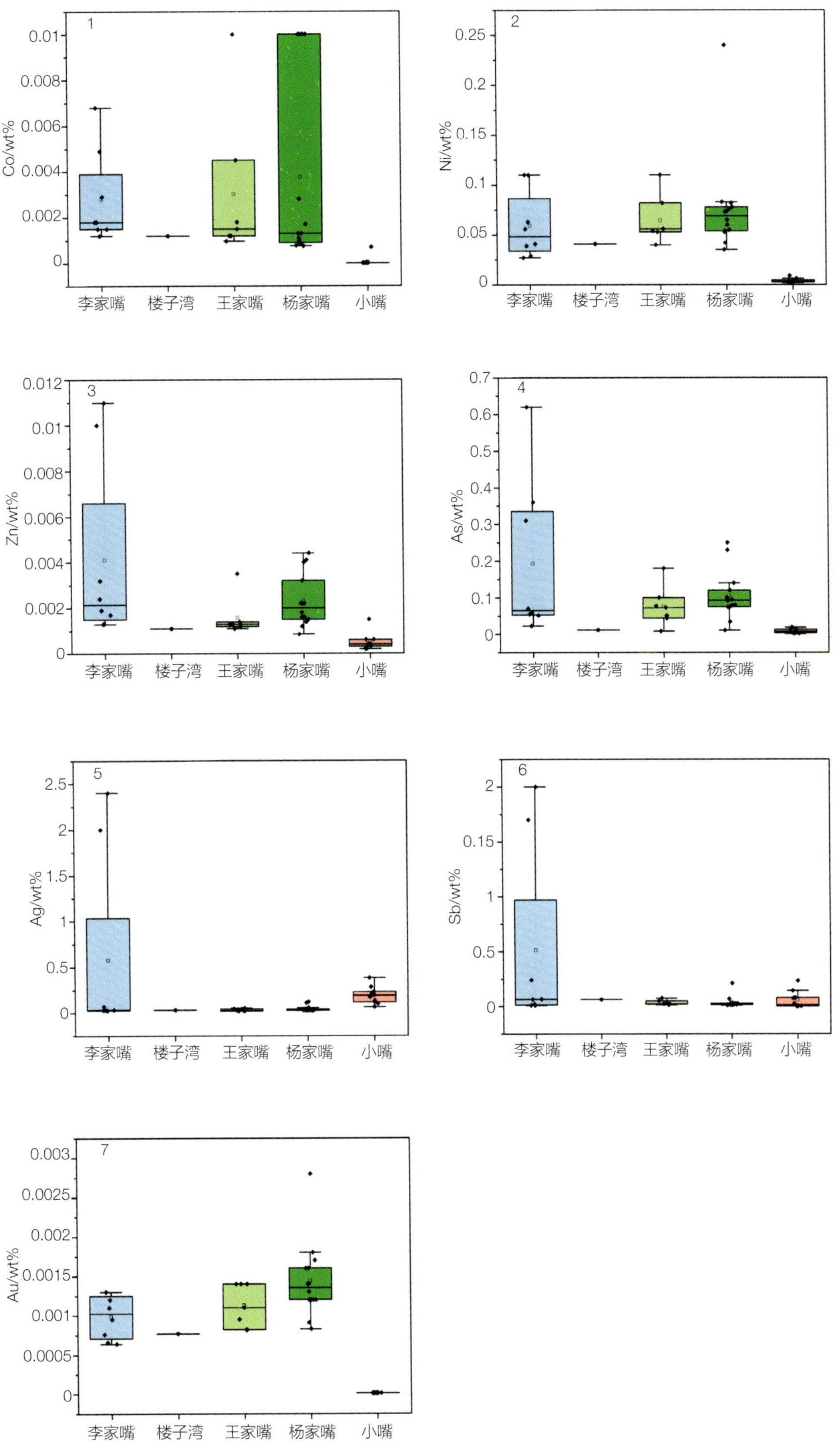

图 6.19 盘龙城青铜器微量元素范围

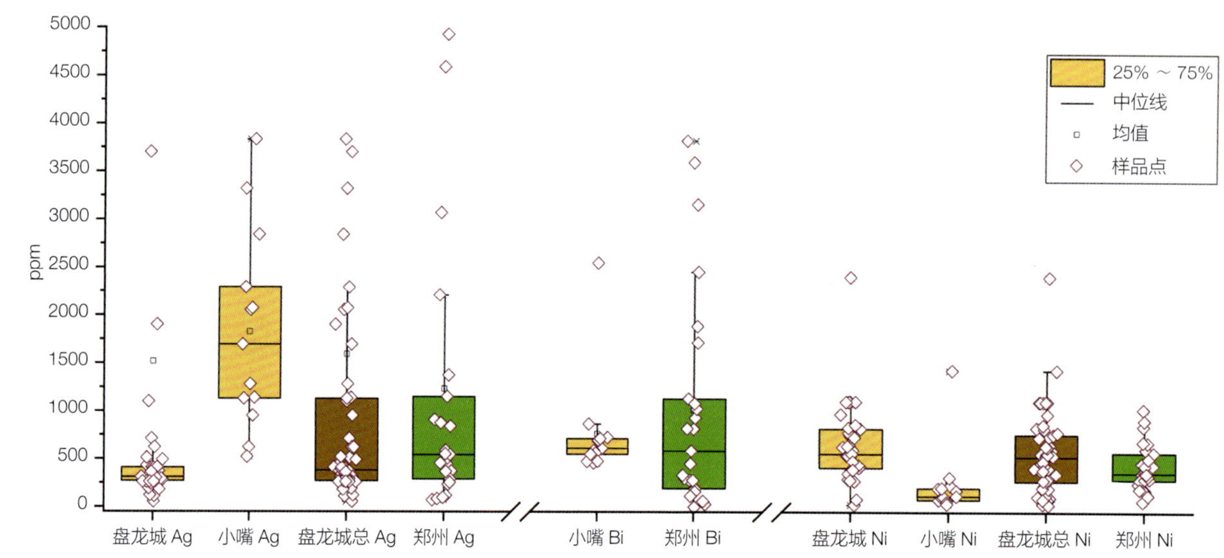

图 6.20　小嘴样品、盘龙城青铜器、郑州地区二里冈期青铜器微量元素箱式图

（资料来源：刘思然、邹秋实、路晋东等：《盘龙城遗址小嘴金属物料溯源研究》，《江汉考古》2023年第4期）

地区，其出现年代可晚至西周早期①。学界目前已经对高放铅物料特征进行了总结。第一，三种放射性成因铅（^{206}Pb，^{207}Pb，^{208}Pb）分别由^{238}U，^{235}U和^{232}Th衰变获得，商代青铜器中的高放射性成因铅同时具有较高的^{206}Pb/^{204}Pb（>19）和^{208}Pb/^{204}Pb（>40）比值，说明形成这种铅的地质单元中同时具有较高的铀和钍含量②。第二，商代青铜器在^{206}Pb/^{204}Pb-^{207}Pb/^{204}Pb图上呈现很强的线性关系，依据地球化学研究中的等时线（Isochron）法进行计算，其具有20亿～25亿年的等时线年龄，但需要注意青铜器中金属矿料可能经过人为混合，因此这一等时线年龄是否真正代表矿床的成矿年龄仍需讨论③。第三，商代青铜器中很大一部分具有较高的铅含量，因此该矿物一定为铅矿而非黄铜矿等只含少量铅的矿物。这一铅矿中可能同时含铜，因为数量众多的低铅器物乃至红青铜器也含有类似的铅同位素比值④。以往学界习惯直接称商代青铜器中的这种特殊铅料为高放射性成因铅（highly radiogenic lead），但地质学意义上的高放铅定义更加宽泛（一般无等时线年龄和钍铅比的限定），且很多铅含量极低的铜矿物中也含有高放铅，但这些矿源并不具备成为商代青铜器矿源的潜力。本书中涉及高放铅之处均指具有以上三点商代青铜器特征的高放射性成因铅物料。目前已知的中国铅矿尚未有任何一处能完全符合以上三点特征，显示了这类矿石在地质上的稀有性。多数学者认为所有商代青铜器中的高放射性成因铅均来自同一个铅矿源⑤，但也有学者提出高放铅可能存在多个来源⑥。

① 金正耀：《中国铅同位素考古》，中国科学技术大学出版社，2008年。
② 金正耀：《中国铅同位素考古》，中国科学技术大学出版社，2008年。
③ 朱炳泉、常向阳：《评“商代青铜器高放射性成因铅”的发现》，《古代文明（辑刊）》，文物出版社，2002年。
④ Liu S, Chen K, Rehren T, et al. Did China Import Metals from Africa in the Bronze Age? *Archaeometry*, 2018, 60(1): 105-117.
⑤ 金正耀：《中国铅同位素考古》，中国科学技术大学出版社，2008年。
⑥ Liu R, Rawson J, Pollard A M. Beyond Ritual Bronzes: Identifying Multiple Sources of Highly Radiogenic Lead Across Chinese History. *Scientific Reports*, 2018, 8(1) : 11770.

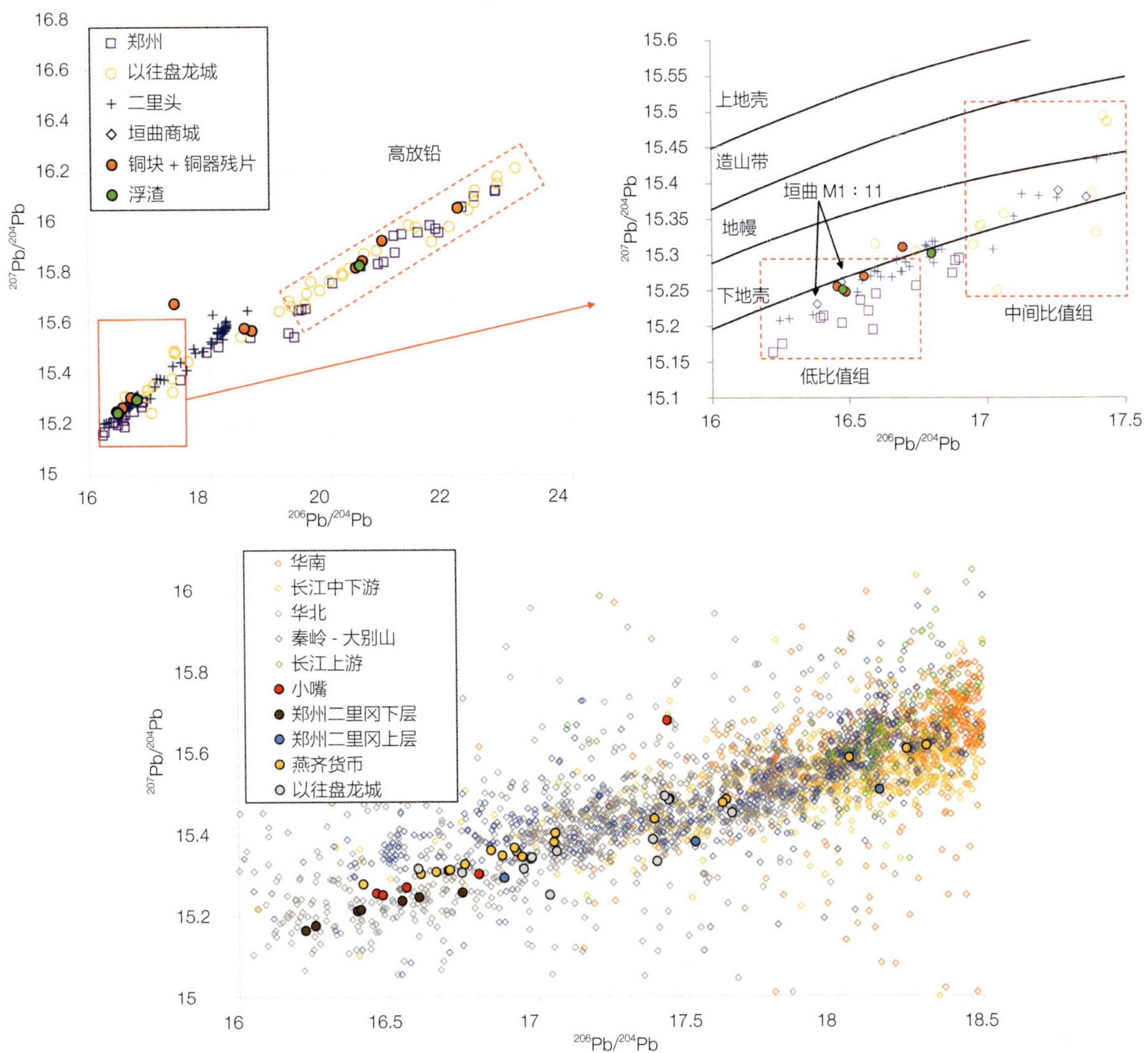

图 6.21　小嘴样品与郑州、盘龙城、垣曲商城、二里头青铜器及矿石铅同位素数据对比图

（资料来源：刘思然、邹秋实、路晋东等：《盘龙城遗址小嘴金属物料溯源研究》，《江汉考古》2023年第4期）

目前学术界对高放铅产地比较常见的几种说法分别是“西南说”“秦岭说”“长江中下游说”“中原说”“山东说”。“西南说”最早由金正耀提出，他认为云南东北部是中国唯一一个能够产生与殷墟青铜器相似的放射性铅的地区①。然而西南地区距中原甚远，目前尚无商文化自滇东北获取金属物料的证据。斋藤努和孙淑云认为正常铅和异常铅应来自同一矿山，且秦岭地区恰好位于这些高放射成因铅遗址地理位置的中心，因此推测高放射成因铅可能来自秦岭地区②。陈坤龙等对汉中青铜器的类型、合金成分、铅同位素特征进行分析后发现，汉中当地冶金业与高放射成因铅来源之间存在紧密联系，在比较汉中与其他地区青铜器

① 金正耀：《中国铅同位素考古》，中国科学技术大学出版社，2008年。

② Satio T, Han R, Sun S. *Preliminary Consideration of the Source of Lead Used for Bronze Objects in Chinese Shang Dynasty: Was It Really from the Area Where Sichuan, Yunnan and Guizhou Provinces Meet?* The Korean Institute of Metals and Materials, Seoul, 2002: 291-294.

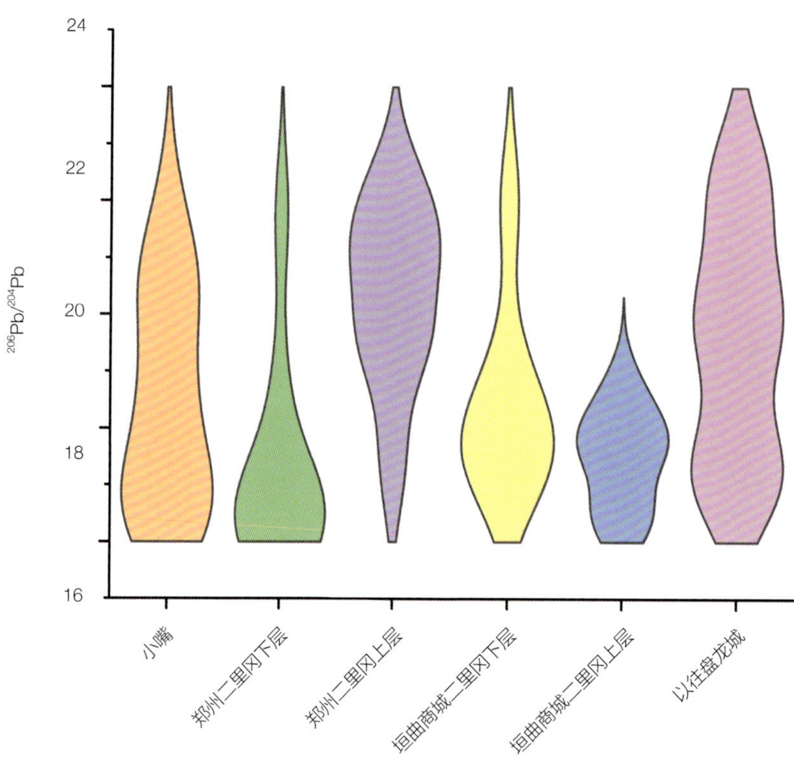

图 6.22　小嘴样品与商代二里冈期青铜器样品铅同位素数据小提琴图

（资料来源：刘思然、邹秋实、路晋东等：《盘龙城遗址小嘴金属物料溯源研究》，《江汉考古》2023年第4期）

文化关系的基础上，提出秦岭地区可能是高放射成因铅的潜在产地[①]。然而目前尚未在秦岭矿区矿石中寻找到与商代青铜器匹配的高放射性成因铅矿物。朱炳泉和常向阳根据地球化学理论，重新研究已发表的铅同位素数据，认为滇东北、辽东半岛青城子地区、小秦岭地区、长江中下游地区、地球外资源均可能是高放射成因铅的矿源[②]。长江中游赣北地区发现的瑞昌铜岭铜冶炼遗址内孔雀石确实存在高放射性成因铅信号，然而该遗址出土矿石以及冶炼炉渣中铅含量极低，且其等时线特征（斜率）与商代高放铅并不匹配[③]。金锐等对豫西几处铅矿进行调查并发现了高放射性成因铅信号，因此提出了“中原说”[④]，但是豫西铅矿石的钍铅特征与商代青铜器中高放铅仍存在差异，且目前豫西地区尚未发现有商代铜矿冶遗址。王庆铸等对商代青铜器高放铅的历时性特征进行过总结，指出商代高放铅可分为两组，并且在早商、中商至殷墟早期和殷墟二期晚段至殷墟三期这三个时间段间存在交替[⑤]。不过目前尚不确定这一历时性变化代表了两组不同的高放铅产地还是由于同一产地不同矿物类型或不同产地资源混合导致。王庆铸等对山东商代早中期莱芜嬴城遗址出土的铜冶炼炉渣进行了铅同位素分析，发现其同位素特征与商代高放铅特征相符。另外，有一件冶铜炉渣中含有4wt%

① Chen K, Mei J, Rehren T, et al. Hanzhong Bronzes and Highly Radiogenic Lead in Shang Period China. *Journal of Archaeological Science*, 2019, 101: 131-139.

② 朱炳泉、常向阳：《评“商代青铜器高放射性成因铅”的发现》，《古代文明（辑刊）》，文物出版社，2002年。

③ 邹桂森：《江西瑞昌铜岭遗址商代冶金考古综合性研究》，北京科技大学博士学位论文，2020年。

④ 金锐、罗武干、宋国定等：《商代青铜器高放射成因铅矿料来源的调查研究》，《南方文物》2020年第6期。

⑤ 王庆铸、郭俊峰、陈建立等：《济南市刘家庄遗址出土商代青铜器的铅同位素分析》，《考古》2021年第7期。

左右的PbO，因此认为山东地区有潜力成为商代高放射性成因铅物料的产地①。

盘龙城遗址青铜器及铸铜遗物中发现的“低比值组”铅同位素特征在郑州商城青铜器和二里头遗址四期青铜器中也有所发现。其中，郑州商城现有数据中具有低$^{206}Pb/^{204}Pb$比值的青铜器主要见于二里冈下层阶段②，而小嘴样品则均属二里冈上层阶段，二者间的时间错位说明在中原地区基本停止使用该类铅料时，盘龙城可能仍在利用其进行青铜生产。如果低比值铅料在二里冈上层阶段于中原地区已不再流行，那么盘龙城直接从北方获取该物料的可能性较小，其来源更可能是未用尽的早期原料或重熔年代较早的青铜器制品。中原商文化南下扩张进入长江流域的时代为二里冈下层阶段，可能向南方输送了一批早期青铜器或原料。它们可能被作为一种资源在盘龙城受到了反复的重熔和再利用，并在二里冈上层阶段于小嘴形成了携带这一铅同位素比值特征的青铜器残片和浮渣。但必须说明的是，以上推理是建立在郑州地区自二里冈上层阶段即停止使用低比值铅物料的基础之上。郑州已发表的青铜器数据有限，是否可能存在部分郑州地区的二里冈上层青铜器也使用了类似物料仍需要进一步验证。如果郑州地区在二里冈上层阶段仍在使用此类物料，则盘龙城更可能通过与中原地区的互动获取这种物料③。

考虑到商代二里冈期青铜器铅同位素比值在以$^{206}Pb/^{204}Pb$为横坐标，$^{207}Pb/^{204}Pb$和$^{208}Pb/^{204}Pb$为纵坐标的两张图上均呈线性分布，极端情况下只需要两个主要的矿源（高放矿源和低比值矿源）即可通过混合形成其间的任意比值，因此不排除以往盘龙城青铜器中的中间比值组（$^{206}Pb/^{204}Pb$=16.9～17.5）为低比值物料混入少量高放铅物料后的结果。因此，盘龙城在二里冈上层阶段使用的低比值组铅和高放铅产源可能均不在长江中下游地区，即盘龙城铸铜所用物料可能有相当比例来自区域以外。如果盘龙城作为长江中下游铜料北运中枢的角色成立，那么盘龙城人在自身的铸铜活动中可能并不十分依靠本地向外输出的物料，而更多利用外界输入的含铅金属物料乃至重熔成品青铜器④。

第五节　小　　结

本章汇总了以往研究盘龙城青铜器和冶金遗物的成分与结构分析数据，总结了前人相关的研究成果，并在此基础上对盘龙城青铜器合金工艺，盘龙城本地青铜冶金活动以及盘龙城青铜器物料产源问题进行了探讨。合金成分数据显示，二里冈时期是青铜合金技术演进的关键时期，青铜器多具有高铅高锡特征，与二里头和殷墟青铜器具有明显差别。考虑到分析误

① Wang Q, Liu S, Chen J, et al. The First Discovery of Shang Period Smelting Slags with Highly Radiogenic Lead in Yingcheng and Implications for the Shang Political Economy. *Journal of Archaeological Science*, 2023, 149: 105704.

② 田建花：《郑州地区出土二里岗期铜器研究》，中国科学技术大学博士学位论文，2013年。

③ 刘思然、邹秋实、路晋东等：《盘龙城遗址小嘴金属物料溯源研究》，《江汉考古》2023年第4期。

④ 刘思然、邹秋实、路晋东等：《盘龙城遗址小嘴金属物料溯源研究》，《江汉考古》2023年第4期。

差等因素，盘龙城与郑州同时期青铜器间是否具有明显的合金成分差异仍需进一步研究。大量考古发现已经实证了盘龙城具有本地青铜熔铸活动，但其生产规模尚不清晰，盘龙城墓葬出土铜容器是否为本地铸造也仍未有定论。盘龙城青铜器的物料特征较为多元，除了与郑州地区同时期青铜器共用的高放射性成因铅物料外，还可能混入二里头至二里冈下层阶段常见的低比值铅，显示了盘龙城独特的金属物料供应体系。

第七章

时代和特性

研究盘龙城青铜器主要是观察青铜器所反映的生产、生活和社会景观。青铜器在二里冈文化时期前后已经成为贵族墓葬最主要的随葬品，是衡量当时个人与社会身份等级、体现社会发展水平最重要的指标，同时，盘龙城青铜器还代表了二里冈文化时期青铜器的发展水平。因此从青铜器的角度，一方面可以观察盘龙城作为中心城市的兴起与衰落，观察盘龙城城市布局的变化，另一方面还可以观察盘龙城青铜器所代表的二里冈文化时期青铜器在生产、技术、装饰等方面的特质，观察二里冈文化时期青铜器作为礼器所反映的器用方式。

第一节　从青铜器看盘龙城

贵族墓葬、城垣、宫殿等诸项高等级遗存往往是判断聚落性质和社会地位的重要指标。而在这些因素中，随葬青铜器的高等级墓葬最适合于考察聚落布局、居葬关系、聚落兴衰等历时性变化。盘龙城经历了约从二里头文化末期到中商文化白家庄期的较长时段，聚落社会等级、聚落核心、高等级贵族身份，以及这些因素的历时性变化，都是有赖于青铜器来解决的重要问题。这不仅是因为青铜器能够较好地从历时性的角度观察这一聚落在社会等级上的变迁，还因为青铜器分布于不同级别的贵族阶层之中，这使得社会较高群体的分层、文化多元性等方面的情况也可能突显出来。

一、青铜器所反映的盘龙城聚落变迁

研究表明①，盘龙城聚落的兴起与衰落经历了三个发展阶段，共300多年。第一阶段是盘龙城作为城市的形成时期。在二里头文化前后，聚落规模较小、级别较低，其后在二里冈文化早期，聚落规模超过一般居址，倾向于一个地域中心，并出现有印纹硬陶容器等外来贵重物品，表明其具有运作远距离贸易等交流活动的能力。第二阶段是盘龙城作为地方中心城市的繁盛时期。聚落区域范围大大扩展，约在二里冈文化早晚期之际开始兴建高等级建筑，二里冈文化晚期形成宫殿区和城址，相伴有李家嘴高等级贵族墓地、规模较大的手工业作坊包括铸铜作坊，城市社会生产能力和级别都很高，是商王朝在南方的区域中心。第三阶段是盘龙城作为中心城市的衰落时期并在随后废弃。这一阶段城市的一个重要变化是此前运行时间很长的城址包括宫殿区被废弃，新的大型建筑出现在杨家湾南坡。这一阶段宫殿建筑与普通居址没有明显的分区隔离，M11、M17等高等级墓葬分布零散，居址、墓葬都拥挤在杨家湾核心区，聚落缺乏此前阶段布局规整、核心区位突出的规划。

从出土青铜器的角度，可以进一步观察到盘龙城的社会地位。大约在第一、二阶段交汇之际（图7.1，1），出现了杨家湾M6这样的青铜器墓葬，墓葬随葬青铜爵、斝、鬲各1。参

① 张昌平、孙卓：《盘龙城聚落布局研究》，《考古学报》2017年第4期。

图7.1 盘龙城城市的不同阶段

1. 第一阶段 2. 第二阶段 3. 第三阶段

照最近在绛县西吴壁发现的同时期墓葬等级[①]，这样的墓葬应该属于当时的中低层贵族。第一阶段的盘龙城只见一座此级别的墓葬，说明当时聚落的社会地位不高。第二阶段的二里冈文化晚期（图7.1，2），盘龙城的社会等级提升，人口迅速增加。李家嘴高等级墓地形成，同时在杨家嘴、小王家嘴、楼子湾等墓地埋葬中低级别的贵族，多处墓地暗示人口的增加。李家嘴M1、M2各随葬青铜礼器20件或以上，是目前所见该阶段青铜礼器最多的墓葬。李家嘴墓葬代表的盘龙城贵族的地位，在当时应该远高于其他地方城市的贵族，属于仅次于商王一级的高级贵族。在西城门之外有规模较大的铸铜作坊，保证青铜器生产的能力。这一阶段长江中游地区的中原文化居于强势的地位，盘龙城发挥了重要的作用。当时商王朝控制南方的政治中心，应该就是通过盘龙城进行的。第三阶段盘龙城已经开始显现出颓势（图7.1，3），杨家嘴、小王家嘴等中低级贵族墓地继续使用，但一些随葬青铜器的墓葬散布在过去的城址，也分布在居址区，大型墓葬也不再像李家嘴墓地那样布局。杨家湾的几座大型墓葬除M11出土大型圆鼎之外，随葬品总体不及李家嘴墓葬在总量、类别和品质上的层次。杨家湾M11不少青铜器的装饰、造型简陋，杨家湾M17出土绿松石金器饰件，但墓葬中青铜器数量并不多。盘龙城最高首领所拥有的财富，无论品质、总量还是多样性都有下降。但尽管如此，杨家湾M11∶16兽面纹鼎仍为迄今所见商前期最大者，杨家湾M17∶31金片绿松石镶嵌饰件，这都是罕见的高等级礼器。盘龙城最高统治者的地位，仍然应该在商王朝位居前列。此后，盘龙城废弃，本地区的中心聚落被不远的黄陂郭元咀所取代[②]。

总体来看，在二里冈文化晚期至中商文化白家庄期这段时间，是商文化对周边地区控制直接而强势的时期，盘龙城无论是李家嘴墓地如M1、M2的大量青铜器，还是杨家湾M11、M17的高等级礼器，都说明盘龙城是南方社会等级最高的区域中心城市，盘龙城最高首领在地位上应该是仅次于商王等最高级别的高等级贵族。

二、青铜资源和青铜器生产

中国青铜时代王朝政治中心往往都远离青铜资源中心，获取这一资源成为王朝社会活动中的一项主要内容。目前学界已大体明确，在二里头文化至中商文化时期，山西中条山一带是铜矿资源供给地。绛县西吴壁的考古发现表明，中条山青铜资源供给的高峰是在二里冈文化时期[③]。二里冈文化时期，长江中下游之间的铜矿带（湖北大冶到安徽铜陵一带）开始得到开发，殷墟文化时期及以后应该一直都是中原王朝青铜资源的主要产地。江西瑞昌大井铜矿年代早至二里冈文化上层时期，这里出土典型的二里冈文化上层陶鬲，说明铜矿为中原王朝所控制，生产应该为中原王朝所组织[④]。近些年来继续对铜岭遗址进行考古工作和研究，

① 中国国家博物馆、山西省考古研究院、运城市文物保护中心：《山西绛县西吴壁遗址商代墓地2022年发掘简报》，《中国国家博物馆馆刊》2023年第6期。

② 湖北省文物考古研究所、北京大学考古文博学院、武汉市黄陂区文物管理所：《武汉市黄陂区鲁台山郭元咀遗址商代遗存》，《考古》2021年第7期。

③ 中国国家博物馆考古院、山西省考古研究院、运城市文物保护研究所：《山西绛县西吴壁遗址2018～2019年发掘简报》，《考古》2020年第7期。

④ 刘诗中、卢本珊：《江西铜岭铜矿遗址的发掘与研究》，《考古学报》1998年第4期。

表明铜岭遗址商代遗存主体年代为中商一、二期，上限可至早商晚段，下限至中商三期[①]。与此同时，邻近地区发现多处聚落面积较大、等级较高的遗址，如黄梅意生寺[②]、九江神墩[③]、九江荞麦岭等，其二里冈文化时期遗存都是以中原文化面貌为主体的。另一方面，盘龙城作为本区域中心，对赣江以西地区有着明显的联系和控制[④]。这些现象表明，盘龙城显然是代表中原王朝，在长江流域获取青铜等多方面的资源。

盘龙城是出土二里冈文化时期青铜器最多的地点，青铜器的器形、纹饰、技术、组合特征几乎与郑州商城为代表的王朝中心青铜器完全相同。由此而来的问题是盘龙城青铜器的生产地点。过去大部分学者都相信，早期王朝基于青铜器的重要性、青铜器生产具有的战略性，必定应该是在政治中心生产，由王室直接控制。基于这样的推想，一般认为盘龙城青铜器应该是在郑州生产，再输送到南方的。我们过去曾经讨论，从盘龙城青铜器观察，部分青铜器的一些细微特点，说明盘龙城本地具有制作青铜器的能力，其具体表现有如下三个方面。

其一，一些青铜器反复多次补铸，说明盘龙城具备青铜器熔、铸的技术能力，或者说具备制作青铜器的能力。盘龙城青铜器中，大部分青铜器都有补铸现象，尤其是斝、爵、鼎等器类，不少器物都有过反复补铸。例如李家嘴M1：12斝的器口、腹部、器鋬有过10余处补铸。青铜器在盘龙城似乎有较郑州更多的补铸现象，似乎说明盘龙城作为地方城市，对礼器有更长时间的使用。同时，大量、反复的补铸，暗示盘龙城青铜器不大可能频繁被送至郑州修补而后送回，更大的可能是在本地修补的。补铸也是一种铸造活动，盘龙城拥有铸造能力是可理解的情况。

其二，一些器类在形制上表现出倾向性的个性特点，可能暗示是制造偏好或某种层次上的地方性。盘龙城青铜器的器类、器形以及制作，都与郑州商城属于同一系统。不过，盘龙城青铜器在器类、器形上也有一些很难说是特征的个性。在器类上，李家嘴M1、杨家湾M11、杨家湾H6等单位，罍的数量较多，其中杨家湾M11、杨家湾H6各出土3件和4件。联想到此后阶段长江流域流行尊、罍这样的器类，很可能在盘龙城较晚阶段已经出现这样的偏好。盘龙城青铜器中出爵约50件，其中独柱爵8件。二里冈文化之后的中商时期，独柱爵在长江流域如安徽阜南、湖北随州仍然多见。独柱爵出现的比例远高于二里冈文化晚期至中商文化洹北商城期。在器形上，盘龙城多件折棱觚在圈足上常铸出条形缺口，这为郑州商城青铜觚所不见。盘龙城的尊与罍口径区别不明显，即盘龙城尊的口径多较小，甚至小于腹径，而罍作侈口、口径稍大，这与郑州商城尊、罍区别较明显不同。此外，盘龙城的尊肩部均不见突起的兽首装饰，而郑州等地尊、罍肩部常铸出三个兽首。不过以上所谓“个性”并不明显，也不很明确。

其三，一些青铜器表现出简化的器形和技术特征，暗示是在盘龙城城市地位下降背景下的生产特征。盘龙城最后一个阶段，城市陷入衰退，大型墓葬随葬品的数量和质量下降，其中青铜器制作简陋是一个突出现象。例如杨家湾M11中，部分爵、斝只装饰简单的弦纹，爵

① 崔涛、刘薇：《江西瑞昌铜岭铜矿遗址新发现与初步研究》，《南方文物》2017年第4期。

② 湖北省文物考古研究所纪南城工作站：《湖北黄梅意生寺遗址发掘报告》，《江汉考古》2006年第4期。

③ 江西省文物工作队、九江市博物馆：《江西九江神墩遗址发掘简报》，《江汉考古》1987年第4期。

④ 孙卓：《南土经略的转折——商时期中原文化势力从南方的消退》，第187～204页，科学出版社，2019年。

的个体较小，3件罍都只饰有两周圆圈纹，器形不甚规整。这些简陋的青铜器很可能就是在盘龙城本地生产的。

对盘龙城青铜器个性的认知，对于理解青铜器的地方生产和二里冈文化时期生产组织方式有重要意义。随着铸铜遗物和遗迹的发现，盘龙城青铜器的生产能力已得到了确认。

近年盘龙城考古的一项收获，就是在城址之西的小嘴发现铸铜作坊。小嘴正位于盘龙城西城门之外，与西城墙相距不足100米。在2013年采集到6块石范后①，2015～2019年连续在这里多次发掘，揭露1650平方米②。虽然发掘结果并没能理解各类遗迹的具体功能，特别是还不能理解生产操作方式，但遗迹原来属于铸铜作坊则是确定的。小嘴所揭露的遗迹主要是相互垂直分布的长沟，其间分布着多个灰坑（图7.2）。这些遗迹分布在一个斜坡上，坡度规整，约为15°。大部分长沟和灰坑堆积类似，在灰烬土中包含较多陶片（又以红陶缸片为主）、石块、石器工具、残铜块，以及较多的铜颗粒。对堆积进行XRF检测表明，部分区域金属含量是较低区域的百倍之多。堆积中还出土了陶范、坩埚、炼渣、木炭等铸铜遗物，其中木炭多在2～3厘米，大小较为均匀。一些炼渣很可能是浮渣或流铜、溅铜遗迹③。在残铜块中有几件残断长度在2厘米左右的爵足，应当是为回炉而打碎的。一件陶范带有弦纹，根据其弧度和大小，推测为鼎或簋类容器范。以上出土物中，陶范、石范、炉壁、炼渣、木炭、回炉铜块等（图7.3）属于铸铜生产的不同环节。小嘴作坊使用的时间是在盘龙城发展的第二阶段，与城墙、李家嘴墓地基本同时。

盘龙城小嘴遗址发现铸铜遗存，显示当时的铸铜作坊面积可能大于2000平方米，可生产青铜工具、容器等。考虑到盘龙城青铜器形制与中原地区几乎完全相同的因素，青铜器生产作坊的技术人员应该是来自中原政治中心。青铜器生产则说明在高端技术和金属资源组织上，盘龙城还有着进行复杂社会运作的能力。

小嘴同时发现陶范和石范对于理解商时期的铸造技术也有重要意义。过去一般认为陶范和石范是两个不同的技术传统，陶范围绕生产容器是中原文化的体现，石范制作工具是边地、原始生产系统的表征。现在我们知道，中原地区自二里头文化以降使用陶范已成绝对之势，但石范的使用在很长的时间里也未曾中断。属于较早阶段的，如石峁遗址有刀范④，二里头遗址发现石范⑤。在稍晚阶段，夏县东下冯遗址出土二里头至二里冈文化时期斧、凿、镞等不同器类的石范10块⑥。在政治中心区域之外，铜陵师姑墩T1113发现商时期的石范⑦，

① 韩用祥、余才山、梅笛：《盘龙城遗址首次发现铸造遗物及遗迹》，《江汉考古》2016年第2期。

② 武汉大学历史学院、湖北省文物考古研究所、盘龙城遗址博物院：《武汉市盘龙城遗址小嘴2015～2017年发掘简报》，《江汉考古》2019年第6期；武汉大学历史学院、湖北省文物考古研究所、武汉市文物考古研究所等：《武汉市盘龙城遗址小嘴2017～2019年发掘简报》，《江汉考古》2020年第6期。

③ 刘思然、邹秋实、路晋东等：《盘龙城遗址小嘴商代冶金遗物的分析与研究》，《江汉考古》2020年第6期。

④ 陕西省考古研究院、榆林市文物考古勘探工作队、神木县石峁遗址管理处：《陕西神木县石峁城址皇城台地点》，《考古》2017年第7期。

⑤ 中国社会科学院考古研究所：《中国考古学·夏商卷》，第113页，中国社会科学出版社，2003年。

⑥ 中国社会科学院考古研究所、中国历史博物馆、山西省考古研究所：《夏县东下冯》，第75、122、167页，文物出版社，1988年。

⑦ 安徽省文物考古研究所、安徽大学、铜陵博物馆等：《铜陵师姑墩：夏商周遗址考古发掘与研究》，彩版一九五，图4-8，文物出版社，2020年。

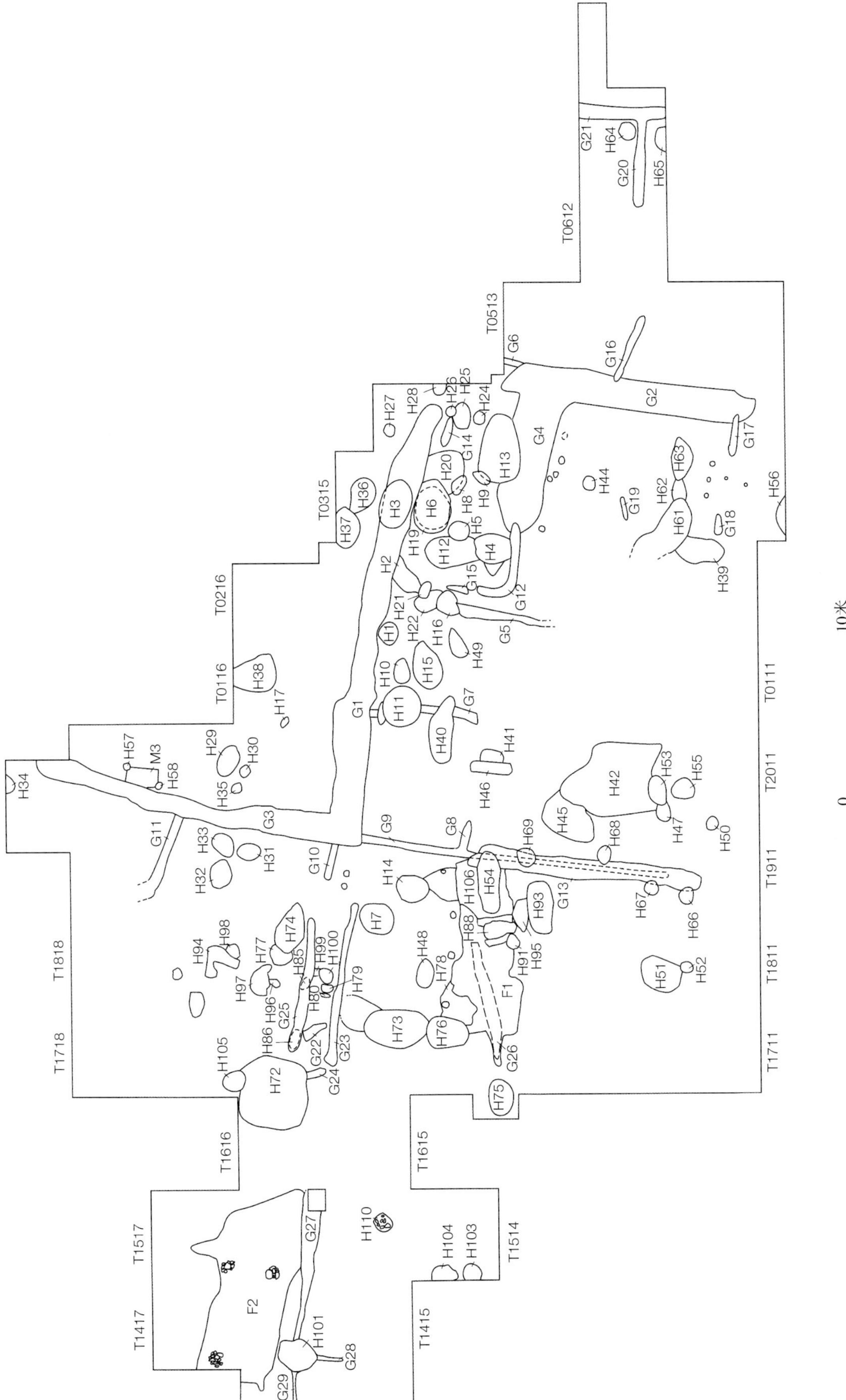

图7.2 小嘴铸铜作坊遗迹

图 7.3　小嘴铸铜作坊出土的铸铜遗物

1. 砺石　2. 回炉铜块　3. 陶范　4. 石范　5. 木炭

加之盘龙城小嘴发现的石范，可以认为中原文化在以陶范为主流的技术系统下，也长时间使用石范生产青铜工具等器类。此外，石范的使用还有来自很早的传统。

许多学者早年多认为，夏商时期都城的位置有可能与青铜资源的位置关联，因为金属资源所在地往往为山地，中原王朝需要将政治中心布置在较近的位置，以便控制和运输金属资源。现在看来，二里头至二里冈文化时期金属资源所在的中条山地区与政治中心所在的郑洛地区相距100千米左右，合乎近距离控制的范围。二里冈文化时期之后，金属资源转移到长江中游地区，盘龙城到郑州的直线距离约500千米，到安阳的距离超过600千米，说明金属资源的空间距离不再是王朝考虑政治中心的最重要因素。如果我们注意到晚商都城往金属资源中心的反方向移动，便更能说明这一问题。

三、从青铜器看盘龙城的衰落

与过去学者们普遍认为盘龙城聚落一直都是以盘龙城城址为核心不同，我们认为盘龙城聚落核心区在不同阶段经历过位移。盘龙城的发展经历了兴起、繁盛、衰落三个阶段，三阶段的核心位置分别是在王家嘴、城址、杨家湾南坡。盘龙城聚落不同发展阶段展示出一个城市兴衰的动态发展过程，这些阶段在近年的考古工作中也得到了印证①。在杨家湾南坡成为聚落核心区的最后一个阶段，岗地分布有与城址F1、F2规模相当的大型建筑F4，大型墓葬如杨家湾M11、M17等②。

盘龙城城市的兴衰，在青铜器的器用上也有体现。在城市的初兴阶段，聚落规模不大，当时青铜器生产也有较大局限，目前尚未发现随葬青铜礼器的墓葬。在兴盛阶段，李家嘴M1、M2青铜器数量多，器形厚重高大，体现出较高的社会等级与地位。那么，城市最后的衰退在墓葬青铜礼器中又有怎样的反映？

属于衰退阶段的杨家湾M17墓葬长度近3米，随葬有高等级的大型青铜兽面纹牌饰以及镶嵌绿松石金饰（图7.4），后者也是中原文化系统中所见最早的成形金器。从墓葬规模和随葬品等级来看，M17墓主应该是当时盘龙城的最高首领。不过，M17青铜容器只有爵、斝、觚形器各1件，以及1件尊的残片。这相当于使用了一套觚爵斝组合，是随葬青铜礼器数量最少的高等级贵族墓葬。杨家湾北坡的不少墓葬也是规模较大而随葬青铜器数量不多，是一个较为明显的现象，这些表明当时的盘龙城进入了衰落的状态。

另一座属于最高首领的墓葬是前述的杨家湾M11，该墓青铜器数量较多，但制作粗略（图7.5）。如前所述，兽面纹大鼎可能是一件铸造失败的产品，乃至在出土时只有部分碎片残存。M11多件酒器形制简略，罍、觚等器物器形甚至不规整。在纹饰类别上也多使用弦纹等辅助性纹饰。该墓4件爵中只有1件装饰兽面纹，其他3件或素面，或饰简单的弦纹，1件斝也装饰同类器少见的弦纹。M11尊颇为轻薄，肩、腹装饰两周圆圈纹。前已叙及，圆圈纹主要是作为陪衬的次要装饰。杨家湾M11墓葬青铜器数量和体量虽然都较大，但其制作水平较低，则是很明确的。

杨家湾M11、M17青铜器呈现出的衰落气象，与当时的聚落局面一致。衰退阶段，作为核心区的杨家湾南坡的不同功能区、不同等级建筑缺乏布局。同时，一些墓葬或混杂于居住区，或散布在聚落外围。此时期的聚落显得拥挤而较混乱，直至最后被废弃。

---

① 武汉大学历史学院、湖北省文物考古研究所、武汉市文物考古研究所等：《2012～2017年盘龙城考古：思路与收获》，《江汉考古》2018年第5期。

② 张昌平、孙卓：《盘龙城聚落布局研究》，《考古学报》2017年第4期。

图 7.4　杨家湾 M17 出土器物

图 7.5　杨家湾 M11 部分青铜器

第二节　二里冈文化时期青铜器的一般特征

虽然从青铜器的发展角度看，二里冈文化早晚两个不同时期应该分别处于青铜时代不同的发展阶段[①]。也就是说，从青铜器特征来看，二里冈文化早期与二里冈文化晚期之间差异性更大，前者更加接近二里头文化青铜器，后者更加接近殷墟文化早期青铜器。不过，二里冈文化时期的青铜器仍然具有较多整体性特征。相较于二里头文化时期，这一阶段青铜器在制作、装饰以及生产规模上都有了很大的发展，折射出当时经济生产和社会形态的变化。二里冈文化青铜器还处于殷墟文化时期青铜器发展高峰的前序阶段，是后者繁盛的基础。从更为长时段的历时性来说，二里冈文化青铜器的发展还体现出多方面的社会创新及其所产生的深远文化影响。因此，对这一时期青铜器的一般性特征和意义进行探讨，具有超乎时代的意义。

一、器类与器物群

二里冈文化时期青铜器的器类，容器有鼎、方鼎、鬲、甗、簋、觚、爵、斝、尊、罍、壶、盉、盘，兵器有戈、矛、钺、刀、镞等，器物类别较之此前的二里头文化时期只有鼎、

① 即二里头文化晚期和二里冈文化早期处于青铜时代的形成阶段，而二里冈文化晚期至殷墟文化第一期属于青铜时代的发展阶段。孙华：《中国青铜文化体系的几个问题》，《考古学研究（五）》，第921～948页，科学出版社，2002年。

爵、斝、盉少数几种器类，显然丰富了许多。盘龙城李家嘴M2单座墓葬出土的器类包括鼎、鬲、甗、簋、觚、爵、斝、尊、盉等容器19件（图7.6），以及钺、戈、矛、镞、刀、锛、凿、锸等较多的兵器和工具，代表了当时高等级贵族所享用的器物群。从发展阶段来说，二里冈文化时期青铜器大体有如下特性。

容器和兵器作为青铜器主体的特性形成。二里冈文化时期的青铜器器类包括鼎、方鼎、鬲、簋、觚、爵、斝、尊等常见的容器，戈、矛、钺等兵器，锛、刀等工具。容器、兵器、工具这样的类别是承袭自二里头文化，二里冈文化之后，工具逐渐少见，容器和兵器成为青铜器的绝对主流，并成为使用者社会地位的标志。早在二里头文化时期，爵等青铜容器已经明确具有礼器的性质。二里冈文化时期，青铜容器无论是数量还是体量，都成为最为重要的器物类别。盘龙城李家嘴M2、杨家湾M11等高等级墓葬中，容器和兵器不仅占据绝对主要的地位，也都充分体现了器主的身份。可以说，二里冈文化时期已经形成了中国青铜时代青铜器以容器和兵器为主要内容的特性，也已经形成了“国之大事，在祀与戎”的社会价值取向。

器物类别的构成初具礼器的系统性。二里冈文化时期，容器包括炊食器和酒器，前者既有鼎、甗、鬲等炊器，也包括簋这样的盛器。酒器中既有觚、爵、斝等饮酒、温酒器，又有壶、罍、尊、盉等大型的盛酒器。虽然盘作为水器的性质尚不明确，但食器和酒器所包含的器类，基本代表了整个青铜时代礼器的构成。兵器中勾兵的戈、刺兵的矛、远程射兵的箭（镞），是在兵器中最为常见的，作为仪仗性兵器的钺亦出现在高等级墓葬中。这样的兵器配置，几乎在青铜时代早晚不同时期也都是常见的。不同器类可见的变化，则主要是其在形态上的演进。因此，可以说二里冈文化时期的青铜器器类，基本上代表了青铜时代青铜器器类的构成。

容器出现组合的特性，礼制初现端倪。如果以西周中晚期出现的列鼎作为成熟礼器制度的话，此前的制度化实际上经历了新石器时代晚期以来很长的过程。二里头文化时期，贵族墓葬中青铜礼器几乎只随葬单件爵，并需配置不同材质器类，如漆器的觚、陶质的盉作为搭配，成套的青铜礼器在当时还没有形成。二里冈文化早期，西吴壁多个墓葬出现成套礼器，如M16为鼎、斝、爵，M8为斝、爵。在盘龙城杨家湾M6，青铜礼制组合为鬲、爵、斝。当时常见组合有鼎或鬲的食器，再加上爵、斝等酒器形成初步的组合。从单器到组合，体现了青铜器作为礼器在器用上的系统性表达。二里冈文化晚期及其后，组合开始变得多样化和等级化。常见的组合除了鼎等食器和觚、爵、斝等酒器之外，不少级别较高的贵族墓如上述李家嘴M2，随葬品既有不同类别的食器，也有不同类别的酒器。二里冈文化青铜礼器是以食器搭配酒器，同时在器类数量上又以酒器为多的大类组合，这也成为商时期青铜礼器构成的特点。

青铜礼器定位社会阶层的功能开始形成。二里冈文化晚期，鼎体量的大小、觚爵斝套数的多寡，成为进一步区分不同贵族等级高低的标志。如在盘龙城，一般贵族墓葬中青铜礼器的组合是1件食器鼎或鬲，再加上一套酒器即觚、爵、斝各1；而在高等级墓葬如李家嘴M1、李家嘴M2、杨家湾M11等，都是有多件食器，其中包括体量较大的鼎，同时有多套觚、爵、斝，再加上尊或罍等大型酒器。我们知道，西周中晚期开始成熟的青铜礼制，就是以相同组合礼器的不同数差来定位不同贵族的级别，如7鼎6簋、5鼎4簋等。以此为基本原则的礼制又为其后历代王朝所承袭，并成为古代中国社会的一个突出特征。因此，二里冈文化时期青铜器的器用，实际上已经成为其后礼制运作方式之滥觞。

图 7.6　李家嘴 M2 出土青铜器

青铜器作为礼器的核心地位确立。以饮食器皿和装饰物为基本形式的礼器，自新石器时代以来传承已久。仰韶时代从黄河流域到长江流域，许多考古学文化的实用性陶器开始分化出具备礼仪性的器皿，甚至还出现了相同器形的列器。龙山时代除了陶质礼器，玉礼器在良渚等文化中占有重要地位，追求贵重材质成为礼器的一个发展趋向。二里头文化礼器以青铜器为新兴材质，并整合包括绿松石在内的玉器，或者还与一些精制的陶器结合，形成多材质礼器的格局。二里冈文化时期青铜礼器迅速发展，在单器体量、器物数量、技术水平、生产质量等多方面超乎其他材质的礼器，并成为礼器中绝对的核心。这一核心地位，一直贯穿于青铜时代并延续至其后。

当然，二里冈文化青铜器仍有较多的原始之处。青铜容器的制作仍然具有较大的随意性，器形的规整和规范程度较低。器类和造型基本都是脱胎于陶器或者漆木器。这一时期尚未形成青铜器器类和器形独立发展的生产水准和社会机制。

二、制作技术

以容器为主要生产对象、以多块外范与芯范组合形成的块范法铸造技术，是中国青铜时代青铜器的基本技术特征。二里冈文化青铜器的制作技术已基本成熟，同类青铜器的形态、装饰与技术具有高度的一致性，不同器形器物系统地使用不同技术方式来处理，这些也都是整个青铜时代青铜器所具有的基本特征。在具体的制作技术环节，二里冈文化时期青铜器也有如下几个方面的特性，代表青铜器技术发展的方向和成就。

三分外范为基础的合范技术系统形成。二里头文化末期，块范法成形技术形成，并成为中国青铜生产技术的特色[①]。二里头文化爵、斝、鼎等容器的外范有二分、三分等，范型技术尚不稳定。对于圆体且有装饰脱范需求的容器而言，三分外范是最佳的分型方式。这一方式还可以与圆体三足器完美结合，将分型面设置在三足中央。二里冈文化中鼎、鬲、甗、斝、盉等三足器，簋、罍、尊、壶等圆体圈足器，均采用三分外范，正是上述方式的体现。殷墟文化时期圆体容器采取复杂的六分方式，也是基于这种三分外范的体系。此后，三分外范作为绝对主流的分范方式，贯穿于青铜时代的圆体容器之始终，成为一项有统治力的技术系统。

二分外范作为范型的补充方式，形成了合范技术的多样性和灵活性。二里冈文化时期青铜器中，并非所有容器都单一的三分外范，爵和觚采取的是二分外范的合范方式。前者是因其扁体的器身，后者是因其细长的形制。这样不同的技术选择，在范型发展上避免了程式化的技术线路。殷墟文化时期，除了爵、觚采取基于二分的四分范，双耳的簋、罍（上部）等也采用四分外范的做法。青铜时代晚期，分铸技术盛行，简单的铸件如足、耳，多采取二分外范。基于不同器物的形态，做出不同的技术选择，块范法技术系统得到了合理的发展。

纹饰布局和合范方式协调一致，纹饰制作成为技术活动的重要组成部分，纹饰与技术在互动中发展。二里冈文化时期，青铜器装饰十分普遍，装饰与铸造技术完全协调。这主要表现为纹样在布局上与合范方式完全一致，纹样单元的划分依照分范方式而行，单元分界重合

① 张昌平：《从三棱锥形器足看中国青铜时代块范法铸造技术特质的形成》，《考古》2022年第3期。

于分范范缝。即当器物三分范时，纹饰为三组；当器物二分范时，纹饰为两组。这样的一致性是基于纹饰制作从属于合范技术，并成为器物制作技术的重要组成部分。这样的方式和原则贯穿于西周中晚期之前的青铜时代早期，成为装饰与技术互动的典型。

辅助成形的铸接技术开始使用。块范法的成形技术在处理复杂器形时会遇到困难，铸接技术则是为此提供了很好的支持。在盘龙城青铜器中，李家嘴M1：5簋的双耳是后铸铸接的，这样一体化的连接方式是目前所见最早的铸接技术。当然，李家嘴M1：9壶的提梁通过环耳与器身联接、通过提链与器盖联接，则是另一种串联技术。青铜时代早期，一次成形的浑铸在整体性上效果较佳，也是当时技术的选择方向，铸接所处理的对象往往是在当时技术条件下难以完成的。在殷墟文化时期，少数形态复杂的器耳也是铸接成为一体的。对比年代稍早的李家嘴M2和稍晚的李家嘴M1青铜器可知（图7.7），即便在较短的时期内，二者在辅助技术上的演进也是显而易见的，如铸接技术均出自李家嘴M1，分别是M1：12斝、M1：13斝、M1：9壶和M1：5簋。此后连接技术进一步发展，形成了先铸、后铸、焊接等多种连接技术方式，并成为块范法铸造成形技术系统下重要的补助手段。

支撑块范法铸造的芯撑技术形成。块范法铸造容器的一项关键技术是在外范和芯范之间形成均匀的空腔，浇铸后铜液在空腔中充型，形成青铜器器壁，芯撑就是这项关键技术。二里冈文化青铜器已较普遍地使用金属芯撑——垫片①，垫片由此也成为块范法技术系统下独特而又普遍的方式。垫片的使用至青铜时代之后仍延绵不绝，为中国古代青铜器的生产作出了突出的贡献。

二里冈文化青铜器也有较多制作技术局限。如盲芯技术尚未形成，使鼎、斝等较粗的器足不得不使用空足；足、耳等附件追逐于分型面，形成很特别的一耳对一足的四点配列式。如此等等，都是技术不足以支撑形制而不得不做出的选择。直至殷墟文化时期，这些技术短板才得以弥补。

三、装饰艺术

与二里头文化青铜器鲜有装饰的情况不同，二里冈文化时期青铜器装饰得到了很大的发展。这一时期青铜器器表处理得光洁平整，容器上几乎都施加纹饰，兵器上也常见纹饰，装饰成为普遍性现象。这一时期装饰的内容既有兽面纹、夔纹、兽首等动物形纹样，也有云雷纹、弦纹、涡纹等几何形纹样。装饰设计上不仅有单周纹饰，同时也向多周纹饰发展。同时，单周纹饰横向展开，将纹饰单元分割成等分而规整的幅面；多周纹饰纵向排列，以适应于不同径值的容器。这样单周与多周的形式，形成完整的布局效果，是中国青铜时代容器装饰的共同特征。因此，装饰由此开始成为青铜器作为礼器的主要表现形式之一，并开创了多方面的特性。

想象动物纹样为主体的装饰内容，代表了青铜时代青铜器的装饰倾向。二里头文化时期，除了绿松石牌饰之外，青铜礼器几乎都没有施加装饰。二里冈文化，青铜容器装饰发展

① 苏荣誉：《见微知著——中国古代青铜器的垫片及相关问题》，《国博讲堂（2013—2014）》，第115～166页，上海古籍出版社，2016年。

图 7.7　李家嘴 M1 出土青铜器

迅速，兽面纹迅速成为最重要的纹样，并普遍地装饰在器物中重要、主体的部位。二里冈文化之后，兽面纹以及类似兽面纹构图方式的鸟纹继续流行于商周之际前后，再其后，龙纹及其变体蟠螭纹和蟠虺纹流行于西周晚期之后直至战国时期。从兽面纹、鸟纹再到龙纹、蟠虺纹，这些都是想象而非现实的动物纹样，因此想象动物纹样从二里冈文化时期开始，成为整个中国青铜时代青铜器装饰的重要内容。

装饰开启了抽象、写意的古代中国艺术风格。兽面纹不是对某种现实动物的写实性描绘，而只是对一般哺乳类动物正面的抽象表达。殷墟文化时期，兽面纹开始有眉、角、牙乃至颚、爪等具体的器官，甚至会表达虎、牛等现实动物的局部，但兽面纹基本上仍然是非写实的、虚幻的。这种抽象而非写实的艺术风格直接影响着其后的艺术风格。西周时期流行的鸟纹同样也只是对鸟侧身的勾绘，东周时期的龙纹更是虚幻且抽象的。自此，抽象的艺术表达成为其后中国绘画等艺术风格的突出特点。

左右对称的构图引领装饰艺术理念乃至社会观念。二里冈文化时期，兽面纹在构图上的主要特征是以中央的鼻梁为中轴，左右对称展开。这样的形式在殷墟文化时期及其后的兽面纹中仍然沿用，并影响到其他类别的装饰。如单向的夔纹、龙纹、鸟纹经常以两两相对的方式对称排列，甚至两周之际前后的纹饰如窃曲纹、重环纹等仍会左右对称排列。虽然对称性是自然界特别是人类体质的重要特征，但对称性表现在中国新石器时代以来的装饰等方面的观念中并不突出。因此，有理由认为兽面纹这样在礼器中占绝对优势的装饰纹样，会影响到建筑等生产活动、礼仪等社会活动中的观念。

纹饰横向带状展开、纵向多周重叠的布局特征。容器特别是深腹的盛器在不同的高度有变化较大的径值。新石器时代的彩陶以绘制的方式易于处理这样不规则的画幅，但其不规整的表现方式会使仪式感有所欠缺。二里冈文化时期青铜器窄带的纹饰横向展开，并由不同的外范划分成为两个或三个单元。这样不同的纹饰单元等分而规整，合乎青铜器作为礼器的装饰需求。装饰进一步发展而产生的多周纹带，在增大装饰幅面的同时又解决了不同体径的问题，装饰有了丰富性和层次感，并使未来装饰的多样性成为可能。因此，当殷墟文化时期主次不同、多周纹带满满地装饰整个青铜器时，二里冈文化时期装饰布局的意义便更加显现了出来。

如果说二里头文化青铜器代表了中国青铜时代青铜器的初始，那么二里冈文化青铜器基本上定义了中国青铜时代青铜器的基本特征，并形成了中国青铜时代青铜器的基本面貌以及发展方向。从这个维度上说，二里冈文化青铜器在古代中国物质文化发展上具有里程碑的意义。但同时，二里冈文化青铜器的发展还处于尚不成熟的发展阶段，不少技术障碍有待解决，装饰艺术较为平淡、简单，作为礼器最具表达力的铭文还未出现，器物群的仪式性未能达到殷墟文化青铜器的肃穆和豪华感。古代中国青铜器的发展处于重大突破、迎来高潮期的前夜。

二里冈文化时期青铜器的技术特性，是基于青铜容器用作礼器的社会性质。因此，青铜器的发展，是在生产中完善器形、装饰等方面的设计，或者说是为适应社会需求而发展。这样，器形、装饰与技术的互动可以满足社会需求，又是中国青铜时代青铜器发展的总方向。对于二里冈文化时期而言，青铜器开始摆脱陶器造型和功能的影响，逐渐形成以青铜器为特质的礼器系统，青铜器开始成为最为重要的礼器，界定和区别阶层，强化等级理念，维系社会秩序。二里冈文化时期青铜器开始塑造这样的礼仪社会，是其存在的最大的历史意义。

第三节　二里冈文化时期青铜器的礼器特质

商周时期青铜器多是用作礼器、以表达等级为内在特质，并在西周中晚期形成了成熟的礼器使用制度。礼器不但成为早期国家社会阶层的物化标识，还对古代中国礼仪产生了深远的影响。自郭宝钧先生阐述礼器制度的变化以来[①]，对于青铜器的礼制性质研究，一直都为学者们所重视。不过，礼仪活动在古代社会有着很早的渊源，以饮食器皿作为礼器表达社会等级的外在形式，早在新石器时代就已经出现，青铜器作为礼器的特质也是早就存在。显然，在西周中晚期以鼎簋为核心的礼器制度形成之前，青铜器作为礼器的器用方式已经有很长时间的发展。

青铜器是如何作为礼器进行运作并不断制度化的呢？观察这样的过程，是研究器用方式的演进、揭示早期国家礼制形成的重要视角。早期国家中作为礼器的青铜器，以外在的形式表达社会上层人群的等级和地位，又是考古学研究中考察当时社会阶层及其变化的重要路径。特别是从二里头文化到二里冈文化时期，是青铜礼器形成到发展的早期阶段，或者说是礼制的滥觞时期，对于理解早期中国尤为关键。二里冈文化时期的青铜器生产得到高度发展，文化一致性很强，而文化区域广袤，从盘龙城墓葬材料入手来进行考察，是因为作为政治文化中心的郑州考古发现有限，而盘龙城出土青铜器的墓葬无论是数量还是等级都更为丰富，基本能够代表不同的阶层。

一、礼器与礼器制度

所谓礼器，简而言之就是在礼仪活动中使用的器具。这些器具往往不重视功能上的实用性，而追求形式上的仪式感，以彰显使用者的身份、地位乃至权力等。礼器制度或曰器用制度，是强制性地规定礼器的使用方式，从而使地位或等级的体现具有相当的一致性和普遍性。礼器制度是礼仪制度（礼制）的物化形式，一旦礼器制度形成，则说明早期国家已经步入较为成熟的阶段。因此，礼器制度在形式和内容上都是礼器使用（器用）走向成熟，是器用发展到一定阶段的形式。以下我们以礼器制度成熟的西周中晚期和青铜礼器初现的二里头文化时期为例，对比二者的异同。

礼器制度特质在西周中期晚段就已经开始成形，并在其后趋于成熟。青铜器以鼎、簋、壶、盘、匜成为一种基本固定的礼器组合，鼎、簋搭配最为常见，奇数的鼎成列、配之以偶数的簋，壶以及盨、簠等成对，组合中除盛酒的壶之外，其他酒器已很少见，而编钟在高等级组合中占有重要地位[②]。如果总结西周中晚期的礼器制度，有如下两点值得提出：其一，

① 邹衡、徐自强在《整理后记》中谓西周中期“可能对礼制进行了一番改革”“从而在铜礼器上逐渐形成了一套不同于殷礼的新制度”。参见郭宝钧：《商周铜器群综合研究》，第207、208页，文物出版社，1981年。

② Jessica Rawson, Western Archaeology, Michael Loewe, Edward L. Shaughnessy editors, *The Cambridge History of Ancient China: from the Origins of Civilization to 221 B.C.* Cambridge University Press, 1999: 377.

以组合的复杂程度、鼎簋的量度（9鼎8簋、7鼎6簋、5鼎4簋等）来体现礼器的级别；其二，相同的器类，甚至是不同的器类可能装饰相同的纹饰，纹饰构图简单，常以连续重复的排列来完成一周完整的装饰。处理相同的器形，越来越多地使用分铸和焊接，铸造技术趋于简化，铸造痕迹常常不加遮掩地暴露于器表。这种器用的表达方式，自身就展现出一种秩序感。因此，成熟制度下的礼器实际上就是量度化和呈现形式的程式化。

二里头文化晚期，铜器包括铜容器已经有较大数量的生产，并作为随葬品出现在墓葬之中，特别是作为高等级墓葬的随葬品①。很显然，这些铜器代表了墓主较高的社会等级。当时的铜器，特别是青铜容器首先是贵重的奢侈品，因为铜资源是远距离获取的复杂劳动产品，制作铜器又需经过复杂而高技术的生产。青铜容器无疑也是被作为礼器使用的，因为限于当时的制作技术，这些容器无论是实用性还是外观美感都并不优于同类陶器。耗费巨大社会劳动的珍稀品只出现在高等级贵族群体中，除了作为财富，更显示了社会等级，完全具备了礼器的特质（表7.1）。

表7.1　二里头遗址墓葬重要随葬品登记表

墓葬	陶器	玉器	铜器
81ⅤM4	盉		铃、牌饰
02ⅤM3	盉、爵	绿松石龙	铃
62ⅤM22	爵、觚		铃
80ⅢM2	盉、爵	钺	爵2、刀2
75ⅥKM3	盉	戈	爵、钺、戈
75ⅢKM6	盉		爵
84ⅥM6	盉	柄形器	爵
84ⅥM9	盉2	柄形器	爵、斝
84ⅥM11	盉2、爵	柄形器	爵、铃、牌饰
84ⅥM57	盉	戈、柄形器	爵、刀、铃、牌饰

注：表中未写数字的器物数量皆为1

二里头文化时期铜容器虽然有爵、斝、盉、鼎等不同器类，但出现在墓葬中的往往只是单件的形式。日后大行其道的组合搭配尚未形成，作为礼器的铜器还处于发展的初始阶段。而从材质上看二里头贵族墓葬随葬品，陶器和玉器也同样是作为礼器使用的。这是新石器时代晚期器用传统的延续，但铜器作为礼器核心的地位则已建立。

以上讨论了从二里头文化青铜礼器的形成到西周中晚期礼器制度的成熟，其器用方式有着很大的差异。接下来我们观察二里冈文化时期的青铜礼器，看其是如何向着成熟的方向发展的。

① 二里头遗址出土铜器并非都是青铜器，不过经过检测的铜容器则都是青铜材质，说明二里头人已经认识到合金的优越性。参考张昌平：《也论二里头青铜器的生产技术》，《夏商都邑与文化（二）——“纪念二里头遗址发现55周年学术研讨会”论文集》，第126～137页，中国社会科学出版社，2014年。

二、礼器的组合

二里冈文化在广袤的地域范围内表现出高度一致的文化面貌，说明了二里冈文化时期文明都有相当的发展高度。这一时期的政治和地域中心都已经出现规模宏大的宫殿式建筑和城址，体现出早期国家权力所展示的仪式感。那么，二里冈文明礼仪活动中的礼器，是如何进行社会表达的？

二里冈文化早期，青铜器生产较二里头文化时期还没有根本性突破。至二里冈文化晚期，青铜器生产有了很大的发展，郑州商城和盘龙城都有规模较大的铸铜作坊。青铜器类别增多，包括觚、爵、斝、尊、罍、壶、盉、鼎、方鼎、鬲、甗、簋、盂、盘等十几种，青铜器的数量也大大增加，这使青铜器的器用方式存在更具仪式性的可能。

在盘龙城，墓葬规模与随葬品的类别及丰富程度协调一致，比较清楚地反映了不同等级的存在。李家嘴是一处高等级墓地，李家嘴M2的规模在盘龙城——也是迄今二里冈文化时期最大的墓葬，甚至还随葬有3具殉人；李家嘴M1墓坑虽然被破坏，然而从其所在位置及出土随葬品可知其规模应与M2相近。李家嘴M1、M2随葬品也最为丰富，两座墓葬墓主无疑应该是当时盘龙城的最高首领。在杨家湾，随葬兽面纹大圆鼎的M11，墓主也应该是稍晚时间盘龙城的最高首领。在其他墓葬中，青铜器、玉器和硬陶明显只出现在规模较大的墓葬和随葬品总体较丰富的墓葬中，青铜器与墓葬规模关系最为密切，其数量的多寡与墓葬的大小相关，而小型墓葬中一般不见青铜器，或者只是偶见刀、戈等非容器器类（表7.2）。

表7.2　盘龙城墓葬随葬青铜容器登记表

墓葬	酒器	食器
李家嘴 M2	觚、爵 4、斝 3、尊、盉	鼎 5、鬲、甗、簋、盘
李家嘴 M1	觚 3、爵 4、斝 6、尊 2、壶	鼎 2、鬲 2、簋、盘
杨家湾 M11	觚 4、爵 4、斝 4、尊 3	鼎、簋
杨家湾 M4	觚 2、爵 2、斝 2、尊	鬲
杨家嘴 M2	觚 2、爵 2、斝 2	
杨家湾 M5	觚、爵、斝 2	
楼子湾 M4	爵、斝 2	鼎、鬲
杨家嘴 M1	爵、斝 2	鼎
杨家湾 M17	觚、爵、斝 2、尊	
楼子湾 M3	觚、爵、斝	鼎
杨家湾 M7	爵、斝、尊	鬲
杨家湾 M9	觚、爵、斝	
楼子湾 M5	觚、爵、斝	
楼子湾 M6	觚、爵、斝	
楼子湾 M1	爵、斝	鼎
杨家湾 M6	爵、斝	鬲

注：表中未写数字的器物数量皆为1

具体到随葬多件青铜器的墓葬，在盘龙城保存较为完整的墓葬中，随葬青铜器情况如表7.2[①]。不难看出，墓葬的等级差别是通过青铜容器组合及其数量的不同来体现的。如果我们将容器从功能上分为酒器和食器两大类的话，会发现酒器的出现数量更多，出现频率也比较稳定。同时，酒器在不同器类之间的搭配也比较固定，并且形成较一致的套数，它们应当指示着不同的身份等级。酒器中觚、爵、斝是最常见的搭配，觚、爵、斝或者爵、斝在不少墓葬中均为单套组合，组合情况比较整齐，应当是代表身份等级不高的贵族。在酒器数量较多的墓葬中，觚、爵、斝的件数开始部分或成套增加，其套数整齐者，有两套和四套的组合形式，它们指代的地位等级较高。此外值得指出的是，这一时期仍然使用漆器，特别是漆觚与青铜爵斝组合。有学者指出，二里头和二里冈文化时期一些墓葬中出现的圆陶片，原来是用于漆觚底部做胎底，因此有一些青铜觚少但有圆陶片的墓葬，其原来是有漆觚的[②]。如李家嘴M2就有两个圆陶片，参照表7.2可知，李家嘴M2原来共有3件觚（1件青铜觚配2件漆觚）。在级别较高的酒器组合中，除了觚、爵、斝之外，一般还增加有尊或罍、壶、盉等，不过这些器类多以单件的形式出现。尊有时一次出现多件，较为特别。无论如何，这些不同但有序的器物组合情况，说明礼器的使用仪式感十足，器用方式远较二里头文化时期成熟。此外，盘龙城这种以酒器为主的组合，与安阳时期青铜器组合特征相同，即“重酒的组合”[③]、觚爵斝为基本组合形式、觚爵斝的套数是判断等级变化的一个主要指标。试对比杨家湾M11使用四套、楼子湾M3使用一套觚爵斝，这在礼仪场合有着一望可知的差别（图7.8）。

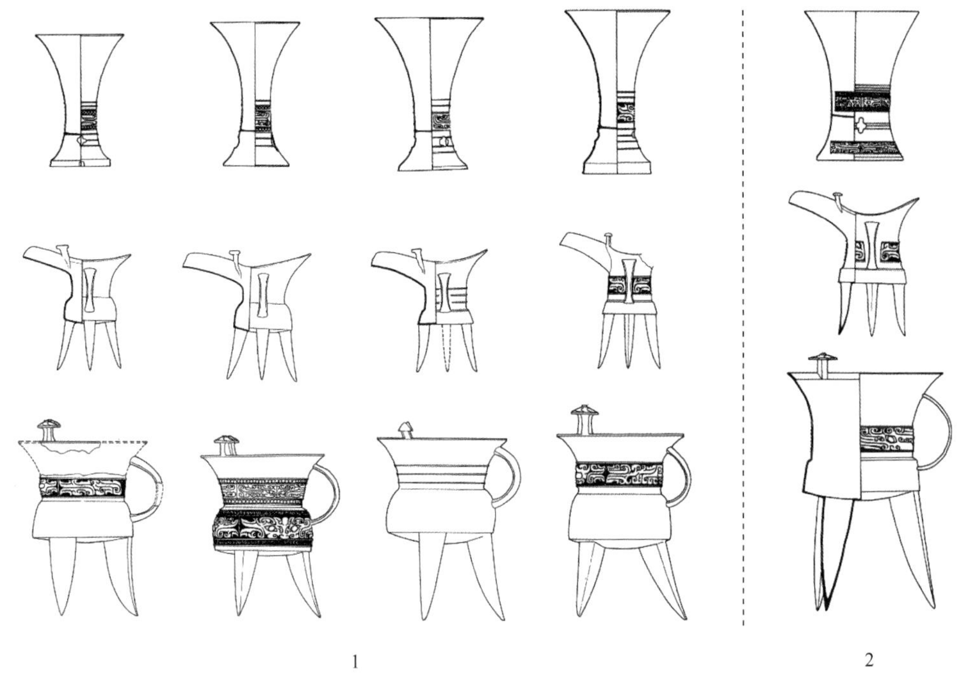

图 7.8　杨家湾 M11、楼子湾 M3 觚爵斝组合对比

1. 杨家湾M11　2. 楼子湾M3

① 《盘龙城1963～1994》；武汉大学历史学院、盘龙城遗址博物院：《武汉市盘龙城遗址杨家湾商代墓葬发掘简报》，《考古》2017年第3期。

② 严志斌：《漆觚、圆陶片与柄形器》，《中国国家博物馆馆刊》2020年第1期。

③ 郭宝钧：《商周铜器群综合研究》，第123页，文物出版社，1981年。

三、礼器的体量

觚爵斝的套数指示使用者的等级，加之如表7.2所示酒器居于多数的情况，是否可以进一步说明酒器已经成为当时礼器器用的核心、而食器只是居于次要的地位？或者说，当时是否还有其他体现不同等级的方式？

表7.2表明，盘龙城大型墓葬中会出现多件食器，如鼎、鬲、簋等，特别是鼎往往出现多件。此外，在一般墓葬中鼎也会以单件形式出现，可见鼎在食器中处于较特别的地位。值得注意的是，一些鼎在大型墓葬中的体量明显较大[①]（表7.3），并与同类器形成较大的体量差异（图7.9）。其他器类都不会有这样明显的差异，说明鼎之大小与等级高低的关联在这时已经存在。可以设想，在祭祀等典礼活动中，高等级贵族使用大体量鼎，所展示的视觉效果无疑是突出而引人注目的。这一点可继续对比杨家湾M11与楼子湾M3展现全套礼器的情形（图7.10）。由此也可见，大型鼎在高等级器用中，是处于真正核心、突出的地位。

不只是盘龙城，在郑州商城也使用超乎寻常的大型方鼎和圆鼎。郑州杜岭张寨南街窖藏出土方鼎（DLH1∶1），通高100厘米，重86.4千克；向阳食品厂窖藏出土圆鼎（XSH1∶1），通高77.3厘米，重33千克[②]。在稍晚的中商文化时期，类似的大型兽面纹鼎在济南大辛庄、平陆前庄等多地都有发现[③]，表达了特殊的地位。

但是，铸造大型青铜器需要更高的技巧和经验，盘龙城的大型鼎往往带有大的铸造缺陷。李家嘴M1∶1鼎三足基本上都是补铸而成，杨家湾M11鼎出土时部分底部和全部三足缺失。鼎的铸造缺陷出现在底部和足部，应该和鼎倒立铸造相关。这些缺陷暗示高级贵族对于超级大鼎的追求已经超出了作坊的技术能力。

图7.9　杨家湾M11∶16与李家嘴M2∶35鼎

相较于食器，酒器的体量一般没有明显的差异。觚爵斝等酒器均较小，例如觚高度一般在20厘米以下，爵在15厘米左右，斝略大，高也在25厘米以下。这些酒器在不同级别墓葬中的大小区别一般在5厘米以下，不具备视觉上的明显差异。这说明，酒器和食器在器用中具有不同的表达方式。

块范法铸造技术是中国青铜时代青铜器生产的一个突出特征，这一技术在二里头时期就已经形成，并展现出高超

① 李家嘴M2∶36鼎的口径在盘龙城发掘报告中为31.6厘米，在1976年第2期的简报上、《全集》第一册上都作35厘米，差别较大。

② 2件方鼎、圆鼎分别见河南省文物考古研究所：《郑州商城——1953～1958年考古发掘报告》，第794、797页，文物出版社，2001年。

③ 张昌平：《论济南大辛庄遗址M139新出青铜器》，《江汉考古》2011年第1期。

表7.3 盘龙城青铜鼎体量登记表

项目	口径（厘米）	通高（厘米）	重（千克）
杨家湾 M11：16	55	残	
李家嘴 M2：36	31.6	55	9.6
李家嘴 M1：1	28.5	45	9.9
李家嘴 M2：35	12.8	18.8	0.75
西城垣 M1：6	17.2	23.4	
楼子湾 M3：1	15	18	1.15

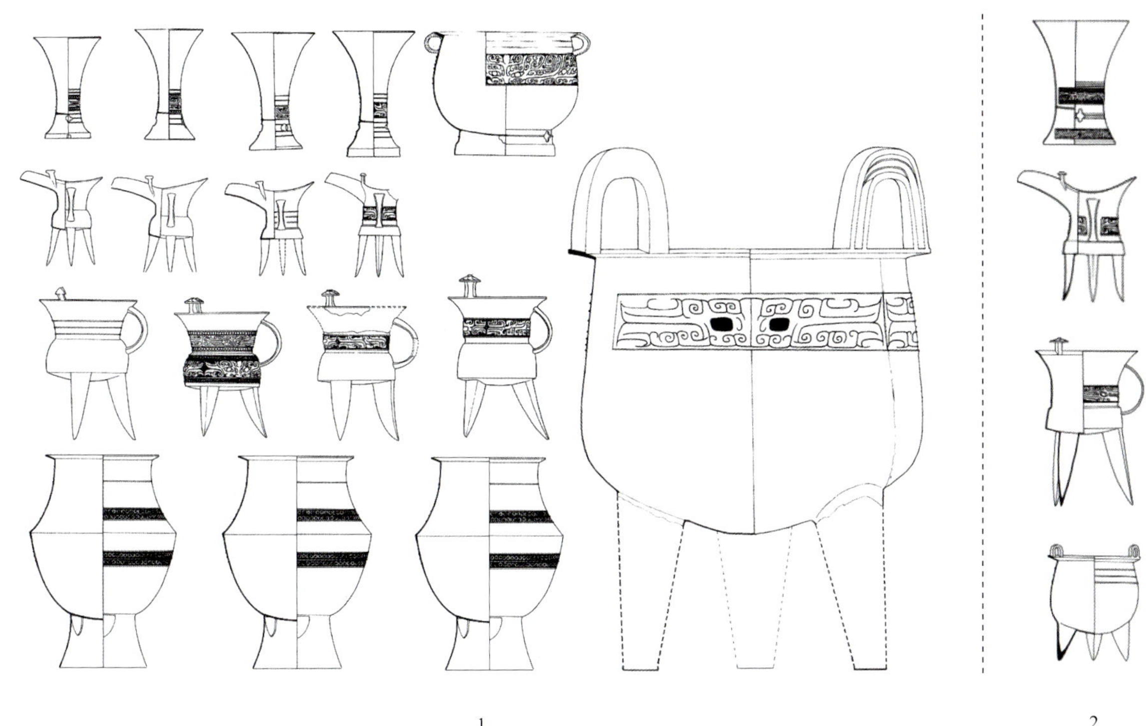

1　　2

图 7.10　杨家湾 M11、楼子湾 M3 青铜器组合对比

1. 杨家湾M11　2. 楼子湾M3

的技术水准。盘龙城青铜器器形规整，几乎不见错缝的现象。李家嘴M2：45甗，器壁较薄处厚度在0.2厘米左右，该器高达到36厘米，从口部到器足合范一直保持着均匀的状态。从技术角度而言，如此极薄的器壁达到的难度很高，而器体轻薄是这一时期青铜器的突出特征，这一特征是基于技术，还是基于资源?

实际上，盘龙城也生产器体颇为厚重的青铜器。如李家嘴M2：1簋，高23.8、口径23.6厘米，但其重达5.15千克，远大于体形稍小而重量在1千克左右的斝。李家嘴M2：15钺，宽26.7厘米，重3.85千克，也是重器。总体而言，李家嘴M2各类青铜器都较为厚重，可见资源分配当然也是在礼仪中有所考虑的。其他墓葬器形较小而轻薄，可能有青铜器原材料不足的原因。长江中下游地区铜资源的大量开发约在中商文化时期，该地区出土青铜器普遍高大，或也和这一背景相关。

四、礼器的装饰

几乎在任何社会，装饰都是在礼仪活动中不可或缺的。处于青铜器发展滥觞时期的二里头文化青铜容器几乎谈不上装饰，大部分器物表面并不光洁，只有少数器物装饰有并不规整的阳线纹饰，不过这些简陋的特征显然是局限于当时的铸造技术。当我们看到二里头文化青铜牌饰，就能明白当时不仅有强烈的青铜装饰追求，而且具有很高的艺术水准。

二里冈文化晚期青铜器生产发展的同时，青铜器装饰也发展到很高的水平。这一时期青铜器器表光洁，表明脱范技术明显提高。青铜器纹饰种类也较繁多，有兽面纹、夔纹等动物性种类，也有圆圈纹、斜向弦纹、云纹等几何形种类，不同纹饰又有阳线、宽带的不同表现手法。主要纹饰兽面纹线条峻峭，兽面纹中的兽目凸出较高，兽面纹充满力度感。这使得青铜器器表的装饰性和观感都很强，体现出二里冈时期对于青铜礼器外在形式的追求。

在尊、罍、壶等器体较高的器类上，装饰多周不同的纹饰——这也是青铜器纹饰按周、单元来布置装饰的开端。这其中，兽面纹一般都是居于主体位置，占据主要幅面。夔纹一般都是作为次要纹饰装饰在稍小的区域，比如尊罍的肩部。圆圈纹、弦纹往往作为兽面纹上下的陪衬式装饰，仅仅分布在很窄的范围（图7.11）。因此，不同纹饰所占地位不同，而兽面纹在装饰中显然是最为重要的。

以兽面纹的地位来观察不同器类，可以注意到这些器类所处的地位。二里冈文化时期绝大部分青铜容器都装饰兽面纹，盘龙城青铜器也是如此。不过可以注意到甗、鬲等炊煮类器物几乎都不装饰兽面纹（图7.12），暗示这些器类在食器中居于辅助性地位。大型鼎地位突出，且都装饰兽面纹。而体量很小的鼎则往往饰简单的弦纹。李家嘴M2：35、楼子湾M3：1鼎的口径和高度都不超过20厘米，都装饰弦纹。李家嘴M2随葬鼎多件，最小的M2：37扁足鼎，口径11.6、通高17.6厘米，也只是装饰弦纹。这些情况表明，装饰是器物重要性的一个标识。二里冈文化时期之后，装饰在青铜礼器中继续发展，体现了礼器外在形式上追求的方向。二里冈文化时期青铜器的装饰奠定了青铜时代青铜器的许多基准，而装饰所表达的礼仪性则应该是这一时期所开创的最为重要的一个方面。

图 7.11　盘龙城装饰多周纹饰的青铜器

（李家嘴M1罍与壶）

图 7.12　盘龙城装饰低等级纹饰的甗与鬲

（李家嘴M2甗、李家嘴M1鬲、杨家湾M4鬲）

综上所述，盘龙城所代表的二里冈文化时期，青铜器以器物组合、大小体量、装饰类别等不同方式来展示、体现青铜器拥有者的身份和等级，充分说明青铜礼器及其器用已经有了很大的发展。

总的看来，二里冈文化晚期青铜器以组合方式、数量与体量、装饰等不同形式表达礼器拥有者的社会地位。这些形式已具备了礼器制度成熟时期的基本表达方式，同时也说明二里冈文化晚期青铜礼器的外在形式已经基本成形。不过，这一阶段礼器中具有重要礼仪意义的文字尚未出现，装饰或造型风格一致的成组现象也未形成，更缺乏西周中晚期器用中那种秩序感，与成熟的礼器制度还有较大的发展距离。

从盘龙城作为地域中心的角度而言，这里的居民似乎更为普遍性地享受贵族待遇，墓葬随葬成套青铜器的情况较为普遍。像杨家湾M10那样明确只随葬陶器的墓葬数量极少，这也是一个值得注意的现象。

第八章 结语

盘龙城是公元前16～前13世纪二里头、二里冈等中央王朝所代表的中原文化势力南下所建立的中心城市，盘龙城的建立开启了王朝政治下的中央—地方模式。盘龙城既代表了中原文化在长江流域的扩展，也见证了中原文化为长江流域带来的青铜文明。就文化发展的维度而言，二里头文化在其晚期向南进入江汉地区和江淮地区，并在盘龙城等多个地点形成中原文化聚落，其影响还直接进入洞庭湖和鄱阳湖两个地区。紧随其后的二里冈文化继续并加强了向南的中原化，并越过长江强势地推进到更加广泛的范围，形成对长江中游地区多级别的控制网络。除了盘龙城这样的中心城市，各地还有像江陵荆南寺、云梦小王家山、黄梅意生寺、九江神墩等次一级的聚落。在此之下，还分布有更多的村落级居住点。聚落的网络型分布，表明中原王朝对长江中游地区一带的直接掌控。中原王朝这样的管理与经营方式，一直持续到中商文化白家庄期。在稍晚的中商文化洹北商城阶段，中原王朝对南方的控制发生了方向性改变，多层级的网络式聚落被放弃，也意味着直辖式管控方式的改变。在此时期，盘龙城被其东北20千米的黄陂郭元咀所取代，明确地说明了这一变化。洹北商城阶段，像黄陂郭元咀、阜南台家寺这样的聚落规模不大，但都有独立运作的铸铜作坊，文化构成中，特别是陶器中包含有相当的本地土著因素，显示出中原文化与长江流域文化在融合中发展。这样的态势延续至殷墟文化第一期，长江中游地区一带就形成了大路铺文化、吴城文化、费家河文化等土著青铜文化。上游地区的三星堆文化、下游地区的马桥或昆山文化进入发展的繁盛时期。整个长江流域各地青铜文化形成了爆发性发展的局面。当然，晚商的中原王朝仍然保持着与长江流域不同地区密切的文化联系。因此，夏商时期早期中国的发展，既是中原地区政治和文化对周边地区的一个同化过程，又是在中原文明为主体的进程中，地域文化回潮、区域文化互动的螺旋式演进过程。

如果从更长的时间维度观察，上述文化格局还表明了古代中国进入了一个新的历史时期，即新石器时代各区域文化相对独立发展的传统结束，青铜时代开始进入中原王朝为主旋律的生产技术和社会价值体系的阶段。在青铜时代的长江流域，青铜器成为影响社会发展的重要因素，这表现在青铜资源的开发、青铜器生产技术的交流、青铜器产品的交换等方面。而在这些活动的背后，则是以青铜为核心驱动力、建立社会网络的中原王朝。

不同类别的远距离珍稀资源大量出现在王朝政治中心地区，是青铜时代开启的一个全新的文化面貌。从二里头文化开始，中原文化系统墓葬，特别是较高社会等级的墓葬中，随葬有海贝、印纹硬陶及原始瓷器等非本地产品，随葬品中的主要类别——青铜器，虽是本地铸造的，但构成青铜器的铜铅锡等金属资源都不是来自本地。这些外来资源的占比，在随后的二里冈文化直至殷墟文化中进一步增加，并在社会群体中随着等级的提高而增加。我们现在知道，印纹硬陶和原始瓷等主要应该是长江中下游和更远地区如吴城文化、昆山文化等地的产品，海贝、象牙在长江上游的成都平原有大量的发现。至于需求量极大的金属资源——殷墟刘家庄北地一个储藏坑发现铅锭超过3千克①，二里头文化至中商文化时期的主要铜资源来自山西中条山一带，殷墟文化时期供给于长江中下游矿冶地带。以上资源及其产品并非只

① 中国社会科学院考古研究所安阳工作队：《河南安阳市殷墟刘家庄北地铅锭贮藏坑发掘简报》，《考古》2018年第10期。

在原产地和中原王朝之间交流，比如绿松石产品在殷墟文化时期的分布北至清涧寨沟，南及广汉三星堆和新干大洋洲等地，范围广及千里。而青铜器在中原文化以及周边的地域文化中都有大量出现。资源及其产品大体量、大范围地流通，成为当时从中原王朝到地方青铜文化经济和生产的重要驱动力。

进一步就青铜资源和产品而言，从中原王朝到地方文化追求青铜器的可能动因，一是不同的社会群体都认同青铜器作为礼仪性器皿的社会价值观，并因此形成社会需求；二是中原王朝输出制作技术，使周边社会需求得以满足，并获取所需珍稀资源。

礼仪性器皿在新石器时代晚期以来的文化中就广泛存在，并以外在的形式表达社会上层人群的等级和地位。进入青铜时代，特别是二里冈文化时期，青铜器成为占绝对优势的礼器。伴随着从二里头文化到二里冈文化时期中原文化的强势扩张，青铜礼器及其价值观也相应地扩展到更广泛的地区。盘龙城墓葬普遍性随葬青铜器，且青铜器从器形特征到器用方式都与政治中心具有高度一致性，就是突出的案例。殷墟文化时期，中原文化势力收缩，但因其文化的先进性，青铜礼器及其观念得以在地方文化中继续流行，带有中原文化印记的青铜器大量生产，并流通到更加广泛的区域。赣江流域的吴城文化、湘江流域的宁乡铜器群，都形成了个性风格突出的青铜器风格。但这些地方的青铜文明，无论是厚重的乐器铙，还是高硕的容器尊罍，都可以看出兽面纹装饰等中原文化原型因素。铙等器类向东传播到太湖和钱塘江之间的昆山文化，尊罍等容器向西输送至三星堆文化，这样的远距离流通显示出当地文化对于中原文化价值观的迎候。中原王朝收获金属、原始瓷、海贝等等资源的回馈，说明其经营、运作模式清晰而有效。

维系和驱动中原及周边之间从资源到社会价值观念认同的因素，可能是铸造技术及其产品等。二里冈文化时期，地方中心聚落如盘龙城、垣曲商城等青铜器铸造作坊，说明青铜器生产并非都是由中央王朝政治中心完成的。中商文化洹北阶段黄陂郭元咀、阜南台家寺等带有地方文化因素的铸铜作坊，反映出铸铜技术及其产品开始对外输送。晚商时期，新干大洋洲青铜器群、宁乡青铜器群彰显了地方青铜文化大规模的青铜器生产能力。这些地方性青铜器在带有中原文化技术和装饰原型的同时，还持续与一些中原文化新技术和装饰保持同步。虽然晚商王朝没有像此前那样对长江中游地区进行直接控制，但二者之间资源和技术的密切交流表明其政治关系的密切。长江中游地区生产的尊罍和铙，传输到长江上游和长江下游以及更远的地区，似乎是中原王朝以长江中游地区文化作为代理人，获取非直接接触地区的资源。

青铜时代早期，长江流域手工业生产和社会经济发展受到黄河流域所在的中原王朝资源需求的深重影响。中原王朝通过社会价值的影响力，在青铜器生产技术的输出中获取长江流域的金属、陶瓷等资源。这种运作开启了古代中国中原王朝和长江流域之间的社会模式：长江流域生产和经济活动服务于政治文化中心。

Abstract

The early Shang Dynasty bronzes in Panlongcheng encompass a variety of vessels such as *ding, li, yan, gui, gu, jue, jia, zun, lei, hu, he, pan,* and others. The quantity and exquisite craftsmanship are not inferior compared to those found in the Shang city of Zhengzhou, the political center at that time. This book is the first systematic study dedicated to the bronzes of Panlongcheng. The book covers following main aspects.

Chronological studies showed that the earliest bronzewares in Panlongcheng were from Yangjiawan M6, belong to the early phase of the Erligang culture. Lijiazui M2, Yangjiazui M26, and Lijiazui M1 can be dated to the late phase of the Erligang culture. The latest bronzewares were from Yangjiawan M11, Yangjiawan M17 and others, belong to the Baijiazhuang period of middle Shang culture.

In terms of casting techniques, the bronzewares from Panlongcheng have established the basic technology of the three external molds, while also incorporating the auxiliary model of the two external molds. The invention of casting and joining techniques began for complex shapes such as attached ears and chain-link handle. Additionally, auxiliary techniques that were related to the core casting technology, such as patching and shimming emerged, indicating the fundamental maturity of the bronze casting technology of Panlongcheng.

Almost all the bronze vessels from Panlongcheng were decorated. The ornaments during this period including animal motifs such as animal masks and dragon patterns, as well as geometric patterns like cloud and thunder motifs, fine bowstring patterns, and spiral patterns. The decorative layout embodies a design ideology centered on animal masks, showing a progression from simplicity to complexity in the ornamentation of bronzewares through different stages. Various vessels and motifs are stratified according to the hierarchical significance.

The composition and structure of the bronzewares from Panlongcheng discussed the potential mineral sources, bronze production sites of Panlongcheng, exploring its role in the circulation of copper resources.

The bronzewares from Panlongcheng reflect clear patterns of combination and hierarchical relationships, indicating their utilitarian functions as ritual vessels. The bronzeware burials reflect the emergence, prosperity, and decline of the Panlongcheng settlement, reveal operational strategies of the Central Plains dynasties in managing the regions along middle reaches of the Changjiang River.

后 记

年轻时因为对商周考古的兴趣，盘龙城一直是自己心目中的一个圣地。1985年12月底，我和同学徐良高完成由李伯谦先生带队的荆南寺遗址毕业实习，经武汉返回北大时便想趁机参观盘龙城。记得《商周考古》中说盘龙城位于黄陂滠口，但当我们乘公交到滠口时，才知道去盘龙城应该走另一条线路。因为不能耽误回京的火车，当时只好放弃盘龙城之行。1986年，我如愿分到湖北省博物馆工作，但数年间一直无缘接触商周考古，与盘龙城也似乎有着遥远的距离。1995年，因为盘龙城整理发掘报告，我得以去一了朝圣的夙愿。参观中受到陈贤一先生特别热情的接待，陈先生吩咐保管员对我开放所有文物库房，让我在盘龙城待了整整一周时间。虽然面对盘龙城器物完全是懵里懵懂，但一人独自流连在文物中的自在感，成为自己后来坚持考古和学术的原动力。2000年，我多次参加盘龙城发掘报告编写的讨论，在盘龙城报告出版后，还鼓起勇气撰写书评，这些都是心下对盘龙城的仰望。

2005年，我和苏荣誉先生开始筹划在盘龙城报告的基础上专项推进青铜器研究。那段时间我们进行了器物观察等多项工作，比如特别请郝勤建先生拍摄器物照片，请胡东波先生拍摄X射线照片。苏荣誉先生是研究项目的实际引领者，他的幽默和博学，以及他的人格魅力，使团队在谈笑之间高效地完成了许多观察、检测和记录工作。对盘龙城青铜器制作技术的基本认识，在当时也基本确定下来。盘龙城青铜器研究的进展，让普林斯顿大学贝格立教授当时甚至作出了组织盘龙城青铜器海外展览的努力。虽然最终未能如愿，但2008年4月，贝格立教授在普林斯顿大学组织了“二里冈文化的艺术与考古”国际学术会议，其与盘龙城青铜器项目直接相关。此外，盘龙城器物照片和X射线照片此前也已为不少学者研究所引用。这些使以盘龙城为代表的二里冈文化时期的青铜器研究，成为中国青铜时代青铜器各时段研究中较为突出者。未来我们还想开源盘龙城青铜器等考古信息系统，让更多的学者共享这些资料。

2009年，我调入武汉大学，工作和学习的变换使项目研究暂时停滞。2013年，我有幸被湖北省文物局安排作为领队进行盘龙城大遗址考古工作，再次面对盘龙城青铜器。新时代背景下的田野考古工作不仅让人有机会更新自己的专业知识结构，也促使我们对青铜器研究有了更多方向的努力。特别是小嘴铸铜作坊的工作，使器物与生产结合的研究成为可能。只是，大学的工作方式让自己散漫松懈，让整个盘龙城研究项目拖延了太久，这是我要对诸多合作同人特别表示歉意的。好在项目成果能够赶在纪念盘龙城发掘工作50周年庆典之际出版，仍然不失为一个向盘龙城考古工作和研究前辈们致敬的机会。

本书由多位作者合作完成。第二章分期由湖北省博物馆张晗完成，第三章制作技术的第二节铸接技术由中国科学院自然科学史研究所苏荣誉完成，第五章由北京科技大学科技史与文化遗产研究院刘思然完成，其他内容均由我本人完成。我也对各部分内容做了格式一致性的调整，但尽可能保持原稿的风貌。

本书的完成特别感谢国家文物局和湖北省文物局的多方面支持。整理青铜器过程中有赖湖北省博物馆库房主管朱红、魏渝、翁蓓女士等人的帮助。作为湖北省博物馆非保管部职工而在库房驻留时间最长的人员之一，借此机会再次表达我对保管部同仁，特别是蔡路武主任的感谢。这里还要感谢武汉大学考古系师生，孙卓、邹秋实老师提供了许多资信和图形支持，2022、2023级硕士生做了资料整理工作。最后特别感谢本书的责编雷英女士、王蕾女士为本书付出大量的辛苦劳动。

张昌平于武大振华楼

2024年8月13日